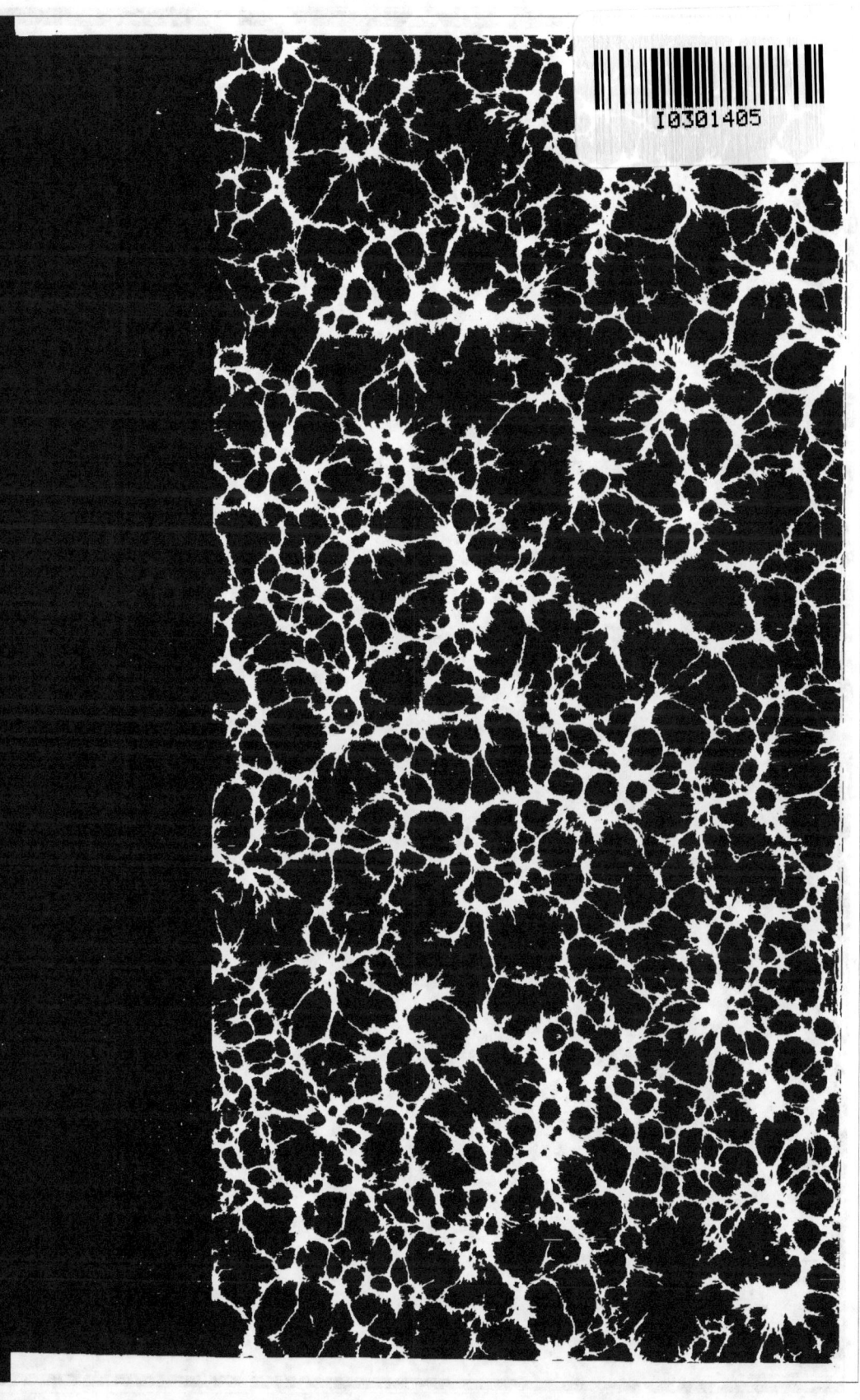

R. LAUB 1969

GUERRE DE 1870—1871

IV

Documents officiels

concernant le

4ᵉ Bataillon de la Mobile du Haut-Rhin

suivis de notes sommaires

sur les autres bataillons du département

recueillis par

ALFRED ENGEL

Ancien capitaine au 68ᵉ régiment de mobiles, dit du Haut-Rhin

Avec 172 portraits isolés et en groupes,
13 planches de vues et de fac-similé, 1 morceau de musique
et 1 carte-itinéraire en 4 couleurs.

MULHOUSE
Ernest Meininger, Imprimeur-Éditeur
1909

GUERRE DE 1870—1871

Documents officiels

concernant le

4ᵉ BATAILLON DE LA MOBILE DU HAUT-RHIN

L'AUTEUR
Chef de bataillon au 49ᵉ Régiment territorial d'infanterie
Officier de la Légion d'honneur.

GUERRE DE 1870—1871

IV

Documents officiels

concernant le

4ᵉ Bataillon de la Mobile du Haut-Rhin

suivis de notes sommaires
sur les autres bataillons du département

recueillis par

ALFRED ENGEL

Ancien capitaine au 68ᵉ régiment de mobiles, dit du Haut-Rhin

Avec 172 portraits isolés et en groupes,
13 planches de vues et de fac-similé, 1 morceau de musique
et 1 carte-itinéraire en 4 couleurs.

MULHOUSE — ERNEST MEININGER, IMPRIMEUR-ÉDITEUR — 1909.

Il a été tiré de cet ouvrage 50 exemplaires d'amateur sur papier de Hollande, numérotés à la presse, au prix de 12 Mark (15 francs) l'exemplaire.

*A mes
anciens Compagnons d'armes de 1870*

Le succès que vient d'obtenir la 2ᵉ édition du journal du sergent-major Gluck[1] m'a donné l'idée de recueillir ce que je pourrais trouver encore d'intéressant sur les faits et gestes du 4ᵉ bataillon de la garde nationale mobile du Haut-Rhin, recruté spécialement dans l'arrondissement de Mulhouse, et de remettre sous les yeux de mes anciens compagnons d'armes les ordres, les rapports journaliers, les circulaires, toutes les pièces officielles enfin, dont il leur a été donné connaissance successivement à chaque étape de la campagne de 1870.

J'y ai ajouté quelques autres renseignements puisés dans les carnets d'anciens camarades, des extraits des lois qui régissaient la garde nationale mobile, de journaux locaux intéressants et, pour

---

[1] *Le 4ᵉ Bataillon de la Mobile du Haut-Rhin.* Journal d'un sous-officier. Un volume in-8°; éditeur, Ernest Meininger, Mulhouse, 1908.

compléter ce recueil, j'ai reproduit les portraits de nombre d'officiers, sous-officiers et soldats, qui ont trouvé leur place vis-à-vis du contrôle de leurs propres compagnies.

J'ai eu à ma disposition, pour faire ce dernier travail, les carnets d'appel de presque tous les sergents-majors, que j'ai confrontés avec les listes du bureau de recrutement de Belfort et complétés en puisant dans celles du Ministère de la Guerre.

Pour faciliter la lecture de ma publication, j'y ai ajouté un itinéraire au jour le jour des étapes parcourues depuis le début. Une partie de cet itinéraire contient quelques notes puisées dans le *Journal* de M. Henri Penot, officier d'ordonnance du général Vivenot, et dans celui de M. P. Poupardin, lieutenant au 1er bataillon du Haut-Rhin. Tout ce texte complémentaire, ne constituant pas de documents proprement dits, est imprimé en caractères italiques.

Enfin, entraîné par mon sujet, j'ai estimé que, l'occasion s'en présentant, il était équitable de ne pas oublier dans mon ouvrage les autres bataillons de mobiles de l'ancien département du Haut-Rhin, y compris celui des francs-tireurs ayant formé le 6e bataillon, qui tous ont fait vaillamment leur devoir en 1870. Je leur ai consacré, par conséquent, une partie du 5e chapitre, en y ajoutant, pour eux aussi, une série de portraits isolés ou par groupes que les intéressés ont bien voulu me fournir.

Mon recueil servira ainsi de « pièce à l'appui » des récits déjà connus de M. Emile Gluck, de MM. Henri Juillard (de l'Ambulance de Mulhouse) et Ed. Doll (garde mobile du 4e bataillon, d'abord détaché au bureau de recrutement de Belfort, puis infirmier en chef de l'ambulance pendant le siège de cette ville), dont j'ai été heureux d'obtenir la publication. Les notes de M. Doll, venant après les nombreux volumes qui ont paru sur le siège de Belfort, ont un caractère particulier en ce sens qu'elles donnent une idée de l'état d'âme d'une population assiégée et de l'influence que les nouvelles du dehors, vraies ou fausses, peuvent avoir sur son moral.

Les quatre brochures réunies formeront ainsi un tout complet, où plus d'un retrouvera des souvenirs personnels.

Mais mon travail aura encore un autre résultat : la lecture des rapports qui vont suivre prouvera combien le rôle de nos supérieurs immédiats a été difficile et combien il a été bien rempli.

J'espère que, 38 ans après la campagne, tous ceux qui ont eu l'honneur de combattre sous les ordres du lieutenant-colonel Dumas et du commandant Charles Dollfus-Galline, aux grandes qualités desquels je rends hommage et qui, comme tant d'autres, ont déjà disparu, tressailliront une dernière fois au souvenir des casemates de Belfort, de la retraite de

Lure, des combats et batailles de Châtillon-le-Duc, Quiers, Bellegarde, Beaune-la-Rolande, Villersexel, Héricourt, suivies si tristement de la grande retraite et du passage en Suisse.

Ces noms évoquent les bons et les mauvais jours de la campagne : leur récapitulation prouve que le 4ᵉ bataillon de la mobile du Haut-Rhin a fait tout ce qui lui a été humainement possible pour éviter la catastrophe finale.

Belfort, Juin 1909.

A. E.

Je ne saurais oublier dans cet avant-propos l'esprit de solidarité si touchante et si patriotique des populations de l'arrondissement de Mulhouse, et la remercier encore une fois des nombreux dons qu'elle a fait parvenir à son bataillon pendant toute la durée de la campagne.

Ces dons, centralisés par un comité créé à Dornach, sont parvenus au bataillon par l'intermédiaire de plusieurs émissaires dévoués qui, souvent, ont couru les plus grands dangers; je citerai parmi eux Mesdemoiselles Sophie et Julie Wogenscky, Messieurs Brodhag et Max von Essen, et surtout Madame Catherine Guthknecht.

Ils ont consisté en :

1237 lettres, dont 456 contenant de l'argent.
8020 francs en dons provenant de souscriptions faites à Mulhouse et à partager au prorata du nombre d'hommes présents.
1756 francs en dons personnels.
2654 paires de chaussettes de laine.
 806 paires de chaussures.
1041 chemises de flanelle.
  40 chemises de toile.
 218 gilets de flanelle.
 834 cachenez.
 299 vareuses de laine.
 483 mitaines et gants.
 493 caleçons de tricot.
 250 mouchoirs.

PREMIÈRE PARTIE

—

LOIS

SUR LE RECRUTEMENT ET L'ORGANISATION DE LA GARDE
NATIONALE MOBILE EN FRANCE

1ᵉʳ FÉVRIER 1868 ET 28 MARS 1868

BULLETIN DES LOIS

N° 1566

N° 15.764. — *Loi sur le recrutement de l'armée et l'organisation de la garde nationale mobile, du 1er février 1868.*

Napoléon, par la grâce de Dieu et la volonté nationale, Empereur des Français à tous présents et à venir, salut.

Avons sanctionné et sanctionnons, promulgué et promulguons ce qui suit :

LOI

Extrait du procès-verbal du Corps législatif.

Le Corps législatif a adopté le projet de loi dont la teneur suit :

TITRE Ier

Du recrutement de l'armée.

Art. 1er. Les articles 4, 13, 15, 30 et 36 de la loi du 21 mars 1832 sont modifiés ainsi qu'il suit :

Art. 4. Le tableau de la répartition entre les départements du nombre d'hommes à fournir en vertu de la loi annuelle du contingent pour les troupes de terre et de mer sera annexé à ladite loi.

Les premiers numéros sortis au tirage au sort déterminé par l'article suivant formeront le contingent des troupes de mer.

Le mode de cette répartition sera fixé par la même loi.

Art. 13. Seront exemptés et remplacés, dans l'ordre des numéros subséquents, les jeunes gens que leur numéro désignera pour faire partie du contingent, et qui se trouveront dans un des cas suivants, savoir :

1. Ceux qui n'auront pas la taille d'un mètre cinquante-cinq centimètres ;
2. Ceux que leurs infirmités rendront impropres au service ;
3. L'aîné d'orphelins de père et de mère ;
4. Le fils unique, ou l'aîné des fils, ou, à défaut de fils ou de gendre, le petit-fils unique ou l'aîné des petits-fils d'une femme actuellement veuve, ou d'un père aveugle ou entré dans sa 70me année.

Dans les cas prévus par les paragraphes ci-dessus notés troisième et quatrième, le frère puîné jouira de l'exemption si le frère aîné est aveugle ou atteint de toute autre infirmité incurable qui le rende impotent ;

5. Le plus âgé de deux frères appelés à faire partie du même tirage et désignés tous deux par le sort, si le plus jeune est reconnu propre au service ;
6. Celui dont un frère sera sous les drapeaux à tout autre titre que pour remplacement ;
7. Celui dont un frère sera mort en activité de service, ou aura été réformé ou admis à la retraite, pour blessures reçues dans un service commandé, ou infirmités contractées dans les armées de terre ou de mer.

L'exemption accordée conformément, soit au numéro 6, soit au numéro 7 ci-dessus, ne sera appliquée qu'à un seul frère pour un même cas, mais elle se répétera dans la même famille autant de fois que les mêmes droits s'y reproduiront.

Seront néanmoins comptées en déduction des dites exemptions les exemptions déjà accordées aux frères vivants, en vertu des numéros 1, 3, 4 et 5 du présent article.

Le jeune homme omis qui ne se sera pas présenté, par lui ou ses ayants cause, pour concourir au tirage de la classe à laquelle il appartenait, ne pourra réclamer le bénéfice des exemptions indiquées par les numéros 3, 4, 5, 6 et 7 du présent article, si les causes de ces exemptions ne sont survenues que postérieurement à la clôture des listes du contingent de sa classe.

Les causes d'exemption prévues par les articles 3, 4, 5, 6 et 7 ci-dessus devront, pour produire leur effet, exister au jour où le conseil de révision est appelé à statuer.

Celles qui surviendront entre la décision du conseil de révision et le 1er juillet, point de départ de la durée du service de chaque contingent, ne modifieront pas la position légale des jeunes gens désignés pour en faire définitivement partie.

Néanmoins, l'appelé qui, postérieurement, soit à la décision du conseil de révision, soit au 1er juillet, deviendra l'aîné d'orphelins de père et de mère, le fils unique ou l'aîné des fils, ou, à défaut du fils ou du gendre, le petit-fils unique ou l'aîné des petits-fils d'une femme veuve ou d'un père aveugle, sera sur sa demande et pour le temps qu'il a encore à servir, assimilé au militaire de la réserve et ne pourra plus être rappelé qu'en temps de guerre.

Art. 15. Les opérations du recrutement seront revues, les réclamations auxquelles ces opérations auraient pu donner lieu seront entendues, et les causes d'exemption et de déduction seront jugées, en séance publique, par un conseil de révision composé :

Du préfet, président, ou, à son défaut, du secrétaire général ou du conseiller de préfecture délégué par le préfet ;

D'un conseiller de préfecture ;

D'un membre du conseil général du département ;

D'un membre du conseil d'arrondissement, tous trois à la désignation du préfet ;

D'un officier général ou supérieur désigné par l'empereur.

Un membre de l'intendance militaire assistera aux opérations du conseil de révision ; il sera entendu toutes les fois qu'il le demandera et pourra faire consigner ses observations aux registres des délibérations.

Le conseil de révision se transportera dans les divers cantons ; toutefois, suivant les localités, le préfet pourra réunir dans le même lieu plusieurs cantons pour les opérations du conseil.

Le sous-préfet, ou le fonctionnaire par lequel il aurait été suppléé pour les opérations du tirage, assistera aux séances que le conseil de révision tiendra dans l'étendue de son arrondissement.

Il y aura voix consultative.

Art. 30. La durée du service pour les jeunes soldats faisant partie des deux portions du contingent mentionnées dans l'article précédent[1] est de cinq ans, à l'expiration desquels ils passent dans la réserve, où ils servent quatre ans, en demeurant affectés, suivant leur service antérieur, soit à l'armée de terre soit à l'armée de mer.

---

[1] Article 29 de la loi du 21 mars 1832.

La durée du service compte du 1ᵉʳ juillet de l'année du tirage au sort.

Les militaires de la réserve ne peuvent être rappelés à l'activité qu'en temps de guerre, par décret de l'empereur, après épuisement complet des classes précédentes, et par classe, en commençant par la moins ancienne.

Ce rappel pourra être fait d'une manière distincte et indépendante pour la réserve de l'armée de terre et pour celle de l'armée de mer.

Les militaires de la réserve peuvent se marier sans autorisation dans les trois dernières années de leur service dans la réserve. Cette faculté est suspendue par l'effet du décret de rappel à l'activité.

Les hommes mariés de la réserve restent soumis à toutes les obligations du service militaire.

Le 30 juin de chaque année, en temps de paix, les soldats qui auront achevé leur temps de service dans la réserve recevront leur congé définitif.

Ils le recevront, en temps de guerre, immédiatement après l'arrivée au corps du contingent destiné à les remplacer.

Lorsqu'il y aura lieu d'accorder des congés illimités, ils seront délivrés, dans chaque corps, aux militaires les plus anciens de service effectif sous les drapeaux, et de préférence à ceux qui les demanderont.

Les hommes laissés ou envoyés en congé pourront être soumis à des revues et à des exercices périodiques qui seront fixés par le ministre de la guerre.

Art. 33. La durée de l'engagement volontaire sera de deux ans au moins.

L'engagement volontaire ne donnera lieu à l'exemption

prononcée par le numéro 6 de l'article 13 ci-dessus qu'autant qu'il aura été contracté pour une durée de neuf ans.

Dans aucun cas, les engagés volontaires ne pourront être envoyés en congé sans leur consentement.

Art. 36. Les rengagements pourront être reçus même pour deux ans, et ne pourront excéder la durée de cinq ans.

Les rengagements ne pourront être reçus que pendant le cours de la dernière année de service sous les drapeaux ou de l'année qui précédera l'époque de la libération définitive.

Après cinq ans de service sous les drapeaux, ils donneront droit à une haute paye.

Les autres conditions seront déterminées par des décrets insérés au Bulletin des lois.

2. Les titres II, III et V de la loi du 26 avril 1855, relative à la dotation de l'armée, et les lois des 24 juillet 1860 et 4 juin 1864, sont abrogés.

Les substitutions d'hommes sur la liste cantonale et le remplacement sont autorisés conformément aux articles 17, 18, 19, 20, 21, 23, 24, 28 et 29 de la loi du 21 mars 1832, lesquels sont remis en vigueur.

Est également remis en vigueur le titre III de la même loi, sauf les modifications apportées aux articles 33 et 36 par l'article 1er de la présente loi.

TITRE II

De la garde nationale mobile

SECTION Ire

De sa composition. — De son objet. — De la durée du service.

3. Une garde nationale mobile sera constituée à l'effet de concourir, comme auxiliaire de l'armée active, à la défense des places fortes, des côtes et frontières de l'Empire et au maintien de l'ordre dans l'intérieur.

Elle ne peut être appelée à l'activité que par une loi spéciale.

Toutefois, les bataillons qui la composent peuvent être réunis au chef-lieu ou sur un point quelconque de leur département, par un décret de l'empereur, dans les vingt jours précédant la présentation de la loi de mise en activité.

Dans ce cas, le ministre de la guerre pourvoit au logement et à la nourriture des officiers, sous-officiers, caporaux et soldats.

4. La garde nationale mobile se compose :

1º Des jeunes gens des classes des années 1867 et suivantes qui n'ont pas été compris dans le contingent, en raison de leur numéro du tirage ;

2º De ceux des mêmes classes auxquelles il a été fait application des cas d'exemption prévus par les numéros 3, 4, 5, 6 et 7 de l'article 13 de la loi du 21 mars 1832 ;

3º De ceux des mêmes classes qui se seront fait remplacer dans l'armée.

Peuvent également être admis dans la garde nationale mobile, ceux qui, libérés du service militaire ou de la garde nationale mobile, demandent à en faire partie.

Les substitutions sont autorisées dans la famille jusqu'au sixième degré inclusivement; le substitué doit être âgé de moins de 40 ans et remplir les conditions prévues par la loi de 1832.

Les conseils de révision exemptent du service dans la garde nationale mobile les jeunes gens compris sous les paragraphes 1 et 2 de l'article 13 de la loi de 1832.

Les conseils de révision dispensent du service dans la garde nationale mobile :

1º Ceux auxquels leurs fonctions confèrent le droit de requérir la force publique :

2º Les ouvriers des établissements de la marine impériale et ceux des arsenaux et manufactures d'armes de l'Etat dont les services ouvrent des droits à la pension de retraite ;

3º Les préposés du service actif des douanes et des contributions indirectes ;

4º Les facteurs de la poste aux lettres ;

5º Les mécaniciens de locomotive sur les chemins de fer.

Les conseils de révision dispensent également les jeunes gens se trouvant dans l'un des cas de dispenses prévues par l'article 14 de la loi de 1832, par l'article 79 de la loi du 15 mars 1850 et par l'article 18 de la loi du 10 avril 1867, les jeunes gens qui auront contracté avant le tirage au sort l'engagement de rester dix ans dans l'enseignement primaire, et qui seront attachés, soit en qualité d'instituteur ou en qualité d'instituteur adjoint, à une école libre existant depuis au moins deux ans, ayant au moins trente élèves.

Les conseils de révision dispenseront également, à titre de soutiens de famille et jusqu'à concurrence de dix pour cent, ceux qui auront le plus de titres à la dispense.

Sont exclus de la garde nationale mobile les individus désignés aux numéros 1 et 2 de l'article 2 de la loi du 21 mars 1832.

5. La durée du service dans la garde nationale mobile est de cinq ans.

Elle compte du 1er juillet de l'année du tirage au sort.

6. Les jeunes gens de la garde nationale mobile continuent à jouir de tous les droits du citoyen ; ils peuvent contracter mariage sans autorisation, à quelque période que ce soit de leur service ; ils peuvent librement changer de domicile ou de résidence ; ils peuvent voyager en France ou à l'étranger, sans que le manquement aux exercices ou aux réunions résultant de cette absence puisse devenir contre eux le motif d'une poursuite.

Tout garde national mobile peut être admis comme remplaçant dans l'armée active ou dans la réserve, s'il remplit les conditions des articles 19, 20 et 21 de la loi du 21 mars 1832 ; dans ce cas, le remplacé est tenu de s'habiller et de s'équiper à ses frais comme garde national mobile.

7. En cas d'appel à l'activité ou de réunion des bataillons de la garde nationale mobile, conformément à l'article 3 de la présente loi, le conseil de révision, réuni au chef-lieu de département ou d'arrondissement, dispensera du service d'activité, à titre de soutien de famille et jusqu'à concurrence de quatre pour cent, ceux qui auront le plus de titres à cette dispense.

Pourront se faire remplacer par un Français âgé de moins de quarante ans et remplissant les autres conditions exigées par les articles 19, 20 et 21 de la loi du 21 mars 1832, ceux qui se trouvent dans l'un des cas d'exemption prévus par les numéros 3, 4, 5, 6 et 7 de l'article 13 de ladite loi.

Le conseil de révision statuera sur les demandes de remplacement et sur l'admission des remplaçants.

SECTION II.

De l'organisation de la garde nationale mobile. — De son instruction. Des peines disciplinaires.

8. La garde nationale mobile est organisée par département, en bataillons, compagnies et batteries.

Les officiers sont nommés par l'empereur, les sous-officiers et caporaux par l'autorité militaire.

Ils ne reçoivent de traitement que si la garde nationale mobile est appelée à l'activité.

Sont seuls exceptés de cette disposition, l'officier chargé spécialement de l'administration et les officiers et sous-officiers instructeurs.

9. Les jeunes gens de la garde nationale mobile sont soumis, à moins d'absence légitime :

1º A des exercices qui ont lieu dans le canton de leur résidence ou du domicile ;

2º A des réunions par compagnie ou par bataillon, qui ont lieu dans la circonscription de leur compagnie ou du bataillon.

Chaque exercice ou réunion ne peut donner lieu, pour les jeunes gens qui y sont appelés, à un déplacement de plus d'une journée.

Ces exercices ou réunions ne peuvent se répéter plus de quinze fois par année.

Toute absence dont les causes ne sont pas reconnues légitimes sera constatée par l'officier ou le sous-officier de la compagnie, qui aura à faire viser son rapport par le maire de la commune, lequel donnera son avis.

Après trois constatations faites dans l'espace d'un an, le garde national mobile peut être poursuivi, conformément à l'article 83 de la loi du 13 juin 1851, devant le tribunal correctionnel, lequel, après vérification des causes d'absence, le condamne, s'il y a lieu, aux peines édictées par ledit article.

Sont exemptés des exercices ceux qui justifient d'une connaissance suffisante du maniement des armes et de l'école du soldat.

10. Pendant la durée des exercices et des réunions, la garde nationale mobile est soumise à la discipline réglée par les articles 113, 114 et 116 de la section II du titre IV de la loi du 13 juin 1851, sur la garde nationale, ainsi que par les articles 5, 81 et 83 de ladite loi.

Les peines énoncées à l'article 113 sont applicables, selon la gravité des cas, aux fautes énumérées aux articles 73, 74 et 76 de la section Ire du titre IV.

La privation du grade est encourue dans les cas prévus aux articles 75 et 79; elle est prononcée:

Pour les officiers, par l'empereur, sur un rapport du ministre de la guerre;

Pour les sous-officiers, caporaux ou brigadiers, par l'autorité militaire.

Les officiers, sous-officiers, caporaux ou brigadiers employés à l'administration ou à l'instruction sont soumis à la discipline militaire pendant la durée de leurs fonctions.

SECTION III

De la mise en activité.

11. A dater de la promulgation de la loi de mise en activité de la garde nationale mobile, les officiers, sous-officiers, caporaux et gardes nationaux qui la composent sont soumis à la discipline et aux lois militaires. Ils supportent les charges et jouissent des avantages attachés à la situation des soldats, caporaux, sous-officiers et officiers de l'armée.

12. Sont abrogées toutes les dispositions contraires à la présente loi, et spécialement le titre VI de la loi du 22 mars 1831.

SECTION IV

Dispositions transitoires relatives au titre Ier.

13. Les jeunes gens compris dans le coutingent de la classe de 1867 jouiront simultanément du droit de se faire remplacer ou exonérer.

Le nombre des exonérations ne pourra dépasser le nombre des engagements après libération qui auront été contractés avant le 1er avril 1868.

Le nombre des exonérations sera réparti par canton, par arrêté du ministre de la guerre, proportionnellement à celui des exonérations prononcées en 1867 dans le même canton.

Les exonérations seront prononcées suivant l'ordre des numéros des tirages, en commençant par les derniers.

Dispositions transitoires relatives au titre II.

14. Font partie de la garde nationale mobile, à partir de la promulgation de la présente loi, sauf les exeptions pré-

vues par l'article 4 de la présente loi, les hommes célibataires ou veufs sans enfants des classes de 1866, 1865, 1864 qui ont été libérés par les conseils de révision.

Ceux de la classe de 1866 y serviront quatre ans.
Ceux de la classe de 1865 y serviront trois ans.
Ceux de la classe de 1864 y serviront deux ans.

L'engagement de rester dix ans dans l'enseignement, prévu par les lois de 1832, 1850 et 1867, pourra être pris au moment où il sera procédé à la formation de la garde nationale mobile, en vertu des dispositions transitoires ci-dessus.

15. Le maire, assisté des quatre conseillers municipaux les premiers inscrits sur le tableau, dresse l'état de recensement des jeunes gens de sa commune qui doivent faire partie de la garde nationale mobile, conformément à l'article précédent.

A Paris et à Lyon, cet état est dressé par le préfet ou son délégué, assisté de trois membres du conseil municipal et du maire de chaque arrondissement, pour le recensement de cet arrondissement.

16. Un conseil de révision par arrondissement juge, en séance publique, les causes d'exemption, qui ne peuvent être que celles prévues par les numéros 1 et 2 de l'article 13 de la loi de 1832, et les cas de dispense prévus par l'article 14 de la même loi et par les articles 79 de la loi du 15 mars 1850 et 18 de la loi du 10 avril 1867.

Toutefois, ce conseil de révision peut exempter, comme soutiens de famille, jusqu'à concurrence de dix pour cent, ceux qui auront le plus de titres à l'exemption.

Ce conseil est présidé :

Au chef-lieu du département,

Par le préfet ou par le secrétaire général ou le conseiller de préfecture délégué par le préfet ;

Au chef-lieu des autres arrondissements,

Par le sous-préfet.

Il comprend en outre :

Un membre du conseil général ;

Un officier désigné par le général commandant le département.

En cas de partage, la voix du président est prépondérante.

Un médecin militaire est attaché au conseil de révision.

Ce conseil se transporte successivement dans les différents chefs-lieux et cantons de l'arrondissement.

Toutefois, selon les localités, le président peut réunir, pour les opérations du conseil, les jeunes gens appartenant à plusieurs cantons.

17. La réunion des listes arrêtées par les conseils de révision des arrondissements forme la liste du contingent départemental.

Les jeunes gens faisant partie de ce contingent sont inscrits sur les registres matricules de la garde nationale mobile du département et répartis en compagnies et en bataillons d'infanterie et en batteries d'artillerie.

Délibéré en séance publique, à Paris, le 14 janvier 1868.

Le Président
signé SCHNEIDER.

Les Secrétaires
signé MARQUIS DE CONÉGLIANO, MÈGE, DE GUILLOUTET, BOURNAT, MARTEL, COMTE W. DE LA VALETTE.

EXTRAIT DU PROCÈS-VERBAL DU SÉNAT

Le Sénat ne s'oppose pas à la promulgation de la loi relative à l'armée et à la garde nationale mobile.

Délibéré et voté, au palais du Sénat, le 28 janvier 1868.

Le Président,
Signé : TROPLONG.

Les Secrétaires,
Signé : CHAIX D'EST-ANGE, E. DE MENTQUE, HUBERT-DELISLE, GÉNÉRAL DE LA RUE.

Vu et scellé du sceau du Sénat :

Le Sénateur-Secrétaire,
Signé : CHAIX D'EST-ANGE.

MANDONS et ORDONNONS que les présentes, revêtues du sceau de l'Etat et insérées au Bulletin des lois, soient adressées aux cours, aux tribunaux et aux autorités administratives, pour qu'ils les inscrivent sur leurs registres, les observent et les fassent observer, et notre ministre secrétaire d'Etat au département de la justice et des cultes est chargé d'en surveiller la publication.

Fait au palais des Tuileries, le 1er février 1868.

Signé : NAPOLÉON.
Par l'Empereur :
Le Ministre d'Etat,
Signé : E. ROUHER.

Vu et scellé du grand sceau :
Le Garde des sceaux, Ministre secrétaire d'Etat
au département de la justice et des cultes,
Signé : J. BAROCHE.

BULLETIN DES LOIS

N° 1597.

N° 16 060. *Décision impériale sur l'organisation de la Garde nationale mobile, du 28 mars 1868.*

Sire,

J'ai l'honneur de soumettre à la haute approbation de Votre Majesté le projet ci-joint d'organisation de la garde nationale mobile, établie en exécution des prescriptions contenues dans le titre II de la loi du 1er février 1868, sur le recrutement de l'armée et de la garde nationale mobile.

Je crois devoir y ajouter l'exposé du plan que j'ai suivi, ainsi que des motifs des principales dispositions que je propose.

Le projet se divise en huit chapitres, ainsi qu'il suit :

Chapitre Ier. Bases de l'organisation. Détermination des circonscriptions de recrutement des bataillons, compagnies et batteries. Fixation des centres d'exercice et de réunion. Composition et choix des cadres.

Chapitre II. Commandement supérieur de la garde nationale mobile.

Chapitre III. Instruction.

Chapitre IV. Habillement.

Chapitre V. Administration.

Chapitre VI. Discipline.

Chapitre VII. Rapports de la garde nationale mobile avec l'armée.

Chapitre VIII. Volontaires de la garde nationale mobile. Engagements volontaires et rengagements.

CHAPITRE Ier.

Bases de l'organisation. — Détermination des circonscriptions de recrutement des bataillons, compagnies et batteries. — Fixation des centres d'exercice et de réunion. — Composition et choix des cadres.

Bases de l'organisation.

Bien que la garde nationale mobile ne puisse atteindre que dans cinq ans son effectif normal, il était nécessaire de poser dès à présent les bases de son organisation définitive et de déterminer le nombre des bataillons, compagnies et batteries de chaque département, afin de pouvoir tracer leurs circonscriptions de recrutement.

L'effectif probable de la garde nationale mobile sera d'environ cinq cent cinquante mille hommes ; le rapport de ce chiffre avec la population servira de base approximative pour en déduire le nombre probable des gardes nationaux mobiles de chaque département.

Pour répartir ce nombre en bataillons, compagnies et batteries, il fallait d'abord fixer l'effectif maximum que les bataillons devaient, autant que possible ne point dépasser.

Cet effectif maximum m'a paru devoir être fixé à un chiffre assez élevé :

1º Pour éviter d'avoir un trop grand nombre de bataillons et d'augmenter outre mesure les dépenses ;

2º Pour que les bataillons et compagnies puissent conserver, en temps de guerre, une force convenable après les diminutions d'effectifs que produiront les non-valeurs au moment de la mise en activité ;

3° Enfin, parce que les éléments de chaque bataillon ne pouvant que très exceptionnellement être réunis sur le même point, il n'y avait aucun inconvénient à dépasser, même sensiblement, l'effectif adopté pour les bataillons de l'armée, pourvu que celui des compagnies restât dans les limites convenables.

Ces considérations m'ont amené à proposer à Votre Majesté de fixer à deux mille hommes environ l'effectif maximum de chaque bataillon, le nombre des compagnies des bataillons à huit et, par suite, l'effectif maximum de chaque compagnie à deux cent cinquante hommes.

Le nombre des bataillons de chaque département se déduit tout naturellement de cet effectif maximum, et il ne reste plus qu'à déterminer les circonscriptions de recrutement.

Circonscriptions de recrutement des bataillons et compagnies.

Le personnel des bataillons et compagnies se compose d'hommes répandus, en général, par petits groupes dans un certain nombre de communes. Si donc on voulait conserver une égalité complète entre les effectifs des bataillons et des compagnies, on se trouverait dans l'obligation de diviser le territoire de chaque département en parties comprenant le même nombre de gardes nationaux mobiles et correspondant aux bataillons et compagnies, travail long et difficile qu'il faudrait, d'ailleurs, recommencer chaque année, puisque le contingent de chaque commune peut varier tous les ans, et qui aurait, en outre, le grave inconvénient de changer les habitudes des populations. Il m'a paru préférable de proposer pour les circonscriptions des bataillons et compagnies l'adoption des divisions et des subdivisions administratives du territoire, bien qu'il doive en résulter des différences parfois sensibles entre les effectifs des bataillons du même département et ceux des compagnies du même bataillon.

Ainsi un ou plusieurs arrondissements correspondront à un bataillon, un ou plusieurs cantons à une compagnie.

Centres de réunion des bataillons et compagnies.

Chaque exercice et réunion ne pouvant donner lieu, pour les jeunes gens qui y sont appelés, à un déplacement de plus d'une journée (article 9 de la loi), j'ai dû fixer la limite maximum de ce déplacement.

Il m'a paru qu'on ne pouvait imposer à ces jeunes gens une marche de plus de ving-quatre kilomètres pour l'aller et le retour, et, en même temps, plusieurs heures d'exercice.

Chacun des centres d'exercice et de réunion a donc été choisi de manière que toutes les communes de chaque canton fussent comprises dans un rayon de douze kilomètres autour de ce centre.

Lorsque la configuration d'un canton n'a pas permis de trouver un centre qui satisfît à ces conditions, il en a été choisi un pour chaque section de la compagnie; mais, en général, les chefs-lieux de canton sont les centres d'exercice et de réunion des compagnies.

C'est d'après ces principes qu'ont été établis les tableaux de circonscription joints au projet d'organisation.

Il résulte de cette limite si restreinte de déplacement que ce ne sera que sur un très petit nombre de points que l'on pourra réunir toutes les compagnies d'un bataillon. Il y a là, sans doute, un inconvénient, mais cet inconvénient n'est pas aussi grave qu'il le paraît tout d'abord, parce que l'instruction de la garde nationale mobile est moins une instruction d'ensemble qu'une instruction de détail que les hommes pourront toujours recevoir dans la compagnie.

Artillerie.

Les batteries d'artillerie ne pourront être organisées que dans les départements où se trouve le matériel nécessaire à leur instruction, c'est-à-dire où il existe des places fortes ou des garnisons d'artillerie.

Elles devront, en outre, comme les compagnies d'infanterie, se recruter dans des cantons compris dans un rayon de douze kilomètres autour de ces places qui sont leurs centres d'exercice. Si, à ces restrictions apportées par les dispositions de la loi au recrutement des batteries d'artillerie, on ajoutait encore les conditions de taille exigées pour l'artillerie de l'armée, il deviendrait impossible d'organiser un nombre suffisant de batteries. Il m'a donc paru nécessaire d'abaisser la taille, et je propose à Votre Majesté d'en fixer le minimum à un mètre soixante-deux centimètres, limite qui donne encore des hommes très vigoureux et laisse en même temps des ressources suffisantes au recrutement.

Composition des cadres.

Les cadres des bataillons, compagnies et batteries de la garde nationale mobile doivent en principe être composés comme ceux des bataillons, compagnies et batteries de l'armée. Toutefois les éléments de chaque bataillon ne pouvant, ainsi qu'il a été dit plus haut, être réunis que très exceptionnellement sur le même point, et d'ailleurs les bataillons n'étant pas destinés à faire des manœuvres d'ensemble, il paraît inutile d'y introduire en temps de paix les grades de capitaine adjudant-major et d'adjudant sous-officier. D'un autre côté, l'instruction se donnant dans chaque compagnie, le capitaine instructeur de tir ne serait d'aucune utilité. Enfin la simplicité de l'administration des compagnies permet à un seul sous-officier comptable par compagnie de satisfaire à toutes les exigences du service. Il est donc possible de réduire l'effectif des cadres sans porter atteinte à leur valeur, et je propose d'en fixer la composition ainsi qu'il suit :

Par bataillon d'infanterie : 1 chef de bataillon.

Par compagnie d'infanterie : 1 capitaine ; 1 lieutenant ; 1 sous-lieutenant ; 1 sergent-major ; 4 sergents, dont 1 instructeur ; 8 caporaux ; 1 tambour.

Par département fournissant au moins 2 batteries d'artillerie : 1 officier supérieur.

Par batterie : 1 capitaine ; 1 lieutenant en premier ; 1 lieutenant en second ; 1 maréchal des logis chef ; 4 maréchaux des logis, dont 1 instructeur ; 8 brigadiers ; 1 trompette.

Il y aura en outre, par département, un capitaine qui prendra le nom de capitaine-major de la garde nationale mobile. Il résidera au chef-lieu du département et centralisera l'administration de tous les bataillons d'infanterie et de toutes les batteries d'artillerie du département. Il aura sous ordres un sous-officier secrétaire garde-magasin.

Choix des cadres.

Les cadres de la garde nationale mobile doivent satisfaire à des conditions particulières qui tiennent à la nature de cette institution et des règlements qui la régissent. En effet, la garde nationale mobile ne pouvant être soumise à une discipline aussi fortement constituée que celle de l'armée, il me paraît indispensable que ses chefs, à tous les degrés de la hiérarchie, jouissent d'une considération personnelle qui leur donne l'autorité morale nécessaire à l'exercice de leur commandement. Il convient donc que les grades ne soient confiés qu'aux citoyens qui auront une situation honorable dans la circonscription de la troupe dont ils solliciteront le commandement.

Les officiers de tous grades, les sous-officiers, caporaux et brigadiers seront choisis :

1° Parmi les officiers retraités ou démissionnaires ;

2° Parmi les officiers de l'armée ayant 30 ans de services ;

3° Parmi les militaires libérés et les sous-officiers de l'armée ayant vingt-cinq ans de services ;

4° Enfin parmi les appelés et les volontaires de la garde nationale mobile.

Cette composition des cadres permettra de doter la garde nationale mobile d'officiers et sous-officiers expérimentés et de faire une part équitable aux jeunes gardes nationaux mobiles et aux citoyens qui, par patriotisme, tiendront à honneur de faire partie d'une institution aussi éminemment nationale.

Limites d'âge.

Le service de la garde nationale mobile ne pouvant imposer de grandes fatigues, même en temps de guerre, je ne vois aucun inconvénient à porter les limites d'âge au-delà du chiffre fixé pour l'armée, et je demande que les officiers, sous-officiers, caporaux, brigadiers, tambours et trompettes soient autorisés à servir dans la garde nationale mobile jusqu'aux limites d'âge ci-après, savoir :

Officiers supérieurs, soixante-deux ans;
Capitaines, lieutenants et sous-lieutenants, soixante ans;
Sous-officiers, caporaux, brigadiers, tambours et trompettes, cinquante-cinq ans.

Je propose, en outre, l'adoption du principe que les officiers devront pouvoir servir au moins cinq ans dans la garde nationale mobile. Comme conséquence, les candidats au grade d'officier supérieur devront avoir moins de cinquante-sept ans et les candidats aux grades de capitaine, lieutenant et sous-lieutenant, moins de cinquante ans.

Indemnités de service aux officiers et sous-officiers chargés de l'instruction et de l'administration.

« Les officiers, sous-officiers, caporaux et brigadiers ne reçoivent de traitement que si la garde nationale mobile est appelée à l'activité.

« Sont seuls exceptés de cette disposition l'officier chargé spécialement de l'administration et les officiers et sous-officiers instructeurs. » (Article 8 de la loi.)

En exécution de cette disposition, je propose à Votre Majesté de décider que les officiers et sous-officiers employés d'une manière permanente à l'instruction et à l'administration, ainsi que les tambours et trompettes, recevront une indemnité de service fixée ainsi qu'il suit, savoir:

Capitaine-major:

Indemnité .... Fr. 1600.—
Frais de bureau et d'écritures .... » 800.—
Et dans les départements comptant plus de vingt-quatre compagnies ou batteries, 15 francs en plus pour chaque compagnie ou batterie excédant ce nombre.

Sous-officier secrétaire garde-magasin ...... Fr. 500. —

Infanterie :

Chef de bataillon....................	Fr.	1800. —
Capitaine { Indemnité	»	1000. —
{ Frais de bureau	»	120. —
Sergent-major	»	600. —
Sergent instructeur..................	»	450. —
Tambour........................	»	300. —

Artillerie :

Officier supérieur	Fr.	2000. —
Capitaine { Indemnité	»	1200. —
{ Frais de bureau	»	120. —
Maréchal des logis chef..............	»	650. —
Maréchal des logis instructeur...........	»	500. —
Trompette.......................	»	320. —

Les grades auxquels sont attribuées les indemnités ci-dessus seront, en général, confiés à d'anciens militaires en état de donner et de diriger l'instruction des gardes nationaux mobiles et d'assurer la bonne administration des compagnies et batteries.

Les militaires retraités pourvus d'un emploi soldé cumuleront l'indemnité attribuée à cet emploi avec leur pension de retraite.

Avancement.

La loi du 1er février 1868 ne détermine aucune règle d'avancement dans la garde nationale mobile; elle dit seulement (art. 8) que les officiers seront nommés par l'Empereur, et les sous-officiers et caporaux par l'autorité militaire.

Il résulte de ce texte que toutes les vacances qui se produiront pourront être données à des citoyens qui n'auront jamais servi, même dans la garde nationale mobile, pourvu qu'ils satisfassent aux conditions d'honorabilité et d'aptitude exposées ci-dessus.

Tout en réservant expressément ce droit, je crois cependant utile, dans l'intérêt même du recrutement des cadres et du développement de l'esprit militaire dans la garde nationale mobile, de poser en principe que l'avancement pourra avoir lieu hiérarchiquement, afin que les gardes nationaux mobiles soient bien convaincus qu'en s'acquittant avec zèle des devoirs du grade dont ils sont pourvus, ils se créeront des titres à l'avancement au grade immédiatement supérieur.

Je propose, en conséquence, que les emplois devenus vacants par suite de libération, démission, décès ou révocation, puissent être donnés aux gardes nationaux mobiles, caporaux, sous-officiers, sous-lieutenants, lieutenants et capitaines qui se seront distingués par leur zèle et leur instruction militaire.

CHAPITRE II.

Commandement supérieur de la garde nationale mobile.

La garde nationale mobile ne fait point partie de l'armée; mais, selon les termes mêmes de l'article 3 de la loi du 1er février 1868, elle en est l'auxiliaire. A ce titre, elle doit être placée exclusivement sous les ordres de l'autorité militaire, qui peut seule donner une bonne direction à l'instruction et à l'administration, et assurer le maintien de la discipline.

Ainsi le commandement de la garde nationale mobile de chaque département appartiendra au général commandant la subdivision, et celui de la garde nationale mobile des départements de chaque division, au général commandant la division.

Les généraux de division rendront compte au ministre de la guerre de tout ce qui pourra intéresser l'instruction, l'administration et la discipline de la garde nationale mobile. Ils transmettront les ordres et instructions aux généraux de brigade, qui en assureront et surveilleront l'exécution.

CHAPITRE III.

Instruction.

L'instruction de la garde nationale mobile devra avoir principalement pour but de mettre les gardes nationaux mobiles en état de se servir utilement de leurs armes.

A cet effet, elle comprendra :

Dans l'infanterie : 1° le maniement des armes et l'école du soldat; 2° les principes et la pratique du tir; 3° l'école de peloton.

Dans l'artillerie : le service des bouches à feu de places, de côtes et de campagne.

Les officiers, sous-officiers, caporaux et brigadiers devront posséder toutes les connaissances nécessaires à l'exercice de leurs fonctions.

Les exercices auront lieu aux jours fixés par le général

commandant la subdivision; on choisira de préférence les dimanches pour gêner le moins possible les travaux de l'agriculture et de l'industrie.

Exemptions d'exercice.

Sont exemptés des exercices les jeunes gens qui justifient d'une connaissance suffisante du maniement des armes et de l'école du soldat. (Article 9 de la loi.)

Il m'a paru nécessaire de soumettre l'exécution de cette disposition de la loi à un contrôle qui ne permît à aucun abus de se produire.

Ainsi les exemptions d'exercice ne pourront être accordées que par le chef de bataillon, sur la proposition du capitaine.

Les exemptés assisteront aux réunions par compagnies et par bataillon.

Le chef de bataillon profitera de ces réunions pour s'assurer que les exemptés possèdent bien réellement les connaissances exigées. Dans le cas où il ne les trouverait pas suffisamment instruits, il pourrait ordonner leur rappel aux séances d'exercice.

Il sera rendu compte, tous les trois mois, au général de division et au ministre de la guerre, des exemptions d'exercice qui auront été accordées.

CHAPITRE IV.

Habillement.

L'Etat doit, en principe, l'habillement à tous les sous-officiers, caporaux, brigadiers, tambours, trompettes et gardes nationaux mobiles, à l'exception de ceux qui, s'étant fait remplacer dans l'armée par un garde national mobile, sont tenus de s'habiller et de s'équiper à leurs frais.

CHAPITRE V

Administration.

L'administration des compagnies et batteries de la garde nationale mobile doit naturellement être soumise aux principes et règlements qui régissent l'administration des corps de l'armée.

Toutefois, la garde nationale mobile ne recevant aucune prestation en deniers et d'autres prestations en nature que les effets d'habillement et d'équipement qui sont donnés pour toute la durée du service, l'application de ces règlements administratifs ne peut donner lieu qu'à une comptabilité simple, claire et facile, dont les principes sont parfaitement définis.

Chaque compagnie et batterie est administrée par le capitaine qui la commande, sous la surveillance de l'officier supérieur d'infanterie ou d'artillerie.

Le capitaine-major centralise l'administration de toutes les compagnies et batteries du département, et remplit, en outre, des fonctions analogues à celles des commandants de dépôts de recrutement.

Les indemnités allouées aux emplois soldés seront touchées par mois et à terme échu, sur un état de solde unique établi par département, certifié par le capitaine-major et ordonnancé par le sous-intendant militaire.

L'envoi des sommes revenant aux parties intéressées sera fait dans les formes adoptées pour la gendarmerie.

L'administration de la garde nationale mobile est placée, dans chaque département, sous la surveillance et le contrôle de l'intendance militaire.

En cas de mise en activité, l'administration de la garde nationale mobile sera régie par les règlements administratifs de l'armée. Il sera pourvu alors aux emplois d'officiers et de sous-officiers comptables nécessaires pour assurer le service.

CHAPITRE VI

Discipline.

Pendant la durée des exercices et réunions, la garde nationale mobile est soumise à la discipline réglée par la loi du 13 juin 1851, sur la garde nationale (article 10 de la loi du 1er février 1868).

La loi du 13 juin 1851 contient toutefois les dispositions qui ne peuvent s'appliquer à la garde nationale mobile, telles que les punitions pour refus d'obéissance aux réquisitions des préfets et sous-préfets, le remboursement, au profit des communes, des effets vendus ou détériorés, et la juridiction des conseils de discipline.

Il m'a donc paru nécessaire, pour éviter toutes fausses interprétations de la loi, de faire un résumé de toutes les dispositions de la loi du 13 juin 1851, en ce qu'elles ont d'applicable à la garde nationale mobile.

Ce résumé, ainsi inséré au *Journal militaire* à la suite de la loi du 1er février 1868, sous le titre : Observations sur l'application des articles de la loi du 13 juin 1851[1] à la garde nationale mobile, est le commentaire nécessaire des articles 9 et 10 de la loi du 1ᵉʳ février 1868 et constitue le véritable Code de la discipline de la garde nationale mobile.

Gardes nationaux mobiles traduits devant le tribunal de police correctionnelle.

La loi du 13 juin 1851 et les articles 4 et 5 des observations précitées, qui énumèrent les délits et les fautes qui peuvent entraîner la traduction des délinquants devant les tribunaux de police correctionnelle, ne font pas connaître par quelle autorité et comment les tribunaux de police correctionnelle seront saisis.

Il est donc nécessaire de rappeler les principes qui doivent servir de règles à cet égard.

L'autorité militaire n'aura pas à intervenir dans la poursuite des délits de droit commun, qui appartiennent uniquement à la juridiction des tribunaux civils.

Les délits et les fautes définis par la loi du 13 juin 1851, tels que la vente, le détournement ou la destruction volontaire des armes, munitions, effets d'habillement ou d'équipement confiés aux gardes nationaux mobiles, et les manquements réitérés, sans cause légitime, aux exercices et aux réunions, pourront seuls être l'objet de poursuites exercées au nom de l'autorité militaire.

Les plaintes ou procès-verbaux seront adressés au général de division qui, en sa qualité de commandant supérieur de la garde nationale mobile de la division, sera le chef de

---

[1] Articles 5, 73, 74, 75, 76, 79, 81, 83, 113, 114, 116.

l'action publique et aura seul le droit de saisir le tribunal de police correctionnelle.

Il transmettra ces plaintes ou procès-verbaux au procureur impérial qui, en vertu du droit qui lui est conféré par la loi, statuera définitivement sur la suite à leur donner.

Enfin, en raison de la situation particulière des gardes nationaux mobiles et de la difficulté d'établir les preuves des délits qui pourront leur être imputés, il sera nécessaire de donner également au général de division le droit qu'il exerce à l'égard de l'armée, d'apprécier les plaintes qui lui seront adressées et s'il y a lieu de les transmettre au procureur impérial ; cette faculté d'appréciation donnée au général de division sera donc tout à la fois dans l'intérêt des gardes nationaux mobiles et de la bonne administration de la justice.

En conséquence, je propose à Votre Majesté de décider que lorsqu'un garde national mobile se sera mis dans le cas d'être poursuivi pour une des fautes ou un des délits prévus par les articles 9 et 10 de la loi du 1er février 1868, la plainte ou le procès-verbal, établi par qui de droit, sera adressé par la voie hiérarchique, avec toutes les pièces de nature à éclairer le tribunal, au général de division, qui saisira, s'il y a lieu, le tribunal de police correctionnelle.

Dans les cas où cet officier général ne croirait pas donner suite à la plainte, il en rendrait compte au ministre de la guerre en motivant sa décision.

Démission des officiers.

Les officiers de la garde nationale mobile pourront offrir leur démission comme les officiers de l'armée, et ils ne cesseront leurs fonctions que lorsque l'acceptation de leur démission aura été notifiée.

CHAPITRE VII.

Rapports de la garde nationale mobile avec l'armée.

La garde nationale mobile devant concourir avec l'armée active à la défense des places fortes, des côtes et frontières de l'Empire, et au maintien de l'ordre dans l'intérieur, il était nécessaire de régler le rang de ces troupes entre elles, ainsi que les droits au commandement.

La garde nationale sédentaire prend la droite dans toutes les circonstances où elle est réunie avec des troupes de l'armée.

La garde nationale mobile, qui est composée de citoyens plus jeunes et qui est l'auxiliaire de l'armée, prendra naturellement la gauche des troupes de l'armée :

Quant au droit au commandement, les officiers de la garde nationale mobile étant, en général, d'anciens militaires qui offriront toutes les garanties désirables d'instruction et d'expérience militaires, il paraît équitable de leur conférer le commandement des troupes quand ils auront la supériorité du grade.

Je propose, en conséquence, à Votre Majesté de régler ainsi qu'il suit les rapports de la garde nationale mobile avec l'armée :

Dans toutes les circonstances où la garde nationale mobile sera réunie avec des troupes de l'armée, la droite appartiendra à l'armée et le commandement général sera déféré à l'officier le plus élevé en grade de l'armée ou de la garde nationale mobile, et, à égalité de grade, à l'officier de l'armée, quelle que soit son ancienneté.

Les prescriptions du service des places, en ce qui concerne les honneurs à rendre par les postes aux troupes en armes et par les factionnaires, seront applicables à la garde nationale mobile.

Les gardes nationaux mobiles de tous grades devront le salut à leurs supérieurs de l'armée ; de même les officiers, sous-officiers et soldats de l'armée devront le salut aux gardes nationaux mobiles qui porteront les insignes d'un grade supérieur au leur.

CHAPITRE VIII

Volontaires de la garde nationale mobile. — Engagements volontaires. — Rengagements.

Engagements volontaires.

L'article 4 de la loi du 1er février 1868 autorise l'admission dans la garde nationale mobile « des citoyens qui, libérés du service militaire ou de la garde nationale mobile, demandent à en faire partie » ; mais il n'indique pas à quelle condition cette admission peut être prononcée.

Il est de principe qu'aucun citoyen ne peut être admis à faire partie d'une société ou d'un corps organisé quelconque, s'il ne s'engage à se soumettre au règlement qui définit les obligations et la discipline imposées à tous les membres de la société ou du corps.

Si cet engagement préalable est nécessaire pour une société privée, à plus forte raison doit-il être obligatoire pour l'admission dans la garde nationale mobile, qui constitue une partie de la force publique ; car, sans cet engagement, le volontaire pourrait échapper à l'action disciplinaire, porter le trouble dans les compagnies ou batteries, et, au lieu d'être un accroissement de force pour la garde nationale mobile, devenir au contraire pour elle un grave danger, comme ne l'a que trop prouvé l'organisation des bataillons de volontaires de 1791.

Les citoyens qui demanderont à être admis dans la garde nationale mobile devront donc souscrire un engagement, et cet engagement, pour être valable, devra être contracté dans les formes prescrites par le Code civil, c'est-à-dire dans les formes même des engagements volontaires pour l'armée.

La loi du 1er février 1868 ne fait également aucune mention des limites de l'âge auquel les volontaires pourront être reçus dans la garde nationale mobile.

Le décret de la République en date du 10 juillet 1848 [1], non abrogé, fixe à dix-sept ans la limite inférieure des engagements volontaires dans l'armée. Cette limite me paraît devoir être adoptée pour la garde nationale mobile ; et comme il est de toute justice que le temps de service accompli par un engagé volontaire de moins de vingt ans soit compté en déduction des cinq années de service dans la garde nationale mobile auxquelles il pourrait être astreint par la loi du recrutement, il résulterait de l'adoption de cette limite que les jeunes gens qui s'engageraient à l'âge où les études classiques sont généralement terminées

---

[1] X^e série, Bull. 49, n° 554.

pourraient se trouver, à vingt-deux ou vingt-trois ans, complètement libérés de toute obligation de service. Cette mesure libérale aurait donc pour effet de diminuer encore, pour un grand nombre de jeunes gens, le fardeau déjà si léger du service de la garde nationale mobile.

Quant à la limite supérieure, il importe de la reculer autant que possible pour donner à un plus grand nombre de citoyens et d'anciens militaires le droit d'apporter à la garde nationale mobile le concours précieux de leur patriotisme et de leur expérience.

Le projet d'organisation ci-joint permet de conserver jusqu'à cinquante-cinq ans les sous-officiers, brigadiers, tambours et trompettes faisant partie des cadres de la garde nationale mobile.

Mais, en ce qui concerne l'admission des simples citoyens à titre de volontaires, il me paraît suffisant de fixer à quarante ans la limite supérieure de l'âge auquel on peut s'engager dans la garde nationale mobile.

Combinée avec la faculté de contracter des engagements d'une durée maximum de cinq ans, cette limite n'a rien d'excessif et répond à tous les besoins.

En conséquence, je propose de fixer de dix-sept à quarante ans les limites de l'âge auquel les engagements volontaires pourront être reçus dans la garde nationale mobile.

Conditions auxquelles doivent satisfaire les engagés volontaires.

Les conditions auxquelles doit satisfaire l'engagé volontaire de l'armée peuvent être simplifiées pour celui de la garde nationale mobile et réduites aux obligations suivantes :

1º Être âgé de dix-sept ans au moins et de quarante ans au plus ;

2º Avoir un minimum de taille de un mètre cinquante-cinq centimètres pour l'infanterie et de un mètre soixante-deux centimètres pour l'artillerie ;

3º Être porteur d'un certificat de bonne vie et mœurs délivré dans les formes prescrites par l'article 20 de la loi du 21 mars 1832, et, si le contractant a moins de vingt ans, justifier du consentement de ses père, mère ou tuteur ; ce dernier devra être autorisé par une délibération du conseil de famille ;

4º N'être lié à aucun titre au service de terre ou de mer ;

5º Le contractant libéré du service militaire produira son congé de libération et son certificat de bonne conduite.

Les inscrits maritimes présenteront un acte de déclassement délivré par le commissaire de l'inscription maritime de leur quartier.

Quant à la durée de l'engagement, il semble naturel d'adopter, par analogie avec ce qui se passe dans l'armée, deux ans pour la durée minimum et la totalité du service imposé par la loi, soit cinq ans, pour durée maximum.

En cas de guerre, les engagements volontaires pourront être reçus pour un an.

Rengagements.

Les rengagements seront reçus pour une durée égale à celle des engagements.

Les gardes nationaux mobiles qui seront dans leur dernière année de service seront admis à se rengager. Ils produiront un certificat du chef de corps, constatant qu'ils peuvent être admis dans la compagnie ou batterie pour laquelle ils se présentent.

Les rengagements seront contractés devant les intendants ou sous-intendants militaires ; les maires des chefs-lieux de canton pourront également recevoir les rengagements pour éviter des déplacements onéreux aux gardes nationaux mobiles qui voudront se rengager.

Les gardes nationaux mobiles qui auront quitté le service ne pourront rentrer dans la garde nationale mobile qu'en contractant un rengagement volontaire dans les conditions des militaires libérés.

Disposition générale.

Bien que les exigences du service imposé par la loi soient extrêmement légères, ainsi que les populations ne tarderont pas à le reconnaître à la pratique, il me semble possible d'atténuer encore ces obligations pour les engagés et rengagés qui rempliront les conditions suivantes :

Tout engagé volontaire ou rengagé qui aura servi pendant un an au moins dans l'armée et pendant cinq ans dans la garde nationale mobile pourra être dispensé de tout exercice et de toute réunion, à moins qu'il n'ait été pourvu d'un grade qui rende sa présence indispensable à ces exercices et réunions.

L'engagement ou rengagement contracté dans ces conditions ne sera plus qu'une simple inscription sur les contrôles de la compagnie ou de la batterie, n'imposant, en temps de paix, ni déplacement ni obligation d'aucune nature. Il constituera un titre honorable qui attirera, à celui qui le portera, la juste considération qui s'attache toujours aux actes de véritable patriotisme.

Je ne doute pas que, dans ces conditions, un grand nombre de citoyens ne tiennent à honneur de faire partié d'une institution qui, sans rien enlever à l'indépendance individuelle et à la liberté d'action, présente si complètement l'image de la nation toujours prête à se lever pour la défense de son honneur et de son territoire.

ANNEXE.

Compagnies de francs-tireurs volontaires. — Batteries de volontaires.

Il ne me reste plus qu'à soumettre à Votre Majesté une proposition relative aux compagnies de francs-tireurs et aux batteries de volontaires, qui font l'objet d'un chapitre inséré comme annexe au projet d'organisation de la garde nationale mobile.

Compagnies de francs-tireurs volontaires.

A l'époque encore récente, où des événements extérieurs surexcitaient si profondément l'esprit national, des citoyens, animés des plus vifs sentiments de patriotisme, se réunissaient, s'armaient et demandaient l'autorisation de s'organiser en sociétés de francs-tireurs pour concourir à la défense du territoire dans plusieurs de nos départements frontières.

La loi ne permettant la formation d'aucun corps de citoyens armés en dehors de la garde nationale sédentaire, il n'avait pas été possible de donner une satisfaction complète à ces vœux; mais, aujourd'hui, l'organisation de la garde nationale mobile offre une occasion naturelle d'obtempérer aux désirs exprimés par les sociétés de francs-tireurs.

Je demanderai donc à Votre Majesté de vouloir bien prendre en considération les sentiments si honorables qui ont présidé à la formation de ces sociétés et régulariser leur organisation en les rattachant à la garde nationale mobile.

Je proposerai, à cet effet, l'adoption des dispositions suivantes :

Les membres des sociétés de francs-tireurs contracteront un engagement d'un an au titre de la garde nationale mobile et dans la forme adoptée pour les engagements des volontaires.

Ils seront organisés en compagnies qui prendront le nom de compagnies de francs-tireurs volontaires.

Chaque compagnie portera un uniforme qui sera approuvé par le ministre de la guerre.

Le cadre de chaque compagnie comprendra : 1 capitaine; 1 lieutenant; 1 sous-lieutenant; 1 sergent-major; 4 sergents, dont 1 instructeur; 8 caporaux; 1 clairon.

Les officiers seront nommés par l'Empereur; les sous-officiers, les caporaux et le clairon, par l'autorité militaire.

Les cadres ne seront pas soldés, à l'exception des officiers et sous-officiers employés à l'instruction et à l'administration, et du clairon, qui recevront la même indemnité que dans l'infanterie de la garde nationale mobile.

Les compagnies de francs-tireurs seront sous l'autorité

du général commandant la subdivision et soumises, soit en temps de paix, soit en temps de guerre, à la même discipline que la garde nationale mobile; elles pourront continuer à s'exercer dans leurs champs de tir particuliers.

Elles ne seront pas, en conséquence, astreintes à assister aux exercices de la garde nationale mobile; si elles sont appelées aux réunions, elles prendront alors la droite des troupes de la garde nationale mobile.

En cas d'appel à l'activité des bataillons de la garde nationale mobile, les compagnies de francs-tireurs seront de préférence employées à la défense de leur pays et chargées d'assurer la sécurité de leurs foyers.

Les jeunes gens des compagnies de francs-tireurs appelés par leur âge à faire partie de la garde nationale mobile pourront être autorisés à faire dans ces compagnies le temps de service fixé par la loi.

Batteries de volontaires.

Je solliciterai la même faveur pour les corps de volontaires qui ont été organisés, dans quelques places fortes, en compagnies et batteries d'artillerie.

Ces corps, qui ont donné depuis longtemps des preuves de leur dévouement et de leur patriotisme, pourraient, suivant leur désir, être rattachés à la garde nationale mobile aux conditions exposées ci-dessus pour les compagnies de francs-tireurs volontaires.

Ils prendraient le nom de batteries de volontaires et seraient soumis aux mêmes obligations et jouiraient des mêmes immunités que les compagnies de francs-tireurs volontaires.

Tel est, Sire, l'ensemble des dispositions que j'ai l'honneur de soumettre à la sanction de Votre Majesté.

Dans le cas où Elle daignerait les adopter, je La prierais de vouloir bien revêtir le présent rapport de son approbation.

Je suis avec le plus profond respect,

 Sire,

  De Votre Majesté,

   Le très obéissant, très dévoué serviteur
   et très fidèle sujet,

Le Maréchal de France,
Ministre secrétaire d'Etat de la guerre :

Signé : NIEL.

Approuvé :
Signé : NAPOLÉON.

DEUXIÈME PARTIE

—

ARTICLES DU JOURNAL
L'INDUSTRIEL ALSACIEN
PUBLIÉ A MULHOUSE

MINISTÈRE DE LA GUERRE.

GARDE NATIONALE MOBILE.

ORDRE D'APPEL A L'ACTIVITÉ.

En exécution *du décret Impérial du 1er juillet 1870*, qui appelle à l'activité la garde nationale mobile, et des ordres du Ministre de la guerre,

Il est prescrit au nommé *Schaffer Jacques* garde national mobile du département d' *du Ht Rhin* canton de *Mulhouse (Sud)*, de se rendre, le 1.AOUT à BELFORT, chef-lieu dudit département.

Tout retard non justifié qu'apporterait le garde national mobile à l'exécution de cet ordre le mettrait dans le cas d'être poursuivi selon les prescriptions du Code de justice militaire.

Le Capitaine-Major
de la garde nationale mobile du département
du *Ht Rhin*

Vu :
Le Sous-Intendant militaire,

DÉCRET

Par décret impérial, en date du 18 juillet 1870, ont été nommés dans la garde nationale mobile :

1° A des emplois de lieutenant en premier ou de lieutenant en second :

6e Division militaire

Département du Bas-Rhin

....

Département du Haut-Rhin

1er bataillon *(Belfort)* : Monnier, Pierre-Edouard ;
Gebel, Charles ;
Bær, Antoine-Edmond ;
Muller, François-Joseph ;
Graschig, Gustave.

2e bataillon *(Colmar)* : Hoffmann, François-Alexis ;
Hanser, Frédéric-Guillaume ;
Moyse, Charles-Camille ;
de Golbéry, Othin-Marie-Dieudonné-Camille ;
Ancel, Prosper ;
Wessang, Joseph-Victor.

3ᵉ bataillon *(Colmar)* : Heuchel, Robert ;
  Buhler, Joseph ;
  Quimfe, Marie-Joseph ;
  Gersbach, Hubert ;
  Knoll, Edouard-Jules ;
  Latscha, Henri ;
  Diemer, Michel.

4ᵉ bataillon *(Mulhouse)* : Pagnard, Joseph ;
  Ronfort, Célestin-Adolphe ;
  Weninger, Gustave ;
  Montes, Emile.

5ᵉ bataillon *(Altkirch)* : Fleury, Henri-Joseph-Antoine ;
  Bullet, Louis-Joseph-Jules ;
  Clavé, Charles ;
  Martin, Henri-Emmanuel.

Artillerie :

1ᵉʳ bat. (pontonniers) : Mæchtlin, Joseph, lieutenant en 1ᵉʳ,
2ᵉ bat. : Houbre, Amédée,   »   1ᵉʳ,
3ᵉ bat. : Jeannerot, Hector,   »   2ᵉ,
5ᵉ bat. : Ehrhard, François-Joseph,   »   2ᵉ.

2° A des emplois de sous-lieutenant :

6ᵉ DIVISION MILITAIRE

DÉPARTEMENT DU BAS-RHIN

. . . .

Département du Haut-Rhin

1er bataillon *(Belfort)* : Lebleu, Xavier ;
Grunfelder, Jean-Thiébaut ;
Charbonnier, Marie-Jean-Pierre ;
Dreyer, Joseph ;
Weinbrenner, Louis ;
Tschieret, Eugène-Jean-Jacques.
2e bataillon *(Colmar)* : Geistodt, Frédéric ;
Weibel, Jean-Victor ;
Florence, Eugène ;
Schœnlaub, Frédéric.
3e bataillon *(Colmar)* : Rabischon, Henri ;
Meyer, Martin ;
Ohnenberger, Jules-Dominique ;
Thuet, Alphonse ;
Jordan, Henri ;
Weber, Emile-Henri ;
Klein, Eugène.
4e bataillon *(Mulhouse)* : Hauviller, Emile ;
Wespiser, Joseph-Martin ;
Moritz, Eugène ;
Penot, Denis-Henri ;
Haffa, Eugène ;
Bourry, Jean ;
Serrès, Ernest-Alfred-Jean.
5e bataillon *(Altkirch)* : Gattez, Joseph-Xavier ;
Marion, Joseph ;
Jermann, Jean-Jacques ;
Lamy, Philippe-Ernest.

Jeudi 21 Juillet 1871.

Vendredi, le 22 Juillet 1870.

Garde nationale mobile. — Avis. — Le conseil de révision du Haut-Rhin se réunira, toutes les fois qu'il y aura un nombre de demandes suffisant, à l'hôtel de la préfecture à Colmar pour l'examen des demandes de remplacement présentées par des gardes nationaux mobiles qui se trouveraient dans l'un des cas prévus par l'article 7 de la loi du 1er Février 1868.

Vendredi, le 29 Juillet 1870.

— Nous avons annoncé hier que les cadres de la garde mobile, c'est-à-dire les officiers, sous-officiers et soldats partent samedi matin pour Belfort. Les simples gardes nationaux mobiles doivent à leur tour se mettre en route lundi et mardi prochains. Les classes 1867 et 1868 ont reçu l'ordre de partir lundi, et les classes 1865 et 1866 mardi.

On nous prie de leur recommander de prendre le train de 2h,45 de l'après-midi, dans lequel il y a des wagons de 3e et de 2e classe, et qui, étant un train mixte, comprend plus de voitures que les trains directs.

— Le bataillon de la garde nationale mobile de l'arrondissement de Mulhouse comprend huit compagnies. Voici les noms des officiers :

Chef de bataillon :

M. Dollfus-Galline.

6ᵉ Division Mʳᵉ

Etat-Major.

Le Général de Division Commandant la 6ᵉ Dᵒⁿ Mʳᵉ en vertu des pouvoirs qui lui sont conférés par la Circulaire Mˡˡᵉ du 16 Juillet 1870, nomme provisoirement M. Engel, Alfred

au grade de Lieutenant
à la 7ᵉ Compagnie du 4ᵉ Bataillon de la garde nationale mobile du département du Haut-Rhin, à la résidence de Mulhouse

Il devra être rendu à son poste au premier ordre.

Au Quartier Gᵃˡ
à Strasbourg, le 22 Juillet 1870

Capitaines :

MM. Ottmann, Audran, Steimer, Kaltenbach, Henri Sandherr.

Lieutenants :

MM. Thierry, Ziegler, Pagnard, Blech, Rodolphe Kœchlin, Weninger, Alfred Engel, Jacquinot.

Sous-lieutenants :

MM. Hauviller, Daniel Kœchlin, Wespiser, Moritz, Penot, Audran, Bourry, Serrès.

On le voit, il n'y a encore que cinq capitaines désignés. Trois encore sont à nommer; les propositions ont été faites et ne tarderont pas à arriver.

Samedi, 30 Juillet 1870.

GARDE NATIONALE MOBILE

— La fanfare quittant Mulhouse lundi, par le train de 2 heures de l'après-midi, les jeunes gens des classes 1867 et 1868, ayant leur ordre de départ pour ce jour, sont priés de se réunir lundi, à midi, au café Français.

Lundi, 1ᵉʳ Août 1870.

— Comme nous l'avions annoncé, les officiers et les sous-officiers de notre bataillon de la garde nationale mobile ont quitté Mulhouse samedi matin, à 10 heures et demie. Ces messieurs s'étaient donné rendez-vous dans la cour de la charmante habitation de M. Nicolas Kœchlin, où était logé M. Dollfus-Galline, le chef du bataillon. M. le sous-préfet, M. le capitaine de gendarmerie et MM. les officiers du corps des sapeurs-pompiers ont eu la délicate attention de leur faire cortège.

Vers 10 heures, la petite cohorte se mit en marche, précédée par la musique des sapeurs-pompiers qui jouait la *Marseillaise*. Une foule nombreuse stationnait sur le quai et aux abords de la gare, acclamant à leur passage nos officiers et leur commandant. Chacun admirait la bonne tenue de ces messieurs dont la plupart étaient pour la première fois revêtus de l'uniforme.

Arrivés sur le quai de la gare, nos officiers ont été reçus par les dames de Mulhouse, qui avaient dévasté à leur intention tous les jardins de la ville.

Les parents, les amis de ceux qui allaient partir se trouvaient tous au chemin de fer. — Là, une mère, en embrassant son fils, lui faisait ces mille et mille recommandations dont une mère seule a le secret ; ici, un père, heureux de voir son enfant servir la cause de la France, s'appuyait fièrement sur son bras.

M. le sous-préfet prononça quelques paroles d'adieu pleines de cœur et de patriotisme, qui furent couvertes d'applaudissements. M. Dollfus-Galline, chef du bataillon, répondit au représentant de l'autorité. La garde nationale mobile, a-t-il dit, est fière de remplir le devoir qui lui est confié, et si, par malheur, la France est en danger, elle est prête, dès qu'il le faudra, à vaillamment marcher à la défense de nos frontières. « Vive la France ! » s'écrie-t-il en terminant. « Vive la France ! » répètent avec lui tous les assistants.

La musique reprend la *Marseillaise*, et pendant ce temps entre en gare un convoi d'artillerie. Les soldats et les officiers fraternisent avec la population.

Le train d'artillerie reparti, arrive le train de Paris, qui va remporter à Belfort nos compatriotes. Ils montent avec entrain et gaîté dans les wagons, serrant une dernière fois les mains amies avant le dernier coup de sifflet. Bientôt le convoi s'ébranle. « Au revoir ! » s'écrie-t-on de tous côtés, les hommes se découvrent, les dames agitent leurs mouchoirs, et la musique redit encore notre hymne patriotique. Les vœux de tous accompagnent notre nouvelle milice, qui va si bravement faire l'apprentissage du métier des armes.

Mardi, 2 Août 1870.

GARDE NATIONALE MOBILE. — AVIS. — Les jeunes gens de la garde nationale mobile qui ont les professions de :

1° Commis aux écritures,
2° Boulangers,

3° Meuniers, botteleurs, bouchers, tonneliers,

4° Mécaniciens, serruriers, forgerons, maçons, fumistes, menuisiers, charpentiers, tourneurs ou charrons,

sont avertis qu'ils peuvent être admis à continuer leurs professions dans les services administratifs de la guerre.

Ils s'adresseront, à cet effet, dès leur arrivée, à leur point de convocation, à MM. les sous-intendants militaires de Colmar ou de Belfort ou à M. le commandant de la place de Neuf-Brisach qui leur indiqueront ce qu'ils ont à faire.

Colmar, le 31 juillet 1870.

Mardi, 2 Août 1870.

— Hier après-midi une agitation inaccoutumée régnait dans toute la ville. Les deux classes de 1867 et 1868 de notre garde nationale mobile devaient aller rejoindre à Belfort leurs officiers partis déjà samedi dernier.

Dès 1 heure, des groupes nombreux traversaient la rue du Sauvage pour se rendre au chemin de fer; les fabriques chômaient, toute notre population ouvrière se trouvait à la gare, dont l'entrée était presque impossible, tant il y avait de monde aux abords. Enfin, vers 2 heures arrivent les gardes mobiles. Ils s'étaient donné rendez-vous à la brasserie Danner et de là se rendaient en cortège à la gare; les tambours et clairons de notre bataillon des sapeurs-pompiers les précédaient, ainsi que plusieurs sociétés chorales, bannières en tête.

Tout le long de leur parcours ils ont été acclamés par la population.

Arrivés à la gare, ils sont entrés sur le quai, où les ont accompagnés leurs amis, leurs parents. Tous les gardes mobiles se groupèrent sur la voie; M. le sous-préfet se plaça au milieu d'eux et leur adressa quelques chaleureuses paroles, qui trouvèrent de l'écho dans tous les cœurs de nos gardes mobiles. Les sociétés chorales exécutèrent ensuite la *Marseillaise* dont le refrain fut repris par tous les assistants. A 3 heures environ, le train se mit en route aux acclamations de la foule nombreuse qui se trouvait sur le quai de la gare.

Mercredi, 3 Août 1870.

— Hier, à 2 heures de l'après-midi, les gardes nationaux mobiles des deux classes de 1865 et 1866 sont allés retrouver à Belfort leurs camarades partis la veille. Ils ont également traversé la ville en cortège, précédés des tambours-sapeurs et de la musique des sapeurs-pompiers jouant la *Marseillaise*. Même foule dans les rues et à la gare, même enthousiasme que lundi.

Ils partent avec une gaîté et avec un entrain tout français; au moment où le train se met en marche, ils sont salués par les acclamations chaleureuses de la foule.

Jeudi, 4 Août 1870.

— Nous avons reçu des nouvelles de Belfort et de notre bataillon de la garde mobile. L'état-major du bataillon, accompagné de la fanfare, s'est rendu à la gare lundi et mardi pour recevoir les gardes mobiles qui arrivaient à 5 heures. Nos jeunes soldats ont traversé ensuite la ville de Belfort, précédés de leurs officiers et de la fanfare, qui exécutait les plus jolis morceaux de son répertoire. Chacun admirait la bonne tenue de nos concitoyens, dont les allures déjà martiales surprenaient les Belfortains et surtout les Belfortaines, qui les acclamaient aux cris de : « Vive la mobile de Mulhouse ! »

L'autre jour, la fanfare du bataillon a joué plusieurs morceaux sur la place d'Armes ; elle a été vivement applaudie. Grâce à l'habile direction de son chef, qui en peu de jours est parvenu à l'organiser, elle est déjà à même de se faire entendre en public, et cela tout à son honneur.

Les gardes mobiles n'ont pas encore reçu leur équipement, mais ils l'attendent d'un jour à l'autre. Ils sont logés dans l'un des forts de la ville, où, paraît-il, ils sont loin d'être aussi bien que chez eux ; ils sont couchés sur le véritable lit du soldat, beaucoup n'ayant que de la paille pour matelas ; cela ne fait pas l'affaire des douillets. Mais peu importent ces détails ! L'entrain général est irrésistible, et quand on a vingt ans, l'on dort bien partout. Les officiers, qui d'abord logeaient chez les habitants, sont casernés également dans les forts ; bien qu'ils aient leur chambre séparée, leur installation est aussi primitive que celle des simples soldats.

Vendredi, 12 Août 1870.

BELFORT. — On nous écrit :

Bon nombre de vos lecteurs seront sans doute bien aises de savoir où et comment sont casernés les gardes mobiles de Mulhouse.

Je profite de mon premier moment de loisir pour vous fixer à ce sujet.

Les 1re, 2e et 8e compagnies occupent la citadelle, les 5e, 6e et 7e le fort de la Justice, et la 4e compagnie le fort de la Miotte. Vous voyez que, pour nos débuts, on nous confie des postes d'honneur, et dont nous sommes très fiers.

Les hommes sont aujourd'hui bien couchés et bien nourris. L'entrain du départ ne s'est pas refroidi, ils marchent aux corvées comme de vieux soldats.

Nous n'avons qu'à nous louer de nos chefs. Ils s'occupent tous de nos besoins et de notre installation. Voici le speech que notre capitaine nous a adressé ce matin à l'appel de 11 heures :

« *Braves enfants de Mulhouse,*

« *Mes chers camarades !*

« Vous voici réunis pour la défense de la patrie. Soyez les bienvenus.

« Vous connaissez déjà vos devoirs. C'est l'obéissance absolue aux ordres qui vous seront donnés par vos chefs ; c'est d'entretenir avec soin les effets d'armement, d'équipement et d'habillement qui vous seront distribués ; c'est d'éviter tous les excès afin de conserver vos forces et votre santé ; c'est l'estime mutuelle et le dévouement les uns pour les autres.

« J'ai la certitude que vous remplirez scrupuleusement tous ces devoirs. Rappelez-vous aussi que l'union fait la force.

« Quant à vos droits, c'est d'être traités justement et paternellement.

« En toute occasion je vous ferai rendre la plus stricte justice. Je veillerai sans cesse à vos besoins et je serai pour vous à la fois un père et un ami.

« Ayez donc confiance en vos chefs, faites votre devoir, et vive la France ! »

Vous voyez que nous sommes en bonnes mains, à bientôt l'exercice, et vive la France !

———

Mardi, 30 Août 1870.

APPEL PATRIOTIQUE

Nous recevons à l'instant une lettre de M. Steimer, capitaine de la 6ᵉ compagnie du 4ᵉ bataillon de la garde mobile du Haut-Rhin. Il résulte de ces lignes que nos gardes mobiles ont quelque peine à se procurer les effets d'habillement les plus indispensables tels que chemises, caleçons, cravates et guêtres ; il serait bien malheureux que les mobiles de Mulhouse manquassent plus longtemps de ces différents objets.

M. Steimer a recours à la publicité de l'*Industriel* pour adresser un pressant appel à la patriotique population de

Pour éviter d'avoir à loger et nourrir des soldats prussiens,

Vous êtes requis d'avoir à fournir avant ~~mardi~~ soir, à la caserne :

~~mercredi~~

3   matelas en crin animal ou végétal, et

3   couvertures en laine.

Mulhouse, le 14 novembre 1870.

Mulhouse. Il a l'assurance que cet appel sera entendu par tous nos concitoyens.

Les dons pourraient être déposés aux bureaux de l'*Industriel*, où un officier du bataillon viendrait en prendre livraison jeudi prochain, 1er septembre.

Lundi, 12 Septembre 1870.

BELFORT. — On nous écrit :

Voici la nomenclature des effets de linge et de chaussure que le 4e bataillon de la garde mobile du Haut-Rhin doit à la générosité des habitants de Mulhouse :

Chemises et flanelles	215
Caleçons	38
Paires de bas	89
Cravates de toutes couleurs	50
Paires de guêtres	6

La distribution de ces effets a eu lieu jeudi dernier. Je renonce à vous peindre la joie avec laquelle ils ont été reçus.

Vendredi, 2 Décembre 1970.

Bâle, 1ᵉʳ Décembre. — Une dépêche particulière, arrivée dans la journée, porte que le bataillon des gardes mobiles du Haut-Rhin s'est distingué dans l'affaire du 28, à Beaune-la-Rolande (Loiret).

On ne signale aucune perte.

Samedi, 3 Décembre 1870.

— On nous communique la note suivante :

Une dépêche, datée de Bellegarde (Loiret), 8 h. 30 matin, adressée à la Société de secours aux blessés de Dornach, est ainsi conçue :

« Urgence de venir à Orléans m'aider à organiser une ambulance pour notre bataillon. Gustave Engel légèrement blessé.
 « Signé : Charles Audran. »

Sur cette nouvelle, plusieurs dames et messieurs des Sociétés de secours aux blessés de Mulhouse et de Dornach sont partis pour Orléans, emportant des médicaments et du linge de pansement.

Dimanche, 4 et lundi, 5 Décembre 1870.

— On nous communique une nouvelle lettre qu'un jeune lieutenant du 4e bataillon de la mobile du Haut-Rhin adresse à ses parents :

« Quiers, près Bellegarde (Loiret), 26 novembre 1870.

« *Chers parents.*

« Nous sommes au lendemain d'une victoire. Attaqués par les Prussiens au nombre de 40,000, nous les avons repoussés après quelques heures de combat. Plusieurs de nos bataillons avaient battu en retraite quand le 4e bataillon du Haut-Rhin s'est avancé et a tout sauvé.

« C'est ma compagnie qui était en tête ainsi que celle du capitaine S...; notre mouvement a entraîné 4 à 5 mille hommes qui par leur élan ont rendu courage aux autres.

« Les Prussiens ont abandonné une batterie d'artillerie. Notre bataillon en a été quitte pour quelques blessures.

« Nous nous battrons sans doute encore demain. Nous avons reçu l'ordre d'être sous les armes à 5 heures du matin. Il pleut continuellement; les manœuvres sont très difficiles dans ces terrains détrempés.

« Notre bataillon a reçu les félicitations du général en chef, notre commandant a été décoré, et une médaille militaire a été donnée aux meilleurs sujets de ma compagnie; en un mot, nous avons été les héros de l'affaire. Nous en avons été quittes à peu de frais, mais les balles sifflaient bien !

« Jean B... »

TROISIÈME PARTIE

—

DOCUMENTS OFFICIELS

Rapports, ordres, circulaires ministérielles, etc.

Avec un itinéraire général de la campagne

RAPPORT DU BATAILLON

Belfort, le 1ᵉʳ Août 1870.

Les sergents-majors se rendront chez l'officier-payeur. Ils retireront les feuilles d'appel. A partir de demain, 2 août, le rapport se fera tous les jours chez le commandant, à 8 1/2 heures du matin.

Les sergents-majors et les sergents de semaine se rendront au rapport dans la tenue prescrite par la place (s'informer à la place). Aussitôt le rapport terminé, les sergents-majors le communiqueront au capitaine et les sergents de semaine au sous-lieutenant.

M. le sous-lieutenant Penot, de la 5ᵉ compagnie, remplira jusqu'à nouvel ordre les fonctions d'officier-payeur; son bureau sera établi au domicile du commandant. M. le lieutenant Blech remplira les fonctions d'officier de casernement. Il sera aidé par M. Daniel Kœchlin de la 2ᵉ compagnie et M. Bourry de la 7ᵉ compagnie.

MM. les officiers et les sergents-majors se rendront aujourd'hui à l'arrivée de tous les convois de Mulhouse pour y recevoir les jeunes conscrits; les sergents instructeurs se rendront à 10 1/2 heures, ils y resteront jusqu'au dernier train de Mulhouse.

Chaque fois qu'un train arrivera, ils devront réunir les jeunes conscrits et leur enjoindre de ne point s'écarter, afin de pouvoir les rassembler de nouveau au premier ordre. Il est probable que la plupart des conscrits arriveront par un train spécial dont l'heure d'arrivée n'a pas encore été indiquée au chef de gare, mais que celui-ci fera connaître au commandant aussitôt qu'il l'apprendra : vers 1 heure, probablement.

En conséquence, MM. les officiers et les sous-officiers sont engagés à rester réunis après 1 heure et à faire connaître l'endroit où ils se trouveront aux sergents instructeurs, afin que ceux-ci puissent les prévenir de l'heure de l'arrivée du train spécial.

A l'arrivée de ce train, les sergents-majors et sergents instructeurs devront faire ranger les conscrits sur un terrain aux approches de la gare, qui leur sera ultérieurement indiqué par le commandant. Par les soins des sergents-majors et sergents instructeurs, les hommes devront être placés par compagnie et sur quatre rangs.

MM. les officiers se mettront à la tête de leur compagnie respective et conduiront leurs hommes, dans le plus grand ordre possible, sur la place d'Armes, où le commandant inspectera le détachement. Les malades seront conduits par le sergent instructeur de leur compagnie au poste de la place, où ils seront visités par un docteur de la garnison.

Aussitôt après l'inspection du commandant de place, les officiers de la compagnie conduiront leurs hommes dans leur compagnie respective.

Toutefois, le capitaine de la 4e compagnie, dont les hommes doivent être casernés au fort de la Miotte, pourra, s'il le juge convenable, leur accorder une heure pour aller chercher des vivres.

La citadelle sera occupée par les 1re, 2e, 3e et 8e compagnies.

Le capitaine Sandherr commandera la **citadelle**, dans laquelle sera aussi logé le sous-lieutenant **Daniel Kœchlin** de la 2ᵉ compagnie.

Le fort de la Justice sera occupé par les 5ᵉ, 6ᵉ et 7ᵉ compagnies.

Le capitaine Ottmann de la 5ᵉ compagnie y logera, ainsi que le lieutenant Rodolphe Kœchlin de la même compagnie.

Le capitaine Audran prendra le commandement du fort, ainsi que le sous-lieutenant Moritz.

MM. les commandants de compagnies feront remettre à chaque homme son prêt-franc. Il en sera de même après-demain, et les ordinaires ne commenceront à fonctionner qu'à partir de jeudi prochain.

Demain il sera fait deux appels, le premier à 10 heures, le deuxième à 9 heures. Aujourd'hui et demain, tous les jeunes soldats seront occupés au transport des fournitures, et ne devront pas s'absenter de leur caserne avant d'en avoir reçu l'ordre de leur chef.

Le commandant recommande à MM. les officiers et aux sous-officiers, chacun en ce qui le concerne, de faire tout leur possible pour assurer la bonne et rapide installation de la troupe dans les forts et casernes que le bataillon doit occuper.

A partir d'aujourd'hui, les sergents-majors commenceront à établir la situation journalière.

L'adjudant fera afficher, aujourd'hui ou demain, dans chaque caserne, les maisons ou endroits défendus par la place.

Les sergents-majors devront retirer aux hommes leur

feuille d'appel, au fur et à mesure de leur arrivée et les remettre à l'officier-payeur.

Quelques hommes se présenteront, sans feuille d'appel; les sergents-majors devront prendre leur nom et établir un certificat collectif et le faire signer par le capitaine; ce certificat sera aussi remis à l'officier-payeur au rapport du matin.

RAPPORT DU BATAILLON

Belfort, le 2 Août 1870.

Ramasser aujourd'hui les feuilles d'appel.

Les fourriers seront rendus chez le commandant à 11 heures.

Le général commandant le génie demande un secrétaire et un bon dessinateur.

Ce soir, vers 4 heures, la moitié des conscrits du bataillon arriveront par le train. Mêmes dispositions que celles prescrites hier pour MM. les officiers et les sous-officiers, à l'exception des sergents-majors qui devront rester dans les forts et préparer pour la réception des hommes. Il leur est bien recommandé de faire des provisions d'eau.

A partir d'aujourd'hui, MM. les lieutenants prendront la semaine et se conformeront à ce qui leur est prescrit dans le service intérieur.

RAPPORT DU BATAILLON

Belfort, le 3 Août 1870.

Le général du génie demande un bon secrétaire et un dessinateur.

Les sergents-majors devront apporter au commandant, demain matin au rapport, la liste des hommes capables de remplir ces fonctions.

Les 1re, 2e, 3e, 4e et 7e compagnies fourniront chacune deux cultivateurs, qui, sous la conduite du sergent instructeur Grossot de la 1re compagnie, se rendront aussitôt que possible à la caserne de l'Espérance et s'y mettront à la disposition des employés au fourrage.

Les sergents-majors doivent établir, de suite, leur situation. MM. les chefs de compagnies doivent faire établir, aussitôt que possible, deux contrôles des hommes de leur compagnie, qui seront remis au commandant, l'un par ordre alphabétique, l'autre par professions. Ces contrôles devront être d'un très petit format, afin qu'ils puissent se mettre dans la poche.

Les sergents-majors devront s'entendre entre eux, afin qu'ils soient établis de la même manière et dans le même format.

Chaque bataillon devra fournir un planton intelligent au bureau de la subdivision, qui est situé à la porte E, N° 4.

Les sergents-majors de chaque compagnie devront présenter au commandant, aujourd'hui à midi, un candidat par compagnie pour cette fonction.

Jusqu'à ce que les sergents et caporaux soient nommés, les sergents-majors devront veiller à la propreté des chambres et des corridors qui y conduisent.

Pendant trois jours, à l'appel de 11 heures et à celui du soir, il sera lu aux hommes la défense expresse de se promener sur les talus des fortifications.

Demain matin, les sergents-majors devront remettre à l'officier-payeur les feuilles de prêt du 1er au 5 et les bons de pain du 5 au 8. Les sergents-majors devront s'entendre entre eux et présenter demain matin au rapport trois volontaires pour suivre l'armée, ayant l'habitude de panser les chevaux et de conduire les voitures. L'un d'eux, ou mieux tous trois, devront parler le français et l'allemand.

M. le capitaine Ottmann remplira les fonctions d'adjudant-major. M. le capitaine Audran prendra le service de semaine, à partir d'aujourd'hui.

Le garde Emile Kœchlin est nommé sergent-vaguemestre, il commencera de suite ses fonctions.

MM. les chefs de compagnies présenteront au commandant, dans le plus bref délai possible, une liste de candidats aux grades de sergents et caporaux. Le jour où ces candidats seront passés en revue par le commandant sera ultérieurement fixé.

Dans chaque compagnie un perruquier sera désigné par le capitaine; ce perruquier est exempt de tout service et le capitaine lui fera payer, sur les fonds de l'ordinaire, 10 centimes par mois et par homme.

MM. les capitaines engageront leurs hommes à entrer exactement dans leur casernement, à ne pas manquer les deux appels, à ne point chanter dans les rues et à ne rien faire qui puisse troubler la tranquillité publique.

Les sergents-majors devront faire afficher, dans les différents casernements, les soldes et gratifications que recevront les gardes mobiles employés comme commis aux écritures, ouvriers ou infirmiers ; ces soldes de gratification consistent pour :

Fabrication du pain :

Boulangers-brigadiers : 1 fr. par jour ; par journée, 0,20 fr. ; maximum de gratification mensuelle, 12 fr.

Pétrisseurs, par jour 0.90 fr. ; par journée, 0.18 fr. ; gratification mensuelle, 9 fr.

Servants, par jour, 0,50 fr. ; par journée, 0,10 fr. ; gratification mensuelle, 3 fr.

Vivres :

Travaux de boucherie, vivres de campagne et liquides, par jour, 0.60 fr. ; gratification mensuelle, 7.60 fr. Ouvriers bouchers, tonneliers, botteleurs, par jour, 0,50 fr. ; gratification mensuelle, 3 fr.

Travaux de magasin :

Ouvrier, par jour	0.40 fr.
Gratification mensuelle	3.— »

Commis aux écritures :

Par jour	0.35 fr.
Gratification mensuelle	4.50 »

Infirmiers auxiliaires :

Par jour	0.10 fr.

Soldats commis aux écritures :

Par jour	0.35 fr.
Gratification mensuelle	1.50 »

En plus de ces gratifications mensuelles, les ouvriers infirmiers auxiliaires reçoivent la solde et les vivres alloués à tous les gardes mobiles.

— Une corvée de huit hommes, par compagnie, et conduite par le fourrier, se rendra à 3 heures sur la place d'Armes : un fourrier se détachera avec deux hommes par compagnie, viendra chercher les sacs de corvée chez le commandant, puis rejoindra la corvée sur la place d'Armes pour se rendre de là à la Manutention, où ils recevront le pain, et d'où ils le conduiront aux quartiers respectifs.

---

7 Août 1870 (BELFORT). — *La garde mobile du Haut-Rhin, en garnison à Belfort, touche des uniformes et des fusils à tabatière.*

CIRCULAIRE MINISTÉRIELLE

TRAITEMENT
pour la
GARDE MOBILE

Tours, le 27 Septembre 1870.

Messieurs,

Une disposition générale prise dès l'origine avait prescrit pour la garde nationale mobile le même traitement que pour la troupe, du jour où cette garde se trouverait sous le commandement de l'autorité militaire. Mais les circonstances n'ont pas toujours permis d'appliquer cette règle. Certains corps de la garde mobile ont reçu des effets de campement, tandis que d'autres ne pouvaient en être pourvus; les uns ont été logés chez l'habitant; les autres ont dû se loger à leurs frais: quelques-uns ont touché une indemnité en remplacement de pain dans les localités où la fourniture en était impossible : enfin il en est qui, sous tous les rapports, ont été soumis au même régime que la Ligne. De là les anomalies qui ont provoqué de justes réclamations. Pour remédier à cet état de choses, j'ai arrêté par décision du 26 septembre que les généraux ayant sous leur commandement des corps de garde nationale mobile, sont autorisés à déterminer, après s'être entendus avec les fonctionnaires de l'intendance militaire, les allocations que devront recevoir les hommes de cette garde. Ils pourront, selon les circonstances et surtout en raison des fournitures de campement dont seraient pourvus les intéressés, leur faire attribuer soit la solde de la Ligne, soit fr. 1.25 aux sous-officiers et fr. 1.— aux simples gardes; mais en aucun cas l'allocation de fr. 1.25 ou fr. 1. ne pourra être dépassée, y compris cette dernière indemnité. En outre, comme il y a lieu de pourvoir aux nécessités qui se produisent déjà ou se produiront infailliblement sous le rapport des effets de petit campement, quelle que soit la manière dont les gardes mobiles seront traités, il devra être retenu sur leur solde, pour être versé à leur masse individuelle, le montant de la prime journalière fixé par le tarif du 5 décembre 1840.

Recevez, etc.

Le vice-amiral, ministre de la guerre par intérim :
Le Directeur délégué :
AUDEMARD.

Samedi, 1ᵉʳ Octobre 1870. — *Les 1ᵉʳ et 4ᵉ bataillons de la mobile du Haut-Rhin, avec une batterie d'artillerie, sont réunis sous la dénomination de régiment de marche du Haut-Rhin et reçoivent l'ordre d'entrer en campagne le lendemain. Le commandement du nouveau régiment est dévolu au lieutenant-colonel Vivenot.*

EXTRAIT DU CAHIER DU SERGENT-MAJOR
DE LA 7ᵉ COMPAGNIE

1ᵉʳ oct. — Kaltenbach Léon, capitaine de 2ᵉ classe, passé pour son grade à la 3ᵉ compⁱᵉ du 4ᵉ Bᵒⁿ, le 1ᵉʳ octobre.
— Engel Alfred, capitaine de 2ᵉ classe, venu de la compagnie où il était lieutenant, le 1ᵉʳ octobre.
— Bourry Jean-Guillaume, lieutenant de 2ᵉ classe, venu de la compagnie où il était sous-lieutenant, le 1ᵉʳ octobre.

idem   Mˡᵉ 1579 — Heller Jean-Jacques, G. M. passé à la 3ᵉ compagnie le 1ᵉʳ octobre.

id   Mˡᵉ 1691 — Schild Nicolas, G. M. réformé pour infirmité continue à son arrivée au corps. Parti de Belfort le 2 octobre, rayé le dit jour.

id   Mˡᵉ 434 — Ruest Georges   } M. M.
id   Mˡᵉ 821 — Schweitzer Clément }

id   Mˡᵉ 1037 — Scherrer Joseph, G. M. de la 2ᵉ Compⁱᵉ du 1ᵉʳ Batᵒⁿ du Haut-Rhin. En subsistance à la compagnie à partir du 2 octobre.

e Division Militaire
9.e Subdivision
Place de Belfort.
(N° 3076 C)

Le Général, Commandant Supérieur, à Belfort, en vertu des pouvoirs qui lui sont dévolus, informe M. Engel Alfred qu'il est nommé provisoirement au grade de Capitaine dans la Garde nationale mobile du département du Haut-Rhin (4.e Bataillon, 3.e Compagnie) en remplacement de M.r Dayenges à l'hôpital de Lyon. Il se mettra sur le champ à la disposition du Commandant du Bataillon.

Cette lettre lui servira de titre dans l'exercice de ses fonctions.

Belfort le 28 Septembre 1870.
Le Général Commandant Supérieur.

M.r Engel Capitaine

Dimanche, 2 Octobre 1870. — *Départ du régiment du Haut-Rhin, de Belfort, à 5 heures du matin. Le 1er bataillon est sous les ordres du commandant Dumas, le 4e, sous celui du commandant Charles Dollfus-Galline.*

La colonne traverse Valdoie et arrive à Grosmagny, à 9 heures du matin, où elle dresse son campement.

RAPPORT DU BATAILLON

Grosmagny, le 2 octobre 1870.

Une corvée va être commandée immédiatement pour aller chercher la viande et le pain. On fera un bon pour la journée de demain, qui sera touché en même temps.

On s'occupera immédiatement de dresser les tentes et faire la soupe. MM. les commandants de compagnies prendront les mesures nécessaires pour maintenir les hommes dans le camp. Tout le monde campera. Si MM. les officiers n'ont pas de tente, ils prendront des tentes de troupe. Il est expressément défendu de prendre des perches de houblons.

Les adjudants établiront une surveillance. A 4 heures aura lieu un appel sérieux et on rendra compte au chef de distribution qui rendra compte de suite au commandant.

EXTRAIT DU RAPPORT DE LA PLACE

Ordre de la Division.

Le général commandant supérieur est heureux de porter à la connaissance des troupes sous ses ordres la promotion au grade de général de brigade de MM. Thornton, colonel du 7e régiment de chasseurs, et Crouzat, colonel d'artillerie.

Belfort, le 3 Octobre 1870.

Le chef d'État-Major :
CHATEL.

RAPPORT DU BATAILLON

Grosmagny, le 3 Octobre 1870.

On lèvera le camp à 11 heures, l'emplacement du camp sera indiqué aux officiers par le commandant. Plus aucune sonnerie. L'adjudant devra établir sa tente près de celle du commandant.

Chaque compagnie fournira un planton qui viendra avec sa toile de tente établir sa tente près de l'adjudant. Ces hommes ne devront jamais s'absenter.

Ce soir, la 4e compagnie fournira la grand'garde, à 5 heures. Elle sera composée d'une section et sera fournie alternativement par toutes les compagnies, excepté la 3e. Une escouade de la grand'garde sera placée derrière la maison blanche qui se trouve en face du campement de l'artillerie. Cette escouade sera commandée par un sergent.

La garde du camp qui sera placée ce soir à 5 heures et dont le nombre sera ultérieurement fixé, fournira le factionnaire de la maison blanche.

Les appels se feront régulièrement le matin à $6\,^1/_2$ heures, à midi et à $7\,^1/_2$ heures. Le service en campagne doit être rigoureusement exécuté. Lire à l'appel de midi et demi. La population se plaint avec raison que les hommes viennent voler les légumes jusque dans les jardins. Le commandant espère qu'il n'aura pas besoin de renouveler aux hommes de son bataillon la recommandation de ne rien prendre.

Même date. — *M. Henri Penot, lieutenant à la 5ᵉ compagnie, est nommé officier d'ordonnance du colonel Vivenot.*

Lundi, 3 Octobre 1870.[1] — *Départ de Grosmagny, à midi, pour Anjoutey, Saint-Germain, Roppe et la route de Belfort.*

Mardi, 4 Octobre 1870. — *Retour à Roppe. Départ, le soir, pour le village des Errues, où le régiment établit son campement.*

---

[1] Les autres rapports des mois d'Août et de Septembre n'ont pu être retrouvés.

ORDRE

ORDRE DU
GÉNÉRAL CAMBRIELS
Mesures à prendre, etc.

Aux généraux de division, de brigade, aux préfets, sous-préfets et aux comités de défense de la Région de l'Est.

Messieurs,

Par décision du 26 septembre, le ministre de la guerre m'a investi du commandement supérieur régional de l'Est. La tâche qui m'est confiée est immense; elle l'est surtout par la responsabilité qu'elle m'impose. J'espère que Dieu maintiendra mes forces à la hauteur de ma mission, et je puis vous dire à l'avance que mon dévouement est absolu et que je suis prêt à tout sacrifice.

Quelque terrible qu'elle soit cependant, il dépend de vous que cette tâche me soit moins difficile. Aidez-moi, soutenez-moi de votre dévouement, de votre patriotisme, de votre énergie et bien des difficultés s'aplaniront.

La diversité des questions que je suis appelé à résoudre au point de vue de l'organisation, de la discipline et de la direction des mouvements absorbant mon temps, mes jours et mes nuits, je ne saurais y suffire longtemps.

Je pense donc qu'il est de toute nécessité que je me décharge de bien des détails sur des hommes et des comités placés dans chaque département, et plus à même que moi de juger de l'opportunité de telle ou telle mesure d'administration ou d'organisation. Déjà des comités de défense fonctionnent dans plusieurs départements; dans ceux où ils n'existeraient pas, j'invite les officiers généraux à les organiser au plus vite. Qu'ils les composent avec les officiers des armes spéciales, dont les connaissances sont si appréciables; qu'ils s'entourent de tout ce qui, dans la population, est instruit, intelligent et dévoué. Qu'ils appellent auprès d'eux les ingénieurs, les agents-voyers chefs, les hommes enfin de toute profession dont le concours peut être utile. En dehors de la composition réglementaire, cette adjonction des capacités sera chose précieuse. A ces comités alors de s'occuper de l'organisation des gardes mobiles, des partisans, des volontaires, à eux aussi, le soin de créer des ouvrages de défense dans les localités qui se recommandent par leur importance stratégique. Qu'ils ne se laissent pas trop entraîner à l'idée de l'armement général. Il est des hommes que leur âge, leur état de santé rendent impropres à la fatigue : qu'on ne les appelle pas. Des armes en des mains inhabiles sont un danger. Il vaut mieux moins de fusils, mais des fusils qui portent juste à l'ennemi. Alors les officiers généraux, les commandants de troupes pourront s'occuper exclusivement des moyens tactiques d'action.

De mon côté, libre de toute préoccupation de détail absorbante, je pourrai me porter sur tous les points du territoire dont la défense m'est confiée et j'userai à cette tâche tout ce que j'ai de cœur et d'énergie.

Mais en dehors de ces questions, il en est une qui les domine toutes, je veux parler de la discipline; c'est la discipline qui fait la force de l'ennemi; c'est le manque de discipline qui fait notre faiblesse et qui a été, en grande partie, cause de nos revers. Je fais donc ici un appel suprême aux soldats, aux mobiles, aux gardes nationaux, aux volontaires et aux populations. C'est dans leurs mains qu'est le salut du pays, c'est dans leur discipline, dans leur obéissance absolue et immédiate.

Je prie instamment les généraux de faire tous leurs efforts pour ramener chez nous cette précieuse qualité qui, si longtemps, a fait notre force et notre gloire. Qu'ils ne tolèrent aucune infraction dans l'armée, dans la garde nationale ou ailleurs. Qu'ils rappellent aux troupes que, sur ce point, le gouvernement est décidé à tout plutôt que de céder, et qu'il veut que la discipline rentre dans nos rangs et nous redonne la force nécessaire pour les luttes que nous allons soutenir. Que les préfets, que les comités s'adressent aux populations, qu'ils stimulent leur zèle, leur patriotisme, et leur fassent voir la grandeur de la situation. Elles répondront à leur appel, j'en ai la foi. Et si malheureusement quelques hommes oublieux de toute dignité et indifférents au péril, se laissent entraîner à des excès déplorables, alors que le cœur de la France saigne, qu'ils sévissent contre eux.

Energie, dévouement, discipline et patriotisme, que ce soient là les mots de ralliement et, Dieu aidant, notre France renaîtra.

Belfort, le 4 octobre 1870.

Le général commandant supérieur de la Région de l'Est :

CAMBRIELS.

ORDRE DE LA DIVISION

Le général commandant supérieur, en faisant hier la tournée des camps en avant de Belfort, a remarqué que beaucoup d'officiers et de soldats se tenaient dans les villages et se trouvaient souvent éloignés de leurs campements.

Le général commandant supérieur rappelle aux troupes qu'il est indispensable, en présence de l'ennemi, que chacun reste à son poste et ne s'en écarte sous aucun prétexte.

MM. les officiers supérieurs devront donner l'exemple et veiller par eux-mêmes à la sévère exécution du présent ordre.

Belfort, le 4 Octobre 1870.

*Le général commandant supérieur
du Rayon de l'Est :*

CAMBRIELS.

RAPPORT DE LA BRIGADE

Les Errues, le 4 Octobre 1870 (5 h. du soir).

Le lieutenant-colonel commandant la brigade a entendu des coups de fusil ; il est certain qu'ils ont été tirés par des militaires ; il prévient que si cela arrive encore, il fera arrêter et conduire sous escorte à Belfort pour y subir une punition exemplaire, tout militaire pris chassant. Il recommande aux grand'gardes et petits postes détachés d'arrêter tous ceux qui tireront des coups de fusil.

Ce soir à 6 heures, les cabarets des Errues seront évacués par les militaires de la colonne.

L'adjudant du 1er bataillon du Haut-Rhin y enverra une patrouille sous les ordres d'un sergent; cette patrouille sera chargée de forcer les militaires à rentrer à leur camp.

Demain, à 7 heures du matin, on éveillera les hommes sans bruit, tout le monde sera placé en bataille, l'arme au pied, en face de son campement et prêt à exécuter les mouvements qui pourraient être ordonnés. Les troupes garderont cette position jusqu'à ce que le lieutenant-colonel commandant la brigade ordonne de faire former les faisceaux.

Le lieutenant-colonel engage MM. les officiers à avoir leurs bagages tout chargés et prêts à se porter en arrière s'il y a lieu. Ces Messieurs, sous aucun prétexte, ne doivent coucher dans les maisons, leur place de bataille est avec leurs compagnies.

Le lieutenant-colonel réitère les ordres qu'il a donnés ce matin concernant le silence à observer pendant la nuit, les feux à éteindre.

Demain, par exception, ils ne seront allumés qu'après la prises d'armes.

Mercredi, 5 Octobre 1870 (*Les Errues*). — *La colonne est composée de deux bataillons de la mobile du*

Haut-Rhin, de trois bataillons de mobiles de la Haute-Saône, de deux bataillons du 85e de ligne et d'une batterie d'artillerie.

Le colonel Vivenot est nommé général de brigade par le général Cambriels.

Dispositif aux Errues: le 4e bataillon du Haut-Rhin à gauche dans le pré, le 1er bataillon du Haut-Rhin et deux bataillons de la Haute-Saône à droite, le troisième de la Haute-Saône et le 85e de ligne en réserve. L'artillerie est placée sur une hauteur, à 300 mètres du Haut-Rhin.

RAPPORT DE LA BRIGADE

Les Errues, le 6 Octobre 1870.

Les troupes doivent manger la soupe sans retard.

Après l'appel de 9 heures, tout le monde restera au camp; sous aucun prétexte les officiers, sous-officiers et soldats ne doivent aller dans les villages, soit en avant ou en arrière du camp. On fera quatre appels dans la journée : le premier à 9 heures, le second à midi, le troisième à 3 heures, le quatrième à 8 heures.

A l'appel de midi, les commandants de compagnies passeront la revue des armes et munitions ; ils rendront compte au chef de bataillon de cette revue.

Les compagnies de service à l'artillerie n'ont pas exécuté l'ordre qui avait été donné d'éteindre les feux à 6 heures du soir et de ne les allumer qu'après la prise d'armes. Le général prévient une dernière fois que ses ordres doivent être rigoureusement exécutés ; MM. les commandants de compagnies en seront responsables.

Les tentes ne seront montées que sur un ordre qui sera donné, s'il y a lieu, au rapport de 4 heures.

Jeudi 6 Octobre 1870 *(Les Errues).* — *On prend les armes à 4 heures. Reconnaissance.*
Le lieutenant Penot achète son cheval pour 150 francs.

Vendredi 7 Octobre 1870. — *On prend les armes à 3 heures du matin, sur le bruit que les Allemands sont arrivés à Altkirch et à Cernay.*

RAPPORT DU BATAILLON

Les Errues, le 7 Octobre 1870.

Un magasin d'approvisionnements est établi à Fresse. Quatre appels par jour : à 9 heures, à midi $1/2$, à 5 heures et à 8 heures. A l'appel de midi $1/2$, examen des armes et des cartouches ; de 1 à 3 heures, exercice. Le bataillon se mettra en bataille comme hier. Les tentes seront montées à 5 heures.

Le commandant rappelle que l'on ne doit pas allumer les feux avant 6 heures du matin et qu'on doit les éteindre à 6 heures du soir. Les chefs de compagnie et l'officier commandant la garde du camp sont responsables de l'exécution de cet ordre.

Les fourriers rendus chez l'adjudant dans une heure.

Les hommes punis doivent se trouver à 5 heures à la garde du camp. Chaque sergent-major devra les envoyer, accompagnés d'un caporal porteur d'un état nominatif, qui sera remis à l'adjudant.

Vendredi, 8 Octobre 1870. — *Prise d'armes à 3 heures du matin.*

RAPPORT DU BATAILLON

Les Errues, le 8 Octobre 1870.

Les prises d'armes cesseront à la rentrée de la reconnaissance. Quatre appels dans la journée, comme hier. Le bataillon mettra à la disposition des habitants des Errues des hommes pour arracher les pommes de terre. On prendra des hommes de bonne volonté qui seront rétribués.

Il ne doit être donné aux hommes que leur sou de poche, sauf les ordonnances, les musiciens, les cantiniers, les hommes détachés à l'ambulance, qui recevront leur prêt-franc, défalcation faite des vivres de campagne.

L'appel aura lieu aujourd'hui à midi, il y sera donné lecture du Code pénal et des circulaires copiées ce matin ; celle du 26 juillet sera lue trois jours de suite. A midi, vérification des armes et des cartouches, puis travaux de propreté. Les tentes seront séchées au soleil. Les hommes doivent se laver, changer de linge, battre leurs demi-couvertures, brosser leurs effets.

Le commandant rappelle que les bagages d'officiers et les vivres doivent être portés aux voitures chaque soir.

Chaque jour l'ennemi s'approche, les précautions, au lieu de diminuer, doivent augmenter. Lorsque l'ordre a été donné de faire le café avant le lever du soleil, on ne doit allumer que des feux excessivement petits. Défense est faite d'établir des feux autrement que dans des fossés profonds, sur les bords desquels reposent les marmites. A 6 heures précises, tous les feux devront être éteints.

Le matin, les hommes doivent être sous les armes et les faisceaux rompus jusqu'au retour de la reconnaissance. Les faisceaux ne doivent être formés que sur l'ordre du chef de bataillon.

Tous les soirs à 7 heures, les fourriers doivent venir copier chez l'adjudant le rapport de la brigade, s'ils ne l'ont déjà reçu.

RAPPORT DE LA BRIGADE

Même jour.

Quatre appels, 9 heures, midi, 4 heures et 8 heures.

Schæffer Paul est mis à la disposition de la brigade comme télégraphiste.

RAPPORT DU BATAILLON

Même jour.

Faire chercher le plus rapidement Schæffer pour le mettre à la disposition de la brigade.

La 7e décampera à 10 $^1/_2$ heures. Jusqu'à 6 heures le matin, les hommes doivent être sous les armes, à 6 heures, les faisceaux peuvent être formés, mais les hommes ne doivent pas rompre et doivent prendre le café à leur rang. Les rangs ne doivent être rompus que sur l'ordre du chef de bataillon.

En cas de pluie, les faisceaux doivent être formés depuis le coucher du soleil jusqu'après la prise d'armes du matin, après laquelle les fusils doivent être nettoyés, graissés et rentrés dans les tentes.

Dimanche, 9 Octobre 1870. — *Prise d'armes à 3 heures du matin. M. Joulin, directeur du télégraphe de Mulhouse, arrive pour installer ses appareils télégraphiques.*

7e COMPAGNIE. — SITUATION DU 9 OCTOBRE 1870

1239. Holzer Joseph, caporal, remis garde sur sa demande le 9 octobre. Faire revenir Holzer, qui passera dans la 1re compagnie.

448. Adlung J.-B., garde passé caporal à la compagnie le 9 octobre.

RAPPORT DE LA BRIGADE

Les Errues, le 9 Octobre 1870.

Le 1er et 4e bataillon du Haut-Rhin fourniront journellement et à tour de rôle un sergent, un caporal et douze hommes. Ce poste sera placé dans la dernière maison du hameau, et aura pour consigne de ne laisser passer aucun mobile, s'il n'est porteur d'une permission écrite visée par la brigade, et, à 6 heures du soir, ils feront sortir des cabarets et rentrer au camp tous les mobiles.

Quatre appels tous les jours à 9 heures, midi, 4 et 8 heures.

De 1 à 3 heures, école de tirailleurs, s'il fait beau. Remettre ce soir chez le lieutenant-colonel les bons de vivres pour les journées des 12, 13 et 14.

RAPPORT DU BATAILLON

Les Errues, même jour.

Le commandant rappelle aux officiers et sous-officiers chargés de chercher les vivres à Belfort qu'ils sont responsables des vivres qu'ils apportent. Ils doivent surveiller le chargement, veiller à ce que l'on ne mélange pas les vivres du 4e bataillon avec ceux des autres bataillons, et livrer eux-mêmes les vivres et fourrages au capitaine de distribution, à leur arrivée au camp. Leur responsabilité ne cesse que lorsque cette livraison a eu lieu.

A l'appel de midi, vérification des armes et des cartouches, s'il ne pleut pas. Les chefs de compagnie enverront de suite chercher chez le commandant les cartouches qui leur manquent.

Il a été trouvé abandonnés dans les champs deux sacs de biscuits, un sac contenant un bidon de vin gâté. Le commandant prévient les fourriers qu'ils sont responsables des vivres et qu'ils seront sévèrement punis, lorsque, par leur faute, les vivres seront gâtés ou avariés.

Il a été trouvé un portemonnaie; le réclamer à la brigade en en donnant le signalement.

Lundi, 10 Octobre 1870. — *Prise d'armes à 5 heures du matin. Ordre de partir pour rejoindre le général Cambriels dans les Vosges.*

Composition de la colonne : les deux bataillons du Haut-Rhin ; le 85ᵉ de ligne et une batterie d'artillerie de montagne les suivront le lendemain. L'artillerie de 4 et le régiment de la Haute-Saône doivent rentrer à Belfort.

Départ des Errues à midi. Cantonnement à Giromagny, chez l'habitant.

Mardi, 11 Octobre 1870. — *Départ à 5 heures du matin, musique en tête. Traversée du Ballon d'Alsace. Arrivée à Saint-Maurice à 4 heures de l'après-midi. Campement.*

RAPPORT DU BATAILLON

Saint-Maurice, le 11 Octobre 1870.

Demain départ à 6 heures. Les commandants de compagnies feront les recommandations, afin que le paquetage soit convenable. Dans le cas où les voitures arriveraient, il faudra se tenir prêt à toucher la distribution. A l'avenir les hommes porteront eux-mêmes un jour de vivres.

Prévenir MM. les officiers que le dîner sera prêt à 6 heures à l'hôtel de la Poste.

Demain à 5 1/2 heures, les hommes sous les armes.

Mercredi, 12 Octobre 1870. — *Départ de Saint-Maurice à 6 heures du matin. Au Thillot, la colonne est arrêtée par une dépêche du général Cambriels.*

M. Joyant, rencontré à la mairie, raconte qu'on se bat dans les Vosges.

Campement dans un pré mouillé.

Jeudi, 13 Octobre 1870. — *Prise d'armes à 5 heures du matin. La colonne est rejointe par un bataillon du 32ᵉ régiment de marche.*

L'ordre arrive de battre en retraite sur Besançon ; le corps d'armée des Vosges, ayant été battu à la Burgonce, est vigoureusement poursuivi par l'ennemi. Nous traversons Melisey et Lure. Les Allemands entrent à Lure au moment où la colonne en sort.

Départ à minuit pour Montbozon.

CIRCULAIRE MINISTÉRIELLE

Tours, le 13 Octobre 1870.

Messieurs,

L'article 11 de la loi du 1er février 1868 dispose que la garde nationale mobile. quand elle est appelée à l'activité, doit être assimilée à la Ligne sous le rapport de la solde et des prestations diverses ; c'est en vertu de ce principe que la circulaire du 2 août dernier a déterminé les allocations dues aux gardes mobiles et celui de la prime journalière d'entretien.

Les circonstances ayant obligé à organiser les gardes mobiles avec la plus grande promptitude, les préfets furent autorisés à faire payer une somme journalière de fr. 1.— et fr. 1.25, que certains corps touchent encore. Par suite, les instructions contenues dans la circulaire du 2 août n'ont pu être mises en pratique partout. Il en est résulté que la majeure partie des gardes mobiles, n'ayant pas eu de première mise d'équipement, n'ont point de masse individuelle, ce qui ne permet pas de remplacer au fur et à mesure leurs effets perdus ou détériorés. Par une circulaire du 27 septembre dernier il a été prescrit à la vérité d'effectuer sur l'allocation journalière des gardes mobiles une retenue de fr. 0.10, à verser à titre de prime à la masse individuelle, mais cette retenue serait complètement insuffisante, si elle ne venait s'ajouter à un commencement de masse qui leur serve de base. Les gardes mobiles sont aujourd'hui équipés : les préfets, les départements ou les municipalités ont pris soin de subvenir à leurs besoins sous ce rapport ; il ne s'agit plus que d'entretenir l'équipement et une somme de

10 francs est suffisante pour constituer la base de la masse individuelle de ces hommes déjà pourvus.

J'ai donc décidé le 12 octobre que cette allocation leur serait attribuée. Peut-être quelques-uns, par suite de circonstances exceptionnelles, manquent-ils d'un certain nombre d'effets pour l'acquisition desquels la somme de 10 francs serait trop peu élevée ; vous inviterez donc les chefs de corps à fournir, en se conformant dans les plus strictes limites, un état des quelques hommes auxquels il serait absolument indispensable de venir en aide ; à ceux-là il sera fait en nature les fournitures indiquées comme nécessaires.

Il est bien entendu que si des corps de garde nationale mobile ont été dès le principe soumis au même régime que la troupe de ligne, les 40 francs de première mise qu'ils ont reçue, leur resteront acquis, mais ils n'auront droit à aucune allocation nouvelle.

Agréez, etc.

Le ministre de la guerre par intérim.

Vendredi, 14 Octobre 1870. — *Départ, avant le jour, par la route de Villersexel, Cubrial et Rougemont. Halte d'une heure. Arrivée à Avilley, à 9 heures du soir, où l'on campe.*

Samedi, 15 Octobre 1870. —. *Prise d'armes à 5 heures du matin. Grande halte à Marchaux. Arrivée le soir à Saint-Ferjeux, devant Besançon.*

Dimanche 16 Octobre — mercredi 19 Octobre 1870. — *La colonne séjourne à Saint-Ferjeux, jusqu'au 19 octobre.*

RAPPORT DU BATAILLON

Saint-Ferjeux, le 16 Octobre 1870.

Ce soir il sera fait un appel à 7 heures. Remettre à l'adjudant les extraits à fournir. Demain il sera fait quatre appels, à 9 heures, à midi, à 4 et à 8 heures du soir. A l'appel de midi, inspection des armes et des cartouches. Les capitaines fourniront demain au commandant un rapport sur le nombre de leurs cartouches et leur état.

Tous les officiers fourniront aujourd'hui au commandant leur adresse.

Anjourd'hui à 4 heures l'adjudant recevra la liste des bouchers et boulangers et l'enverra à l'adresse de l'intendant. Fournir des individus ayant l'habitude de panser les chevaux.

Les chefs de compagnies fourniront un état de ce qui leur

CHARLES DUMAS
Lieutenant-colonel, commandant le régiment.

manque comme sacs, gibernes, fusils, objets de campement (tentes). Les capitaines sont invités à donner . . . . . l'argent afin que les hommes puissent se . . . . .

La 7ᵉ prendra 14 hommes de la 8ᵉ compagnie.

ORDRE

Même jour.

Le régiment du Haut-Rhin fait partie de la 2ᵉ brigade de la 2ᵉ division du 20ᵉ corps composé comme suit :

3 bataillons du 3ᵉ régiment de zouaves,

2 bataillons de la mobile du Haut-Rhin,

1 bataillon de la mobile de la Savoie,

sous les ordres du colonel Vivenot faisant fonctions de général de brigade.

La 2ᵉ division est commandée par le général Thornton faisant fonctions de général de division.

Le régiment du Haut-Rhin partira cette nuit pour Chagny, pour y être embarqué en chemin de fer. Les chefs de compagnies devront prendre les dispositions nécessaires pour que l'embarquement se fasse avec ordre et surtout dans le plus grand silence ; on partira la droite en tête.

Les bataillons seront prêts à prendre les armes une heure après en avoir reçu l'avis.

On distribuera aux hommes deux jours de vivres de toute

nature ; il sera également distribué de la viande fraîche que les hommes auront soin de faire cuire immédiatement avec celle qui peut leur rester. Le bouillon sera bu, et la viande, sur laquelle on aura la précaution de mettre du sel, sera conservée pour être mangée en chemin de fer.

DÉCRET DU GOUVERNEMENT DE LA DÉFENSE NATIONALE [1]

Le Gouvernement de la Défense nationale,

Considérant que du maintien ou du rétablissement de la discipline dépendent la dignité et la force des armées;

Considérant que la législation et les règlements actuels ne contiennent pas de dispositions qui permettent de réprimer immédiatement les crimes et délits commis par les militaires en campagne, décrète :

Art. 1er. — A partir du jour de la promulgation du présent décret, des cours martiales sont établies, pour remplacer les conseils de guerre, jusqu'à la cessation des hostilités, dans les divisions actives et dans les corps de troupes détachés, de la force d'un bataillon au moins, qui marchent isolément.

Art. 2. — Il n'y aura lieu ni à révision ni à cassation des sentences rendues par les cours martiales.

Art. 3. — La plainte dressée par l'autorité qui aura constaté le délit ou le crime, et portant le nom des témoins, sera transmise, dès l'arrivée au gîte du soir, à l'officier du

---

[1] Ce décret a été distribué aux officiers du 4me bataillon, à leur arrivée à Besançon, le 16 octobre 1870.

Ministres de la Guerre

hot. Pirou, Paris
CH. DE FREYCINET

LÉON GAMBETTA

grade le plus élevé. Celui-ci donnera l'ordre de la convocation immédiate de la cour martiale, qui se réunira aussitôt au lieu indiqué par son président.

Le président donnera lecture de la plainte en présence de l'accusé, le conseil entendra les témoins présents de l'accusation, puis l'accusé et les témoins à décharge qu'il appellera et s'ils sont présents ; l'accusé aura la parole le dernier. Il n'y aura pas de plaidoirie par avocat, pour ou contre.

Le président fera sortir l'accusé, résumera les dépositions faites en faveur de l'accusé et celles faites contre lui. Il posera en ces termes une question unique aux membres du conseil, en commençant par le moins élevé en grade :

Au nom de la patrie envahie, le nommé « un tel » est-il coupable d'avoir « brisé son arme, maraudé, insulté son supérieur, » etc., etc. ?

Il sera répondu par oui ou par non.

La majorité simple décidera de la culpabilité.

Le greffier rédigera, séance tenante, le procès-verbal, et le président, faisant rentrer l'accusé, lui lira la sentence qui le condamne ou qui l'acquitte.

En cas de condamnation, la sentence sera exécutée le lendemain matin, avant le départ des troupes, en présence du bataillon auquel appartient le coupable.

Art. 4. — Pour les soldats, caporaux, brigadiers et sous-officiers, la cour martiale de la division se composera d'un chef de bataillon président, de deux capitaines, d'un lieutenant ou d'un sous-lieutenant, qui resteront tous en fonctions pendant quinze jours, sans être renouvelés, et d'un sous-officier qui appartiendra toujours à la compagnie de l'accusé.

Un sergent-major remplira les fonctions de greffier sans voix délibérative.

Pour toute fraction constituée de la division, en marche isolément, de la force d'un bataillon, ou commandée par un chef de bataillon, la cour martiale se composera de deux capitaines, dont le plus ancien présidera, d'un lieutenant ou sous-lieutenant et de deux sous-officiers, dont l'un appartiendra toujours à la compagnie de l'accusé; un sergent-major sera greffier.

Les membres de la cour martiale seront pris, par rang d'ancienneté, jusqu'à épuisement de la liste des officiers, sans qu'aucun d'eux puisse décliner cette fonction, sous peine de réforme.

Les cours martiales des fractions isolées cesseront de fonctionner aussitôt qu'elles seront revenues au campement de la division; partout ailleurs elles fonctionneront.

Art. 5. — La composition des cours martiales pour les officiers sera la même que celle des conseils de guerre concernant les officiers; mais la procédure sera la même que celle suivie à l'égard des soldats, caporaux, brigadiers et sous-officiers.

Art. 6. — Seront punis de mort les crimes et délits suivants :

Assassinat. — Meurtre. — Désertion. — Embauchage pour commettre un des faits punis de mort par le présent décret. — Complicité dans un de ces faits. — Espionnage; vol; maraudage. Pillage avec ou sans armes; refus de service à un supérieur, avec ou sans menace ou injure; — — inexécutions d'ordres compris et réitérés, avec intention d'opposer de l'inertie; injures, menaces, voies de fait envers un supérieur; — provocations en paroles à la révolte ou à l'indiscipline; — bris d'armes; perte volontaire d'armes, afin de ne pas marcher au feu; — destruction de munitions dans le même but, faite en présence ou non de l'ennemi, par lâcheté.

Au feu, tout officier et sous-officier est autorisé à tuer l'homme qui fait une preuve de lâcheté, en n'allant pas se mettre au poste qui lui est indiqué, ou en jetant le désordre par fuite, panique ou autre fait de nature à compromettre les opérations de la compagnie et son salut, qui dépend de la résistance et de l'accomplissement courageux du devoir.

Art. 7. — Tout individu non militaire qui se rendra complice d'un militaire dans un des crimes et délits prévus ci-dessus, sera soumis à la même juridiction et passible des mêmes pénalités.

Art. 8. — Seront traités comme maraudeurs et punis comme tels, les traînards sans armes que les chirurgiens du corps n'auront pas autorisés à suivre avec l'arière-garde, et les traînards autorisés à suivre l'arrière-garde, s'ils ne marchent pas en ordre sous sa conduite.

Art. 9. — Chaque division aura une prévôté composée de trente-deux gendarmes à cheval, commandés par un officier. Cette troupe se divisera au besoin de manière que chaque portion de corps marchant isolée soit accompagnée au moins de deux gendarmes et d'un brigadier.

La prévôté arrêtera d'elle-même tous les délinquants, quels qu'ils soient, officiers ou non, et dressera ses procès-verbaux des délits commis, qui seront aussitôt transmis au commandant de la colonne; contre les délinquants arrêtés qui tenteraient de fuir ou de faire résistance, elle fera usage de ses armes. La prévôté recevra et conduira les délinquants qui lui seront remis par une autorité quelconque de la colonne. Quand il y aura lieu, il lui sera donné des hommes de garde pour conduire les délinquants.

La juridiction pénale des prévôts, prévue par les articles 51, 52 et 75 du Code de justice militaire, s'étend, à la suite du corps d'armée, sur tout le sol français.

Art. 10. — Tous les manquements simples au service seront punis par le doublement des sentinelles des grand'-gardes et avant-postes ; mais une de ces sentinelles, ou deux, ou toutes les deux, s'il n'y a pas d'hommes punis, appartiendront toujours à la fraction constituée de grand'garde.

Art. 11. — Les dispositions du présent décret s'appliqueront à tous les corps de troupes armés, équipés et entretenus aux frais de la République, ou qui auraient seulement reçu l'attache de belligérant.

Art. 12. — Dans tous les cas non prévus par le présent décret, les pénalités édictées par le Code de justice militaire devront être appliquées.

Art. 13. — Le vice-amiral, ministre de la guerre par intérim, est chargé de la promulgation et de l'exécution du présent décret.

Fait à Tours, le 2 octobre 1870.

(Besançon, Imprimerie de J. Jaquin.)

ORDRE N° 4

Besançon, 17 Octobre 1870.

Le général commandant supérieur de l'Est fait savoir aux officiers d'état-major et de troupes qu'ils ont droit à toucher aux magasins de distribution les rations de vivres afférentes à leur grade. Les vivres pour les officiers et la troupe se toucheront aux magasins dont l'emplacement est réglé comme suit :

Tant que les troupes occuperont leurs positions actuelles :
Biscuit et pain à la gare ;
Vivres de campement à Saint-Claude, maison Moutot;
Viande à Saint-Claude, en face idem.

Une petite réserve de vivres de campagne sera, en outre, établie au polygone, pour les corps qui seraient trop éloignés de Saint-Claude.

Les bataillons devront envoyer tous les jours les fourriers aux magasins, pour chercher les vivres de leurs compagnies. Ces vivres seront transportés sur l'emplacement des troupes par des voitures que fournira l'administration et qui seront reconduites à leur parc par les soins des corps pour le compte desquels elles auront marché.

Il résulte de ces dispositions que les corps n'auront plus besoin de réquisition, les officiers devront donc se dispenser d'en faire aucune de leur propre autorité.

Pour le général en chef et par son ordre :
(Signé) *Le Chef d'état-major.*

RAPPORT DU BATAILLON

Saint-Ferjeux, le 17 Octobre 1870.

Il sera établi un poste composé d'un sergent, d'un caporal et quatorze hommes, deux hommes par compagnie, à l'entrée du village dans un endroit qui sera ultérieurement fixé. Ce poste devra venir devant l'habitation du colonel tous les jours à $4^1/_2$ heures.

Les hommes condamnés à la prison seront écroués à la prison de la place, il sera fait un billet d'écrou qui sera signé par le commandant; un sous-officier conduisant les prisonniers, le fera contresigner à la place.

Les ustensiles de campement qui ont besoin de réparations devront être envoyés chez M. Guillaume, ferblantier à Saint-Claude. La 7e fournira un jeu de ...... complet à la musique. Le sous-lieutenant Aberlen viendra parler au commandant avant 2 heures.

Lire jusqu'à nouvel ordre à l'appel de midi un extrait de la circulaire ayant rapport aux cours martiales.

Tous les hommes qui sont restés à Belfort seront réunis à la 8e, à la date du 6, et ceux arrivés à la date du 12.

Chaque compagnie remettra demain au commandant 20 centimes par homme reçu du dépôt.

M. Grzybowski ira demain à Belfort pour en rapporter tous les effets des officiers et ceux du bataillon. MM. les officiers sont priés de lui indiquer par écrit ce qui leur manque.

Ce soir, à 4 heures, deux hommes accompagnés des caporaux et sergents de semaine.

RAPPORT DU BATAILLON

Saint-Ferjeux, le 18 Octobre 1870.

Envoyer avant 1 heure deux hommes par compagnie et un caporal pour aller chercher des souliers.

La corvée se réunira devant l'habitation du commandant. La 2ᵉ fournira un sergent qui commandera la corvée.

Le rapport aura lieu dorénavant à midi et demie. Les bouchers et boulangers employés à la manutention toucheront leur prêt-franc. On ira toucher le bois nécessaire chez un nommé Bonnet, à Saint-Claude, qui l'amènera sur une voiture. Les bons de bois pour trois jours devront être apportés demain au rapport.

La visite du docteur aura lieu le matin de $7\,1/2$ heures à 9 heures chez les Sœurs. Les sergents de semaine y amèneront les malades.

Ce soir, à $4\,1/2$ heures, les sergents de semaine amèneront deux hommes par compagnie au poste de police.

Les hommes doivent quitter à 7 heures les cabarets ; ceux qui seront trouvés passé 7 heures seront menés au poste. Ceux rencontrés dans la rue passé $7\,1/2$ heures seront conduits au poste. A l'appel de 4 heures, les hommes de garde seront désignés. Le commandant prévient, pour la dernière fois, que tout homme qui se refusera de monter la garde, sera impitoyablement traduit devant la cour martiale.

Conformément au décret du Gouvernement de la Défense nationale, en date du 2 octobre 1870, une cour martiale est instituée dans les régiments pour remplacer les conseils de guerre jusqu'à la cessation des hostilités. Elle sera composée comme suit, jusqu'au 1er novembre :

MM. Rudelle, capitaine, président,
Audran, capitaine, juge,
Monnier, lieutenant, juge,
Laulier, sous-lieutenant, juge,
Schwartz Charles, sergent-major, greffier.

L'un des juges de ladite cour sera pris parmi les sous-officiers de la compagnie à laquelle appartiendra l'accusé ; toutes les fois qu'un délit sera constaté, il sera adressé dans la journée même au lieutenant-colonel commandant le régiment un rapport faisant connaître le délit, et, le même jour, la cour sera réunie en séance, prononcera sur le fait et le lendemain matin le jugement rendu mis à exécution, en présence du bataillon auquel appartiendra le condamné.

Les chefs de compagnies veilleront à la bonne tenue de leurs compagnies, leur attention se portera spécialement sur l'armement et les munitions. L'appel de midi aura lieu dans l'avenue en face du commandant. Tous les officiers y assisteront.

PROCLAMATION

Officiers et soldats !

La situation des départements de l'Est de la France est, avec celle de Paris, l'objet de nos constantes et plus vives préoccupations.

C'est sous l'empire de ces légitimes anxiétés que je suis accouru parmi vous pour examiner de près l'organisation de l'armée de l'Est, et prendre les mesures nécessaires.

Il faut organiser et agir.

Dans ce double but, les troupes restées sous Besançon seront refondues, organisées, divisées en brigades et en demi-brigades, et recevront tous les renforts en hommes, chevaux, canons, munitions, vivres et approvisionnements nécessaires pour constituer une véritable et solide armée.

Il sera pourvu de la sorte à la force matérielle, mais n'oubliez pas que celle-ci n'est rien sans la force morale qui, dans l'armée, ne peut sortir que de la pratique des vertus républicaines, principalement de la discipline, du sacrifice et du mépris de la mort.

La République fait, sans distinction d'âge et de condition, appel à toutes les capacités ; mais elle a besoin de les éprouver et de juger du mérite par les actes, et avant de reconnaître à personne le droit de commander, elle veut s'assurer que celui qui doit être revêtu du commandement est digne de l'exercer et sait obéir.

En conséquence, pour maintenir fermement l'application de ces principes, le ministre de la guerre

Ordonne :

Il sera constitué immédiatement à côté de la cour martiale des conseils de guerre par divisions, chargés d'examiner la conduite des officiers qui, oublieux de leurs devoirs, ne marchent pas avec leurs troupes et ne savent pas faire respecter les lois et la discipline.

Ces officiers pourront être immédiatement relevés de leurs fonctions et incorporés comme soldats s'ils sont soumis aux conditions d'âge du service militaire.

Il est spécialement rappelé aux cours martiales qu'elles doivent faire exécuter les dispositions des décrets qui les constituent.

Le présent ordre sera lu pendant trois jours, à trois appels consécutifs par jour, et affiché par les soins de l'autorité militaire.

Fait à Besançon, le 18 Octobre 1870.

Le membre du Gouvernement de la Défense nationale, ministre de l'intérieur et de la guerre,

(Signé) Léon Gambetta.

Mercredi, 19 Octobre 1870. — *Le général d'artillerie Crouzat, gouverneur de la place de Belfort, est appelé au commandement d'une brigade active à Besançon.*

Le colonel du génie Denfert le remplace à Belfort.

Départ, le matin, de Saint-Ferjeux, pour le village de La Bouloie.

Colonel DENFERT-ROCHEREAU
Commandant supérieur de la place de Belfort.

ORDRE DE LA DIVISION

Le général commandant la 1re division annonce aux troupes placées sous ses ordres, que le soldat Parmentier, du 4e bataillon du 85e régiment de ligne, condamné à mort par la Cour martiale pour insubordination et menaces envers un officier de son régiment, a subi sa peine hier, 18 octobre, à 3 heures de l'après-midi, en présence de son bataillon.

Le général espère que ce terrible et douloureux exemple frappera les esprits, et les ramènera au sentiment du devoir et de la discipline.

Fontaine-Ecu, 19 Octobre 1870.

Le général commandant la division :
(Signé) Thornton.

RAPPORT DU BATAILLON

La Bouloie, 19 Octobre 1870.

Les officiers assisteront tous à l'appel de midi seulement, aux autres appels l'officier de semaine seul y assistera. Après l'appel de midi, tous les jours, exercice jusqu'à 2 heures.

La 7e fournira ce soir la grand'garde. Le commandant indiquera l'emplacement sur la place d'Armes. La compagnie réunie avec ses objets de campement à 4 heures précises sur la place d'Armes. Apporter au commandant ce soir à 3 heures un état nominatif des officiers qui ont servi.

Les hommes envoyés comme ordonnances auprès du général commandant supérieur sont placés en subsistance à la date de ce jour à la compagnie des infirmiers. L'ordre de la division relatif au soldat Parmentier, exécuté hier, sera lu à trois appels de midi.

Fournir demain un rapport sur les hommes susceptibles de faire des caporaux.

Dietmann Jacques à la 2e, passé caporal à la 7e compagnie.

Demain bons pour sucre, café, riz, sel, pour un jour (le 20). Le sel pour cinq jours.

Jeudi, 20 Octobre 1870. — *Le général Thornton, le général Aube, le commandant de Verdières indiquent au bataillon une position à occuper à 3 kilomètres de Saint-Ferjeux, au signal.*

Vendredi, 21 Octobre 1870. — *On occupe les positions de Pouilley-les-Vignes. Petit engagement au pied de la colline. On ramène quelques chevaux de cavalerie allemande.*

RAPPORT DU BATAILLON

Tilleroyes, 22 Octobre 1870.

A midi et demi, toutes les troupes sous les armes, prêtes à changer de cantonnement.

(Rapport incomplet.)

Dimanche, 23 Octobre 1870. —*Départ de La Bouloie à midi, pour Pouilley-les-Vignes. Le soir, retour sur Besançon et campement à Pirey et Tilleroyes.*

CAHIER DE LA 7ᵉ COMPAGNIE

Matricules

509 — Rittel Léon, G. M., venu de la 1ʳᵉ compagnie du 4ᵉ bataillon .... le 11 octobre

1151 — Beuglet Eugène, sergent-fourrier, remis garde sur sa demande .... le 11 octobre

1568 — Walther Oscar, G. M., passé caporal-fourrier à la compagnie .... le 11 octobre

1819 — Diethmann Jacques, caporal, venu des gardes de la 2ᵉ compagnie .... le 21 octobre

1568 — Walther Oscar, sergent-fourrier, venu de la compagnie où il était caporal-fourrier   le 21 octobre

Matricules

- 702 — Perret Eugène
- 355 — Meyer Chrétien
- 1080 — Haas Jean
- 320 — Ilg Marie-Albert
- 729 — Frœhly Valentin
- 2521 — Gnædinger Eugène
- 341 — Fischesser Xavier
- 299 — Thuet François-Xavier
- 470 — Kanengiesser Emile
- 2092 — Schultz Jean
- 844 — Braun François-Antoine
- 1741 — Staub Léonard
- — Wald Michel
- 1323 — Schneider Joseph
- 1132 — Halm Albert, caporal, remis garde sur sa demande le 21 octobre
- 1584 — Renner Charles, clairon
- 688 — Wadel Prosper, G. M., passé à la 5ᵉ compagnie, le 21 octobre.

Venus de la 8ᵉ compagnie du 4ᵉ bataillon le 21 octobre 1870

ORDRE DE LA DIVISION

ARMÉE DE L'EST

IIᵉ DIVISION

Le général commandant la 2ᵉ division de l'armée de l'Est porte à la connaissance des troupes placées sous son commandement, l'ordre du jour laissé par M. le ministre de la guerre lors de son passage à Besançon.

Le général profite de cette occasion pour rappeler, une fois de plus, les soldats de l'armée et de la garde mobile au sentiment de la discipline.

De nouvelles fautes commises exigent une répression douloureuse.

Un zouave qui s'est rendu coupable d'un acte grave et prévu par la loi attend actuellement à la prison militaire le jugement de la cour martiale. D'autres hommes, après le combat du 22, ont eu l'insigne folie de vendre à des habitants des fusils Chassepot qu'ils avaient, disent-ils, trouvés sur le champ de bataille. Enfin, d'autres soldats indignes de ce nom, ont abandonné leur poste au simple bruit de l'approche de l'ennemi.

Le crime de lâcheté, comme les autres crimes, comme les fautes contre la discipline, sera poursuivi avec la plus grande rigueur, et le général commandant la 2ᵉ division ne négligera aucun moyen de donner aux hommes qu'il commande les qualités d'une vieille troupe aguerrie, patriotique et fidèle, qualités qui peuvent seules amener le succès et sauver la patrie.

Fontaine-Ecu, 24 Octobre 1870.

Le général commandant la 2ᵉ division :
(Signé) Thornton.

ORDRE

Devant Besançon, le 25 Octobre 1870, au soir.

Par suite des prescriptions du ministre de la guerre, en date du 18 octobre 1870[1], concernant la composition des conseils éventuels pour les régiments de marche de la mobile, le lieutenant-colonel prendra à dater de demain, 26, la présidence du conseil qui sera composé de la manière suivante :

MM. Vivenot, lieutenant-colonel, commissaire du gouvernement, président,
Dumas, chef de bataillon, membre,
Fontaine, capitaine, faisant fonctions de capitaine-rapporteur,
Aberlen, sous-lieutenant officier-payeur, secrétaire,
Faivre, délégué pour l'habillement.

A partir d'aujourd'hui, jusqu'à nouvel ordre, les deux bataillons du Haut-Rhin fourniront à tour de rôle une patrouille pour aller explorer le village de Pirey. Ces patrouilles arrêteront tous les militaires qui seront rencontrés en avant de la première ligne dans le village et les conduiront au lieutenant-colonel. Ces patrouilles seront réparties de la manière suivante :

1er bataillon, à 1 heure de l'après-midi
4e   »   3   »   »
1er   »   5   »   »
4e   »   7   »   »
1er   »   9 heures du soir
4e   »   7 heures du matin
1er   »   9   »   »
4e   »   11   »   »

---

[1] V. le document qui suit.

Elles seront composées d'un sergent, de deux caporaux et de quinze hommes. Il est entendu que les postes avancés seront prévenus de la sortie de ces patrouilles, qui seront toujours reconnues à leur entrée par ces postes.

Les compagnies établiront immédiatement des bons pour un jour de pain et un jour de lard seul. Ces bons seront envoyés aux adjudants et remis par ces derniers aux officiers-payeurs, qui établiront les bons généraux et feront toucher ces vivres dans la journée de demain. Le biscuit touché aujourd'hui et le lard qui sera touché demain seront conservés par les compagnies comme vivres de réserve. Le lieutenant-colonel rend MM. les commandants de compagnies personnellement responsables de l'exécution de ces mesures. Ces Messieurs rendront compte journellement à leurs chefs de bataillons des hommes de leurs compagnies qui auront disposé de ces vivres; une punition sévère leur sera infligée à l'avenir.

Les bons de vivres seront établis journellement pour le pain, la viande fraîche, le sucre, le café, le riz et le sel. MM. les chefs de bataillons donneront des ordres pour qu'un officier, un caporal et quatre hommes assistent à cette distribution.

M. l'officier-payeur établira journellement un bon de bois pour l'effectif du régiment. Un officier pour les deux bataillons, deux caporaux et huit hommes par bataillon, se rendront de même à la distribution et raccompagneront les voitures au bivouac. Les corvées pour les différentes distributions partiront du campement et du bivouac à 6 heures du matin.

MM. les adjudants-majors se rendront tous les jours à 5 heures pour le mot. Même disposition pour demain matin que les jours précédents pour la prise d'armes. Le 4e bataillon fournira une reconnaissance jusqu'à la crête que précède Pouilley-les-Vignes. Le 1er bataillon fournira le service de garde chez le général de brigade, alternativement avec le 4e bataillon.

CIRCULAIRE MINISTÉRIELLE

7e DIVISION MILITAIRE

ÉTAT-MAJOR DU
MINISTÈRE DE LA GUERRE

6e DIRECTION
5e BUREAU

Solde et revue au sujet de l'administration de la garde nationale mobile.

Tours, le 18 Octobre 1870.

Messieurs,

Une décision du 12 août dernier prescrit de former un conseil éventuel pour les bataillons de la mobile réunis au chef-lieu de chaque département. La même décision a prévu le cas où un de ces bataillons aurait à se rendre dans une place de guerre en dehors du département. Dans cette hypothèse, un conseil éventuel est constitué dans chaque bataillon ainsi détaché, afin d'établir les relations administratives entre ce bataillon et le conseil central ; mais depuis cette époque, des régiments ont été formés par la réunion de plusieurs bataillons et dès lors il n'existe pas de raisons pour que ces bataillons réunis en présence de l'ennemi ne soient pas administrés, quand cela est possible, par un seul conseil éventuel, comme les bataillons de guerre des régiments de ligne. J'ai donc décidé que lorsqu'un régiment de mobiles sera formé de bataillons venant d'un même département, il sera pourvu d'un conseil éventuel unique chargé d'en diriger l'administration et de surveiller les opérations des officiers comptables.

Ce conseil d'administration sera constitué après la réunion des bataillons, par l'officier général dans la circonscription duquel elle aura lieu, et la constatation en sera faite dans un procès-verbal suivant la forme déterminée par l'ordonnance du 10 Mai 1844, par les soins du fonctionnaire de l'intendance militaire chargée de l'administration. Le conseil se composera du lieutenant-colonel, président, du plus ancien chef de bataillon, d'un capitaine de compagnie faisant fonctions de major-rapporteur, de l'officier-payeur, secrétaire, de l'officier délégué pour l'habillement. Ces membres auront voix délibérative. Lorsque les bataillons appelés à former des régiments appartiendront à des départements différents, ils continueront à s'administrer séparément, comme des bataillons formant des corps isolés.

Le ministre de l'intérieur et de la guerre :
Pour le ministre et sur son ordre :
Le directeur délégué :
(Signé) AUDEMARD.

Du vendredi 28 Octobre au lundi 31 Octobre 1870. — *La colonne séjourne au château de Tilleroyes.*

PROCLAMATION

Officiers et soldats !

Le ministre de la guerre, sur ma demande, a bien voulu me relever de mon commandement. J'ai dû céder à d'impérieuses raisons de santé. Je suis venu au milieu de vous souffrant encore d'une blessure reçue à Sedan, mais résolu à consacrer toutes mes forces à l'accomplissement de la rude tâche que le pays me confiait.

Des troupes nombreuses pleines d'ardeur et de dévouement, mais disséminées dans la vaste étendue de mon commandement, ne pouvaient tenter que des efforts isolés et sans résultats sérieux.

Il m'a fallu les appeler à moi pour en former des groupes réguliers et tactiques, et leur donner ainsi cette force de cohésion et de direction commune qui seule constitue une armée et rend alors son action redoutable.

Aujourd'hui tout est transformé, et c'est avec un sentiment d'orgueil patriotique et de reconnaissance pour vous, que je vois ce que nous avons fait ensemble. Grâce à l'infatigable énergie de vos généraux et des chefs des différents services, la constitution de l'armée de l'Est est achevée. Grâce à l'activité et à la prévoyance du ministre de la guerre, les vêtements, les chaussures qui vous manquaient viennent de vous arriver et vous arrivent à chaque instant. Vous pouvez ainsi attendre de pied ferme les rigueurs de la saison qui s'approche.

Mais à ces travaux qui ne m'ont laissé ni trêve, ni repos, ma santé s'est épuisée, ma blessure s'est rouverte d'une façon inquiétante. Je suis à bout de forces, et je n'ai plus le droit de conserver plus longtemps un commandement dont je suis responsable envers le pays et envers vous. Il est cruel pour moi de me séparer de vous au moment de recueillir enfin le fruit de nos efforts. Je me consolerai en apprenant vos succès et en apprenant aussi que le sentiment du devoir et de la discipline ne fait que se fortifier dans vos rangs par les épreuves pénibles que vous traversez.

Ayez confiance dans les chefs que je laisse à votre côté; ils sont dignes de vous par leur patriotisme, leur courage et la sollicitude paternelle dont ils vous entourent. Ayez confiance aussi dans le courage et l'énergie de la France; inspirez-vous des souvenirs glorieux du passé. Rappelez-vous, jeunes soldats de notre jeune République, que vous êtes les petits-fils des héros de 92 et que vous combattez pour la même cause contre les mêmes ennemis!

Le général Crouzat, commandant la 1re division sous Besançon, prendra le commandement supérieur des troupes jusqu'à l'arrivée du général Michel, nommé commandant supérieur de l'Est.

Je ne vous dis pas adieu, mais au revoir.

Les Chapperais, le 28 Octobre 1870.

Le général commandant en chef l'armée de l'Est :
(Signé) CAMBRIELS.

Mardi, 1ᵉʳ Novembre 1870. — *Nouvelle de la capitulation de Metz. Proclamation de Gambetta. Consternation générale.*

ORDRE DU BATAILLON

Tilleroyes, 1ᵉʳ Novembre 1870.

En vertu des pouvoirs qui lui sont dévolus et après avoir reçu l'approbation du lieutenant-colonel, commandant le régiment, le commandant du 4ᵉ bataillon de la garde nationale mobile du Haut-Rhin fait les nominations suivantes :

Au grade de sergent-major de la 7ᵉ compagnie, en remplacement du sergent-major Chalet qui passe sous-lieutenant à la 2ᵉ compagnie, le sergent-fourrier Walther Oscar, mˡᵉ 1568 ;

Au grade de sergent-fourrier à la 1ʳᵉ compagnie, le garde Bourcart Rodolphe, mˡᵉ 2365, en remplacement du fourrier Walther, passé sergent-major.

Au grade de caporal à la 1ʳᵉ compagnie, le garde Knopf Sébastien-Alfred, mˡᵉ 1536, en remplacement du caporal Pflieger Jean-Baptiste, incapable de remplir ses fonctions pour raison de santé.

ORDRE DU RÉGIMENT

Besançon, le 1ᵉʳ Novembre 1870.

Le lieutenant-colonel commandant le régiment de marche du Haut-Rhin s'empresse de porter à la connaissance du régiment la nomination suivante :

M. Chalet, sergent-major au corps, promu sous-lieutenant au 4ᵉ bataillon, en remplacement de M. Grzybowski nommé capitaine d'état-major.

M. Chalet sera reconnu dans son nouveau grade à la première prise d'armes.

(Signé) Vivenot.

ORDRE DU BATAILLON

Tilleroyes, 1ᵉʳ Novembre 1870.

En vertu des pouvoirs qui lui sont dévolus et après avoir reçu l'approbation du lieutenant-colonel, commandant le régiment, M. le commandant du 4ᵉ bataillon de la garde nationale mobile du Haut-Rhin fait les nominations suivantes :

Au grade de *caporal* :

A *la 1ʳᵉ compagnie*, le garde Haumesser Rodolphe, en remplacement du caporal Gull, passé sergent à la 2ᵉ compagnie ;

à la 3ᵉ compagnie, le garde Hartzer Georges, m^le 1352, en remplacement du caporal Benoin passé sergent à la 7ᵉ compagnie ;

à la 3ᵉ compagnie, le garde Marter Théophile, m^le 610, en remplacement de Frey Louis, passé sergent à la 3ᵉ compagnie, et le garde Fournier Michel, m^le 868, en remplacement du caporal Fallot, passé sergent à la 4ᵉ compagnie ;

à la 6ᵉ compagnie, le garde Rieder Louis-Eugène, m^le 621, en remplacement du caporal Bloch, passé sergent à la 5ᵉ compagnie ;

à la 7ᵉ compagnie, le garde Stieffel Emile-Eugène, m^le 2463, en remplacement du caporal Pflieger, passé sergent à la 1ʳᵉ compagnie.

ORDRE DU BATAILLON

Tilleroyes, le 1ᵉʳ Novembre 1870.

En vertu des pouvoirs qui lui sont dévolus et par application de la circulaire du 27 octobre 1870, après avoir reçu l'approbation du lieutenant-colonel commandant le régiment, le commandant du 4ᵉ bataillon de la garde nationale mobile du Haut-Rhin fait les nominations suivantes :

Au grade de *sergent :*

1ʳᵉ compagnie, le nommé Pflieger Joseph, m^le 424, caporal de la 7ᵉ compagnie ;

2ᵉ compagnie, le nommé Gull Eugène, caporal de la 1ʳᵉ compagnie ;

3ᵉ compagnie, le nommé Frey Louis, caporal de la 5ᵉ compagnie ;

4ᵉ compagnie, le nommé Fallot Charles, mˡᵉ 972, caporal de la 5ᵉ compagnie ;

5ᵉ compagnie, le nommé Bloch Alfred, mˡᵉ 1765, caporal de la 6ᵉ compagnie ;

6ᵉ compagnie, le nommé Kœchlin Emile, caporal de la 6ᵉ compagnie ;

7ᵉ compagnie, le nommé Benoin Jean-Baptiste, mˡᵉ 1672, caporal de la 3ᵉ compagnie.

Au grade de *caporal* :

1ʳᵉ compagnie, Krauss Godefroy, garde de la 6ᵉ compagnie ;

2ᵉ compagnie, Bucher Charles, mˡᵉ 1757, garde de la 6ᵉ compagnie ;

— Burghard Joseph, mˡᵉ 689, garde de la 3ᵉ compagnie ;

3ᵉ compagnie, Debrandt Albert, mˡᵉ 584, garde de la 5ᵉ compagnie ;

4ᵉ compagnie. Stierling Emile, mˡᵉ 838, garde de la 7ᵉ compagnie ;

5ᵉ compagnie. Engelbach Jules, mˡᵉ 1816, garde de la 7ᵉ compagnie ;

— Wissler Antoine, mˡᵉ 679, garde de la 4ᵉ compagnie ;

— Gauckler Henri, mˡᵉ 810, garde de la 2ᵉ compagnie ;

6ᵉ compagnie, Moser Joseph, mˡᵉ 1347, garde de la 3ᵉ compagnie ;

— Kessler Chrysostôme, garde de la 1ʳᵉ compagnie ;

— Wild Eugène, mˡᵉ 612, garde de la 5ᵉ compagnie :

7ᵉ compagnie, Ast Camille, mˡᵉ 224, garde de la 4ᵉ compagnie ;

— Charles Schlienger, mˡᵉ 666, garde de la 4ᵉ compagnie.

RAPPORT

Tilleroyes, du 1er au 2 Novembre 1870.

Matricules

321 — Gull Eug., caporal, passé sergent à la 2e compagnie, le 1er novembre ;

312 — Haumesser Rod., garde, passé caporal à la 5e compagnie, le 1er novembre ;

336 — Kessler J.-Chrysostome, garde, passé caporal à la 6e compagnie, le 1er novembre ;

424 — Pflieger Georges, passé sergent à la 1re compagnie, le 1er novembre, venu des caporaux de la 7e compagnie ;

1317 — Krauss Godefroi, passé caporal à la 1re compagnie, le 1er novembre, venu des gardes de la 6e compagnie ;

610 — Marter Théophile, passé caporal à la 1re compagnie, le 1er novembre, venu des gardes de la 5e compagnie ;

2463 — Stieffel Emile-Eug., passé caporal à la 1re compagnie, le 1er novembre, venu des gardes de la 7e compagnie ;

1036 — Knopf Sébastien, garde, passé caporal à la 1re compagnie, le 1er novembre, venu des gardes de la 1re compagnie.

Jeudi, 3 Novembre 1870. — *Distribution de pantalons et de képis rouges.*

RÉPUBLIQUE FRANÇAISE

ARMÉE DE L'EST

ORDRE DE L'ARMÉE

Le général de division Michel, nommé commandant supérieur de la région de l'Est, en remplacement de M. le général Cambriels, étant arrivé à Besançon, prend immédiatement ses fonctions.

Un prochain ordre du jour exposera à l'armée et aux populations la situation militaire et politique du pays compris dans la région placée sous mes ordres.

J'ai besoin de prendre connaissance de toutes choses, car je veux avec loyauté apprendre à chacun ce qu'il peut espérer et craindre.

Je ne puis aujourd'hui répondre que de mon dévouement à la France et au pays dont la garde m'est confiée, et de l'abnégation avec laquelle je me livrerai tout entier aux devoirs de soldat et de citoyen.

Besançon, le 3 Novembre 1870.

(Signé) Général Michel.

Vendredi, 4 Novembre 1870. — *Départ par Saint-Ferjeux. Faux départ, rentrée au camp.*

Dimanche, 6 Novembre 1870. — *Revue du régiment du Haut-Rhin par le général Aube, qui arive à midi.*

Mardi, 8 Novembre 1870. — *Départ du 20ᵉ corps tout entier par la route de Quingey. Le général Crouzat en prend le commandement, en remplacement du général Michel.*

On traverse la ville de Besançon, pour se rendre à Poinvilliers, où la troupe est logée dans des granges.

L'ordre suivant est communiqué à la colonne :
« Le régiment du Haut-Rhin fait partie de la 1ʳᵉ brigade de la 2ᵉ division, sous les ordres du général Aube, en compagnie du 3ᵉ zouaves et du 32ᵉ régiment de marche ».

Mercredi, 9 Novembre 1870. — *Départ de Poinvilliers, pour Mouchard et Villers-Farlay, où la troupe est logée chez l'habitant. Grand'garde sur la route de Dôle.*

Jeudi, 10 Novembre 1870. — *Départ à 7 heures du matin. Cantonnement au village de Déchaux.*

Vendredi, 11 Novembre 1870. — *Départ de Déchaux à 7 heures du matin. La neige fait son apparition. Traversée de la forêt de Chaux et du Doubs. Arrivée à Pierre-en-Bresse, vers le soir. Cantonnement.*

Samedi, 12 Novembre 1870. — *Départ à 6 $^1/_2$ heures du matin, par le village de Ciel, pour Verdun-sur-Saône, plein de troupes, aussi va-t-on cantonner au village de Bragny.*

Dimanche, 13 Novembre 1870. — *Prise d'armes à 2 heures du matin. On doit être attaqué. On conserve ses positions jusqu'à 8 heures, sans que l'attaque ait lieu. Départ, vers le soir, pour le village de Saint-Gervais.*

Lundi, 14 Novembre 1870. — *Départ pour Chaudeney, par Saint-Loup. Cantonnement.*

Mardi, 15 Novembre 1870. — *Le colonel Vivenot est nommé général. La deuxième brigade sera dorénavant composée du régiment du Haut-Rhin et du 3e zouaves.*

Jeudi, 17 Novembre 1870. — *Départ de Chaudeney, le matin, pour Chagny, où a lieu l'embarquement des troupes en chemin de fer, pour Gien, où l'on arrive le lendemain, 18 novembre.*

SITUATION DU 19 AU 20 NOVEMBRE 1870

(Gien.)

Boltz Jules, caporal, passé dans la 2e compagnie, le 17 novembre.

Brenner J., détaché à l'Intendance militaire du corps d'armée de l'Est, le 6 novembre.

Dimanche, 20 Novembre 1870. — *Le général Vivenot passe les troupes en revue à Gien.*

M. Rudelle, capitaine à la 1re compagnie du 4e bataillon, remplace M. Dumas comme commandant au 1er bataillon. Ce dernier est nommé lieutenant-colonel au régiment du Haut-Rhin.

Lundi, 21 Novembre 1870. — *Prise de position sur des collines derrière Gien.*

ARMÉE DE LA LOIRE
20ᵉ Corps

« *Officiers, sous-officiers et soldats du 20ᵉ Corps !*

« Les jours de bataille sont proches ; préparez vos armes et vos courages. C'est la lutte suprême que vous allez soutenir, et il faut vaincre ! Depuis quatre mois, notre pays ravagé, écrasé, foulé aux pieds par un ennemi insolent et avide, crie vengeance et délivrance : c'est à nous, ses enfants et ses soldats, à le venger et à le délivrer !

« Vive la France ! mes camarades, la France grande, libre, glorieuse, immortelle comme la victoire. »

Fait au grand quartier général.

Gien, le 22 Novembre 1870.

(Signé) Crouzat.

Mardi, 22 Novembre 1870. *Départ de Gien, arrivée au village de Bonnée, vers 7 heures du soir, où l'on campe.*

Mercredi, 23 Novembre 1870. — *Départ, vers midi, pour aller camper le soir auprès du bourg de Châtenoy.*

ARMÉE DE LA LOIRE

20ᵉ Corps d'armée

A MM. les généraux commandant les divisions territoriales et les corps d'armée.

Général,

J'ai décidé que, par assimilation avec les régiments de l'armée régulière, il serait créé dans chaque régiment de garde mobile une première classe des hommes de troupe destinée à récompenser les services et la bonne conduite de ses hommes. Le nombre de soldats de 1ʳᵉ classe pourra atteindre dans chaque régiment le quart de l'effectif total des hommes présents constaté par un état nominal; la même proportion sera observée à l'égard des sous-officiers et caporaux.

Les sous-officiers, caporaux et soldats de 1ʳᵉ classe seront autant que possible répartis par nombre égal par compagnie, ils seront traités sous le rapport de la solde comme dans les régiments d'infanterie. Il n'est point fixé de durée de service pour le passage en 1ʳᵉ classe.

Je vous prie de bien vouloir prescrire les mesures nécessaires pour assurer l'exécution des ces dispositions.

Tours, 23 Novembre 1870.

Le ministre intérimaire de la guerre
(Signé) GAMBETTA.

Jeudi, 24 Novembre 1870. — *Départ à 4 1/2 heures du matin pour Bellegarde, où l'on arrive vers 10 heures.*

Combats de Quiers et de Bellegarde. — A Quiers, le régiment du Haut-Rhin empêche la gauche du corps d'armée d'être tournée. Il attaque, bayonnette au canon, la cavalerie allemande qui représentait l'extrême droite de l'ennemi. La batterie de 12, qui est derrière nous et qui tire sur cette même cavalerie, nous soutient.

ORDRE DU GÉNÉRAL EN CHEF

Le général en chef est heureux de porter à la connaissance des troupes du 20e corps la belle conduite du nommé Petit Henry, soldat du 58e régiment de marche, qui, ayant trouvé un portemonnaie contenant la somme de 370 francs, l'a immédiatement déposé entre les mains de l'autorité supé-supérieure.

Cet acte de probité fait honneur à l'armée et en particulier au fusilier Petit, à qui le général offre par la voie de l'ordre ses félicitations.

Grand quartier général.

Bellegarde, 25 Novembre 1870.

Le général commandant en chef
(Signé) CROUZAT.

ORDRE

20ᵉ CORPS D'ARMÉE
DE LA LOIRE

Officiers, sous-officiers et soldats du 20ᵉ corps!

Le gouvernement de la République sur le compte que je lui ai rendu sur votre conduite dans les combats du 24, me charge de vous adresser ses félicitations et de lui envoyer les noms de ceux d'entre vous qui se sont le plus distingués.

En conséquence, MM. les généraux de division m'adresseront toujours du même les mémoires de propositions à la Légion d'honneur et pour la médaille militaire.[1]

Quartier général.

Bellegarde, 25 Novembre 1870.

Le général commandant le 20ᵉ corps

(Signé) CROUZAT.

---

[1] Les propositions faites pour le 4ᵉ bataillon, en vertu de l'ordre ci-dessus, furent les suivantes :

Au grade de chevalier de la Légion d'honneur : Ch. Dollfus-Galline, commandant le 4ᵉ bataillon, Henri Sandherr, capitaine au dit bataillon, Alfred Engel, capitaine au dit bataillon.

MM. Dollfus et Sandherr furent nommés quelques jours après. M. Alfred Engel fut nommé chevalier de la Légion d'honneur le 4 avril 1896, étant alors capitaine au 235ᵉ régiment d'infanterie de ligne, à Belfort, avec mention spéciale de sa qualité d'ancien combattant de 1870.

ARMÉE DE LA LOIRE
20ᵉ Corps

Officiers, sous-officiers et soldats !

Dans les combats d'hier, vous avez été admirables d'élan et de courage. Recevez mes félicitations, mes camarades ; vous vous êtes battus comme de vieux soldats. Continuez ainsi, et notre patrie envahie sera sauvée et triomphante.

Vive à jamais notre patrie bien-aimée !

Je me plais à citer comme s'étant particulièrement distingués :

Les bataillons du Haut-Rhin, qui se sont jetés sur l'ennemi avec un entrain au-dessus de tout éloge ;

Le 1ᵉʳ bataillon de la Loire, qui n'a quitté le feu qu'après avoir brûlé sa dernière cartouche ;

Le bataillon du 44ᵉ de ligne, du commandant Canise, dont l'acharnement à soutenir la lutte a été extrême ;

Le 2ᵉ régiment de lanciers de marche, qui a chargé et renversé les escadrons ennemis avec la plus grande bravoure ;

Les francs-tireurs alsaciens et deux compagnies de la mobile de la Corse.

Vive la France ! mes amis, bientôt nous recommencerons !

Au quartier général.

Bellegarde, le 25 Novembre 1870.

(Signé) Crouzat.

Dimanche, 27 Novembre 1870. — *L'ordre de départ de Quiers pour Beaune-la-Rolande est donné, mais l'intensité du brouillard fait remettre le départ au lendemain.*

———

Lundi, 28 Novembre 1870. — *L'armée marche sur Beaune-la-Rolande par Boiscommun.* — *Bataille*[1].

———

Mardi, 29 Novembre 1870. — *Retour successif des différentes compagnies à Quiers.*

———

Mercredi, 30 Novembre 1870. — *Départ pour Orléans, arrêt à Nibelles, où l'on séjourne jusqu'au 2 Décembre.*

———

Dimanche, 4 Décembre 1870. — *Départ, le matin, par un froid très vif, par Vitry-aux-Loges, Fay-aux-Loges,*

---

[1] Voir le récit détaillé de la bataille de Beaune-la-Rolande dans l'intéressant livre : *Le 4ᵉ Bataillon de la Mobile du Haut-Rhin*, Journal d'un sous-officier, 2ᵉ édition, 1908, chez Ernest Meininger, imprimeur-éditeur, à Mulhouse.

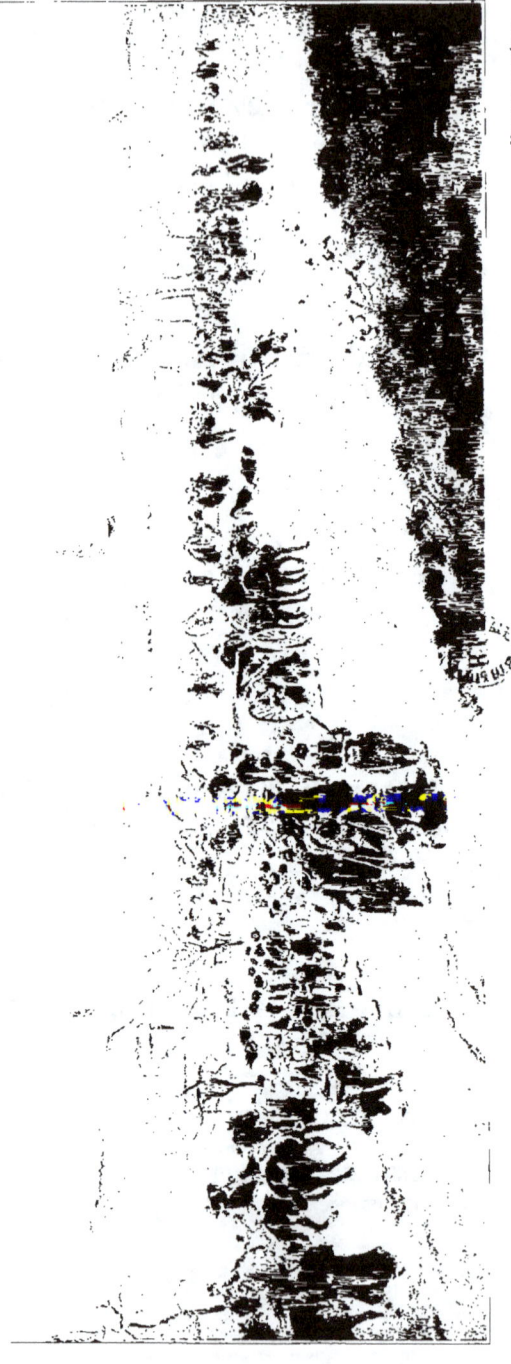

BATAILLE DE BEAUNE-LA-ROLANDE (28 novembre 1870)

La 6e et la 7e compagnie des Mobiles du Haut-Rhin en soutien d'artillerie (batterie Boustard). Une compagnie du 3e zouaves de marche en tirailleurs devant la batterie.

Dupray pinx.

Donnery, Saint-Denis-de-l'Hôtel, passage de la Loire, et arrivée à Jargeau, où la troupe campe.

Lundi, 5 Décembre 1870. — Départ de Jargeau, à 9 heures du matin, par Ferolles, Tigy. Campement près du village de Viglain.

Lundi, 5 Décembre 1870. — Étape jusqu'à Argent. Séjour jusqu'au 7 décembre.

ORDRE DU RÉGIMENT

NOMINATIONS
et
PROMOTIONS

Argent, le 7 Décembre 1870.

Le lieutenant-colonel commandant le régiment est heureux de faire connaître les promotions et nominations suivantes :

M. Mény, lieutenant, est nommé capitaine-adjudant-major au 1er bataillon, emploi vacant par suite d'organisation.

M. Jacquinot, lieutenant, est nommé capitaine-adjudant-major au 4e bataillon, emploi vacant par suite d'organisation.

M. Schwartz, sergent-major, est nommé sous-lieutenant officier-payeur, emploi vacant par suite d'organisation.

M. Thierry, lieutenant, est nommé capitaine à la 1re compagnie du 4e bataillon, en remplacement de M. Rudelle, nommé chef de bataillon.

M. Aberlen, sous-lieutenant, est nommé lieutenant à la 1re compagnie du 4e bataillon, en remplacement de M. Thierry, nommé capitaine.

M. Maurer, sergent-major, est nommé sous-lieutenant à la 7e compagnie, en remplacement de M. Aberlen, nommé lieutenant.

M. Jacquemin, sergent-major, est nommé sous-lieutenant à la 3e compagnie du 1er bataillon, en remplacement de M. Charbonnier, disparu.

M. Gibel, lieutenant, est nommé capitaine à la 1re compagnie du 1er bataillon, en remplacement de M. Noll.

M. Xavier-François Fritz, dit lieutenant Lang, est nommé capitaine à la 2e compagnie du 1er bataillon, en remplacement de M. Battier, disparu.

M. de Juvigny, sous-lieutenant, est nommé lieutenant à la 2e compagnie du 1er bataillon, en remplacement de M. Lang, nommé capitaine.

M. Poupardin, sous-lieutenant, est nommé lieutenant à la 1re compagnie du 1er bataillon, en remplacement de M. Bornèque, disparu.

M. Faivre, sous-lieutenant, est nommé lieutenant à la 5e compagnie du 1er bataillon, en remplacement de M. Gibelt, nommé capitaine.

M. Rhein, sergent-major, est nommé sous-lieutenant à la 1re compagnie du 1er bataillon, en remplacement de M. Lebleu, disparu.

M. Scheurer, sergent, est nommé sous-lieutenant, à la 2e compagnie du 1er bataillon, en remplacement de M. de Juvigny, nommé lieutenant.

M. Laullier, adjudant sous-officier, est nommé sous-lieutenant à la 6e compagnie du 1er bataillon, en remplacement de M. Faivre, nommé lieutenant.

M. Simon, sergent-major, est nommé sous-lieutenant à la 4e compagnie du 1er bataillon, en remplacement de M. Poupardin, nommé lieutenant.

M. Eck, sergent-fourrier, est nommé sous-lieutenant à la 1re compagnie du 1er bataillon, en remplacement de M. Tschieret, amputé.

M. Serrès, sous-lieutenant, est nommé lieutenant à la 1re compagnie du 1er bataillon, en remplacement de M. Mény, nommé capitaine adjudant-major.

M. Weninger, lieutenant, est nommé capitaine à la 6e compagnie du 4e bataillon, en remplacement de M. Steimer.

M. Daniel Kœchlin, sous-lieutenant, est nommé lieutenant à la 7e compagnie du 4e bataillon, en remplacement de M. Bourry.

M. Audran, sous-lieutenant, est nommé lieutenant à la 6e compagnie du 4e bataillon, en remplacement de M. Weninger, nommé capitaine.

M. Chalet, sous-lieutenant, est nommé lieutenant à la 3e compagnie du 4e bataillon, en remplacement de M. Blech.

M. Marschal, sergent-major, est nommé sous-lieutenant à la 4ᵉ compagnie du 4ᵉ bataillon, en remplacement de M. Audran, nommé lieutenant.

M. Weiss, sergent-major, est nommé sous-lieutenant à la 5ᵉ compagnie du 4ᵉ bataillon, en remplacement de M. Kœchlin, nommé lieutenant.

M. Bœrtsch, sergent-major, est nommé sous-lieutenant à la 6ᵉ compagnie du 4ᵉ bataillon, en remplacement de M. Serrès, nommé lieutenant.

M. Brigué, sergent-major, est nommé sous-lieutenant à la 2ᵉ compagnie du 4ᵉ bataillon, en remplacement de M. Chalet, nommé lieutenant.

Le lieutenant-colonel
DUMAS.

ORDRE DU BATAILLON

En vertu des pouvoirs qui lui sont dévolus et avec l'approbation du lieutenant-colonel, commandant le régiment, le commandant du 4ᵉ bataillon nomme au grade de :

Sergent-major dans la 1ʳᵉ compagnie, Reymann Charles, sergent-fourrier, en remplacement de Brigué, nommé sous-lieutenant.

Sergent-fourrier dans la 1ʳᵉ compagnie, Knopf Alfred, caporal, en remplacement de Reymann nommé sergent-major.

Sergent-major à la 2e compagnie. Bourcart Rodolphe, sergent-fourrier, en remplacement de Bœrtsch, nommé sous-lieutenant.

Sergent-fourrier, Fournier Michel, caporal, en remplacement de Bœrtsch Joseph, malade à l'hôpital.

Sergent-major à la 3e compagnie, Kaltenbach Frédéric, sergent, en remplacement de Maurer, nommé sous-lieutenant.

Sergent-major à la 4e compagnie. Gluck Emile, sergent-fourrier, en remplacement de Marschal, nommé sous-lieutenant.

Sergent-fourrier, Racine Eugène, caporal, en remplacement de Gluck, nommé sergent-major.

Sergent-major à la 5e compagnie, Beinert Adolphe, sergent, en remplacement de Weiss, nommé sous-lieutenant.

Caporal-fourrier à la 7e compagnie, Blind Jules, en remplacement de Bourcart Rodolphe, nommé sergent-major.

Adjudant, Meyer Romain, sergent, en remplacement de Rongier, blessé et disparu.

Argent, le 7 Décembre 1870.

Le chef du 4e bataillon :
C. Dollfus-Galline.

Approuvé :
Le lieutenant-colonel : Dumas.

Jeudi, 8 Décembre 1870. — *Départ d'Argent pour Bourges. Etape de 60 kilomètres jusqu'au village d'Asnières, où l'on n'arrive qu'à 3 heures du matin (le 9).*

Samedi, 10 Décembre 1870. — *Entrée dans la ville de Bourges, où le régiment est logé dans des fabriques.*

RAPPORT DU RÉGIMENT

Bourges, le 11 Décembre 1870.

Le prêt à 4 heures, chez le lieutenant-colonel.

Le rapport demain matin à 9 heures. A ce rapport, les commandants de compagnie feront remettre au lieutenant-colonel les situations journalières qui n'ont pas été données depuis le 26 Novembre.

Sur celle du 29 au 30, on portera, dans une colonne affectée à cet usage, les hommes disparus depuis le 28 novembre. Les porter en mutation.

Le général autorise le cantonnement des hommes, mais à condition qu'aux premiers appels, les compagnies et bataillons seront promptement réunis.

Il est défendu à MM. les officiers, aux sous-officiers et soldats de s'absenter sans permission.

Les compagnies appelées à se réunir, dans lesquelles il manquerait des hommes, seront envoyées au camp et coucheront sous les tentes.

Pour s'assurer de l'exécution des ordres donnés, le lieutenant-colonel exigera chaque jour la réunion d'une ou deux compagnies de chaque bataillon.

Aujourd'hui, nettoyage des armes.

Ce soir, à l'appel de 4 heures, les chefs de bataillon s'assureront que l'ordre donné soit exécuté.

Les hommes laveront leur linge et se débarbouilleront.

On fera raser les hommes, couper les cheveux trop longs.

On se préparera pour une revue demain après-midi par le général de brigade.

NOTES TIRÉES D'UN CARNET DU COMMANDANT DOLLFUS-GALLINE

Bourges, dimanche, 11 Décembre 1870.

A l'appel de ce jour, l'effectif du 4e batailon présente les chiffres suivants, comparés à l'appel du 1er du mois :

	au 1er déc.	au 11 déc.	manque donc :
1re compagnie	92 hommes	92 hommes	—
2e »	88 »	88 »	—
3e »	87 »	83 »	4 hommes
4e »	95 »	88 »	7 »
5e »	105 »	96 »	9 »
6e »	114 »	103 »	11 »
7e »	112 »	79 »	33 »
	693 hommes	629 hommes	64 hommes

Lundi, 12 Décembre 1870. — *Départ de Bourges, vers Vierzon, sous les yeux de Gambetta. Arrivée le soir tard à Allogny, où le bataillon campe dans la forêt.*
Séjour jusqu'au 15 décembre.

ORDRE

20e CORPS D'ARMÉE

2e DIVISION

Le général commandant le 20e corps d'armée porte à la connaissance des troupes placées sous son commandement, les nominations et promotions suivantes insérées au *Moniteur* du 11 décembre 1870 :

Par décret du 8 décembre sont promus dans l'ordre de la Légion d'honneur les officiers dont les noms suivent, savoir :

Au grade de chevalier,

M. Cardeau, capitaine au 3e régiment de zouaves de marche ;

M. Muller, capitaine au 78e de ligne ;

M. Duconzi de Mazelle, au 2e lanciers de marche ;

M. Buffet, capitaine au 7e chasseurs.

La mention honorable est accordée aux dénommés ci-après :

Boucet, sergent au 78e de ligne ;

Porte-aux-Carrère, caporal au 78e de ligne ;

Delouche, maréchal des logis au 2ᵉ de lanciers de marche ;
Charles, cavalier au 2ᵉ régiment ;
Peters, brigadier au 7ᵉ chasseurs ;
Tardif, cavalier au même régiment.

Au quartier général d'Allogny, 12 décembre 1870.

(Signé) CROUZAT.

ORDRE

20ᵉ CORPS D'ARMÉE

Officiers, sous-officiers et soldats!

Le général commandant en chef vous rappelle tous aux sentiments et aux devoirs patriotiques.

Notre patrie, la France glorieuse que nos pères nous ont léguée, est envahie, insultée, foulée aux pieds.

Ce n'est que par les grands sacrifices et l'accomplissement rigoureux de tous les devoirs du soldat que nous pouvons la sauver et lui rendre sa grandeur passée.

Quartier général d'Allogny, le 13 Décembre 1870.

(Signé) Le général CROUZAT.

ORDRE

20ᵉ CORPS D'ARMÉE

2ᵉ Division

Le général commandant le 20ᵉ corps rappelle que la cour martiale punit de mort la destruction des munitions faite en présence de l'ennemi.

Le présent ordre sera lu à trois appels consécutifs. MM. les officiers sont invités à faire arrêter les hommes qui jetteront des cartouches dans le feu ou qui les détruiront par un autre moyen.

Quartier général d'Allogny, le 13 Décembre 1870.

(Signé) Crouzat.

RAPPORT

Allogny, le 13 Décembre 1870.

MM. les commandants de compagnie qui n'ont pas exécuté l'ordre donné au rapport du 11, concernant les situations à remettre au capitaine-major, les donneront aujourd'hui à 1 heure à l'adjudant du 1ᵉʳ bataillon.

Ces Messieurs sont priés de se conformer à l'avenir aux ordres qui leur sont donnés.

Appel à midi en armes, sans sac, cet appel sera rendu par écrit à M. d'Hérisson, capitaine de semaine, qui en rendra compte au lieutenant-colonel.

Apprès l'appel de midi on nettoiera les armes. MM. les officiers de semaine surveilleront ce travail.

MM. les chefs de bataillon feront établir des rapports en cour martiale contre les hommes qui ne sont pas arrivés hier avec le bataillon. Un homme par compagnie, choisi parmi ceux qui manquent habituellement, sera traduit en cour martiale. Les hommes arrivés en retard, monteront la grand'garde à tour de rôle.

Aujourd'hui chaque compagnie commandera dix hommes pour ce service. Ces hommes seront aujourd'hui à 4 heures à l'appel sur la route. La grand'garde sera commandée par les officiers de la 6e compagnie du 4e bataillon arrivés au camp avec 26 hommes.

Le sous-officiers et caporaux en retard feront partie de la grand'garde.

A l'avenir tous les hommes qui ne suivront pas la colonne seront traduits en cour martiale.

On profitera de la journée pour faire se nettoyer les hommes. Ne pas oublier de faire laver les mains et la figure.

MM. les officiers veilleront avec soin à l'appel de 4 heures.

Les compagnies qui ont des biscuits sur les voitures, les feront retirer immédiatement.

Les vivres de campagne, sucre, café, riz et sel, seront distribués à 3 heures pour les journées des 15 et 16.

CIRCULAIRE MINISTÉRIELLE

20⁰ CORPS D'ARMÉE
2ᵉ Division

Guerre à général Thaury, Château-des-Noyers (Loire-et-Cher). A général Bourbaki, Mehun.

Le ministre de l'intérieur et de la guerre, vu la rigueur de la saison et la nécessité d'assurer, pendant la campagne d'hiver, aux troupes en marche des cantonnements de nature à donner aux soldats l'abri et le repos nécessaires pour réparer leur force, a arrêté :

Pendant la durée de la campagne d'hiver, les généraux et chefs de corps sont autorisés à loger chez l'habitant autant de monde que pourront en cantonner les locaux qui se trouvent sur le passage des troupes.

Ce genre de cantonnement sera porté à la connaissance de tous les maires, qui en assureront l'exécution.

Les chefs de corps enverront devant les troupes en marche des officiers et sous-officiers chargés de visiter les locaux et de fixer d'avance l'effectif à loger dans chaque maison. Les mesures de cantonnement devront être immédiatement appliquées.

(Signé) GAMBETTA.

Les chefs de corps d'armée donneront des instructions pour que chaque régiment, chaque compagnie, chaque brigade, chaque division ait un lieu de réunion bien indiqué à l'avance, de manière qu'au premier signal d'appel, les hommes puissent prendre les armes et se porter en ordre sur le point qui leur aura été indiqué d'avance.

(Signé) BOREL
Chef d'état-major de la 2ᵉ division.

(Signé) DE VERDIÈRE.

ORDRE

20ᵉ CORPS D'ARMÉE
2ᵉ DIVISION

MM. les généraux de brigade, en prévision du prochain cantonnement des troupes, sont priés de prendre connaissance des mesures suivantes, qui devront présider à cette opération. Ils porteront cette note à la connaissance des corps placés sous leurs ordres.

CHAPITRE 1ᵉʳ

Agents de cantonnement

Article 1ᵉʳ. — L'opération du cantonnement est confiée à un corps spécial composé pour chaque division de la manière suivante : un officier, un agent de cantonnement par bataillon, un gendarme ; un officier de l'état-major général surveillera spécialement ce service.

Art. 2. — Les officiers de cantonnement marqueront à la craie et sur chaque porte le nombre d'hommes qui devra loger dans chaque maison et indiqueront en outre celles qui devront loger un ou plusieurs officiers.

Art. 3. — Ils prendront pour base que dix mètres carrés de plancher permettent le cantonnement de neuf hommes.

Art. 4. — Ils désigneront dans chaque maison d'habitation une pièce qui restera le domaine sacré du propriétaire et devra être absolument respectée.

Art. 5. — Les sous-officiers serviront de guide aux troupes à cantonner, le jour au moyen de petits drapeaux noirs, le soir au moyen d'une lanterne à verres de couleur.

Art. 6. — Ils feront des rondes d'inspection destinées à assurer la réalisation des mesures qui suivront et ils prononceront les pénalités.

Art. 7. — Ils agiront sous les ordres des états-majors divisionnaires et leur rendront compte de leurs actes.

CHAPITRE II

Police du cantonnement dans les habitations.

Art. 1er. — Les soldats devront coucher leur sac sous la tête et leur fusil à côté d'eux. Il est défendu de se déshabiller et surtout de se déchausser.

Art. 2. — L'abord des portes devra être libre, afin que l'on puisse les ouvrir facilement.

Art. 3. — Il sera réclamé de la paille pour former des couchettes. Cette demande sera faite par un officier.

Art. 4. — Un homme couchera en travers de la porte de sortie de l'habitation, afin que personne ne puisse sortir sans le réveiller.

Art. 5. — La cuisine sera faite dans la maison.

Art. 6. — Autant que possible, un sous-officier logera dans chaque chambrée.

Art. 7. — Les officiers qui pourront profiter d'un lit sont obligés d'accepter dans leur chambre les autres officiers, sur la base de deux mètres par homme cantonné.

CHAPITRE III

Mesures de sécurité et d'ordre

Art. 1er. — Les compagnies et bataillons seront cantonnés dans une même rue ou dans un même pâté de maison, afin d'éviter le désordre lors de la réunion au réveil.

Art. 2. — Un poste de cinq hommes sera établi à chaque extrémité de la rue du cantonnement. Le poste fournit un factionnaire qui veille au bon ordre et au groupement des troupes cantonnées.

Art. 3. — Chaque section de cantonnement devra posséder au moins un clairon qui logera dans la première maison du cantonnement. Il mettra devant la maison qu'il habite, une lanterne qui devra rester allumée toute la nuit.

Art. 4. — Tous les officiers commandant les hommes à cantonner logeront dans leur cantonnement, et l'officier de grade supérieur donnera son adresse au clairon.

Art. 5. — Chaque section de cantonnement enverra au quartier de la division un planton, afin de prévenir sans hésitation au cas d'alerte.

Art. 6. — Un couvre-feu indiquera l'heure à laquelle le cantonnement commencera de fait.

Art. 7. — Sur l'appel du clairon, il est accordé un quart d'heure pour sortir des maisons et former les compagnies sous les armes.

Art. 8. — Il sera établi à la division un tour de cantonnement, qui sera communiqué aux chefs de corps intéressés et aux officiers de cantonnement.

CHAPITRE IV

Pénalités

Art. 1er. — Les pénalités seront collectives, c'est-à-dire qu'elles atteindront les cantonnements par section.

Art. 2. — Les punitions seront :

1º La mise des hommes au bivouac,

2º La mise des hommes en grand'garde,

3º Les punitions seront le résultat d'un ensemble d'irrégularités et de dérogations aux règles ci-dessus.

Allogny, le 14 Décembre 1870.

Note. — Les sous-officiers ou caporaux composant le cantonnement n'en feront pas moins leur service à leur compagnie et ne se détacheront que lorsque l'ordre de la compagnie le prescrira.

Le colonel commandant la brigade
(Signé) Vivenot.

RAPPORT

Allogny, le 14 Décembre 1870.

Appel à midi, en armes. MM. les officiers y assisteront. Après cet appel, on fera essuyer les armes, faire former les faisceaux. Tous les hommes qui n'ont pas monté la grand'-garde hier, comme punition, seront réunis dans le chemin qui sépare les deux bataillons et seront exercés au maniement des armes pendant une heure.

Ils seront conduits sur le terrain des exercices par les sergents-majors, après l'appel de midi. On désignera un officier pour commander cet exercice, ainsi que deux sergents et deux caporaux par bataillon.

MM. les capitaines de distribution feront prendre immédiatement le lard sur les voitures et en feront la distribution aux compagnies. Ce lard sera conservé comme réserve sous la responsabilité des commandants de compagnie.

Le pain et biscuit, sucre, café, riz et sel qu'on touchera aujourd'hui seront mis sur les voitures et réservés pour les journées des 17 et 18, les hommes ayant reçu jusqu'au 16 inclus. Par ce moyen, les hommes seront toujours porteurs de trois journées de vivres et deux jours sur les voitures.

Si on passe la journée ici, ce qui est à présumer, les hommes s'arrangeront le mieux possible.

A l'appel de midi, les commandants de compagnie s'assureront si les hommes se sont lavés.

Les chefs de compagnies fourniront au commandant aujourd'hui des états de proposition de sergents et caporaux.

RAPPORT

Allogny, 15 Décembre 1870.

Jusqu'à nouvel ordre, le service se fera par bataillon. Le chef de bataillon commandera tous les jours un capitaine de distribution et un capitaine pour les appels.

Il sera commandé chaque jour par les soins du caporal clairon, un clairon par bataillon ; lorsqu'on sera campé, les clairons et plantons se réuniront sous la même tente à vingt-cinq pas de celle du colonel.

Lorsqu'on sera cantonné, un clairon sera à la disposition du colonel. Dix minutes avant chaque appel, les clairons de service rappelleront. A ce rappel les hommes se réuniront à l'endroit indiqué pour les appels. Tous les clairons, sous les ordres du caporal, se réuniront au centre des deux bataillons pour les sonneries réglementaires ordonnées par un des capitaines de semaine.

Lorsque des inspections auront été passées et les ordres lus, le capitaine de semaine fera battre la berloque. A ce signal seulement les compagnies rompront les rangs.

Le prêt aujourd'hui à 1 heure.

Des chassepots devant être distribués au régiment, les commandants de compagnies feront établir aujourd'hui même l'état nominatif de leurs compagnies, portant le nom et prénom de chaque homme et une colonne en blanc destinée aux numéros des fusils.

En délivrant les armes, on aura soin de faire connaître à chaque homme le numéro de celle qui leur sera confiée et dont ils seront responsables.

A chaque appel de midi, les hommes s'assureront s'ils ont le fusil qui leur appartient. Dans le cas contraire, ils s'adresseront à leurs capitaines qui prendra les mesures pour que leur fusil leur soit restitué.

Aussitôt que les chassepots auront été distribués, un double de l'état nominatif des hommes, avec numéros des fusils, sera remis au commandant.

Recommandation aux commandants de compagnie de faire enlever la boue aux effets d'habillement.

Vendredi, 16 Décembre 1870. — *Départ de Bourges, pour le village de Gionne. Cantonnement.*

RAPPORT

Gionne, le 16 Décembre 1870.

Tous les matins à 7 heures moins un quart, les compagnies seront réunies et formées en bataille sur le terrain du camp de ce matin, sac au dos et bagages, prêtes à se mettre en route.

Elles y seront conduites par les capitaines. Les hommes devront avoir pris le café.

Faire prendre aux voitures les vivres et effets qui n'auraient pas dû rester.

Envoyer immédiatement au lieutenant-colonel l'état nominatif des officiers de la compagnie avec noms, prénoms et grades, dates des promotions.

Le lieutenant-colonel renouvelle l'ordre de ce matin, que les officiers logent avec les compagnies.

Demain matin, rapport à 9 heures. Les sergents-majors remettront au lieutenant-colonel l'état de logement de leurs compagnies et des officiers.

Appel tous les jours à midi et 4 heures. Tous les hommes manquants seront envoyés le soir à la grand'garde et serviront pour faire double sentinelle.

Les officiers seront présents aux deux appels.

Défense aux officiers, sous-officiers et soldats de s'absenter sans permission.

RAPPORT

Gionne, 16 Décembre 1870.

Les bataillons sont cantonnés dans le village. Les commandants de compagnie recommanderont aux troupes de se conformer aux prescriptions contenues dans l'ordre d'hier. On demandera du bois et de la paille au propriétaire, si nécessaire.

Départ demain à 6 heures moins un quart. Les bataillons se réuniront sur le terrain d'arrêt à l'arrivée, les compagnies de droite en tête.

A l'avenir, une voiture vide sera à la gauche de chaque bataillon, cette voiture est destinée à recevoir les sacs des hommes éclopés et qui sont autorisés par le docteur à les y déposer. Les adjudants ont la direction de ces voitures.

Aucun homme ne peut sortir du rang sans autorisation, en tout cas il doit laisser son fusil à son camarade.

Il a été perdu un portemonnaie, réclamer chez l'adjudant.

RAPPORT

Gionne, 17 Décembre 1870.

Aujourd'hui à midi, appel en armes devant chaque cantonnement. Tout le monde y assistera.

Après l'appel, nettoyage des armes, s'il n'y a pas d'ordre pour le départ. Les hommes se nettoieront et laveront leur linge sale.

Faire couper aujourd'hui les cheveux trop longs.

A midi et demi, distribution de viande dans la maison où demeure le lieutenant-colonel. Les vivres de campagne sur les voitures de suite. Le pain pour le 19.

Le régiment du Haut-Rhin quittera son cantonnement à 2 heures après-midi, pour se rendre à Bourges, où il sera cantonné rue de Dieu-le-Roi, à droite et à gauche, à partir de l'octroi jusqu'à la rue Jean-le-Boucher, rue Jean-le-Boucher, à droite et à gauche et dans les portions avoisisinantes qui seront indiquées par les fourriers de cantonnement.

Les fusils à tabatière seront échangés ce soir contre les chassepots. Le colonel recommande aux commandants de compagnies de faire inscrire le numéro de l'arme, à mesure qu'elle sera donnée à l'homme. Ce changement sera fait par compagnie.

Etablir si possible un bulletin de versement et un bulletin de réception pour les cartouches et fusils.

ORDRE

Bourges, le 17 Décembre 1870.

On campera ce soir; dresser les tentes. Faire des bons de bois et de paille.

Un officier au moins par compagnie au campement.

Lorsque le clairon donnera trois coups de langue, on fera former le cercle aux compagnies. A ce signal, les instructeurs montreront aux hommes la nomenclature de l'arme. La recommandation de graisser le canon n'a pas été observée. Les commandants de compagnie exigeront que les hommes fassent disparaître la boue des capotes et pantalons.

Pour le cantonnement qui va être pris, le 1er bataillon

avancera jusqu'à l'entrée de la rue Jean-le-Boucher, le 4ᵉ bataillon sa gauche à l'octroi.

MM. les officiers sont tous tenus de loger à droite et à gauche de la compagnie.

La réunion, à moins d'ordre contraire, aura lieu dans la rue Jean-le-Boucher.

Les capitaines, aussitôt qu'ils seront logés, feront afficher leur adresse au poste de police qui sera établi dès ce soir; ce poste comprendra un homme par compagnie pris parmi les punis, sous les ordres de . . . . .

Les sergents-majors remettront immédiatement à l'officier d'habillement le nombre de fusils tabatière égal à celui des chassepots reçus.

Défense aux hommes de s'absenter sans prévenir. Appel le matin à 9 heures, à midi et le soir à 4 heures.

ORDRE

20ᵉ CORPS

Le général commandant le 20ᵉ corps fait connaître aux troupes que, par décret du 6 décembre 1870, la délégation du Gouvernement de la Défense nationale a accordé les récompenses suivantes aux officiers et soldats du corps d'armée.

1º A été promu officier de la Légion d'honneur :

M. Michel, chef de bataillon de la garde mobile de la Corse.

2° Ont été promus chevaliers de la Légion d'honneur :

MM. Dollfus, chef de bataillon de la garde mobile du Haut-Rhin ;

de Bussière, capitaine au 11ᵉ régiment de la garde mobile de la Loire ;

de Luppé, commandant des francs-tireurs alsaciens.

3° Ont reçu une mention honorable :

MM. Rein, sergent-major de la garde mobile du Haut-Rhin ;

Delorme, sergent au 11ᵉ régiment de la mobile de la Loire ;

Duché, garde mobile du même régiment ;

Walter, garde mobile du Haut-Rhin ;

Asdolfi, garde mobile de la Corse,

pour services rendus par eux le 24 Novembre.

Lauznay, le 17 Décembre 1870.

pr le général commandant le 20ᵉ corps
Le chef d'état-major.

Dimanche, 18 Décembre 1870. — *Le commandant Dollfus est décoré. Le général Crouzat abandonne le commandement du 20ᵉ corps, pour prendre celui de la place de Lyon, et est remplacé par le général Clinchant. Le général Vivenot tombe malade. Il devait aller à Bordeaux, mais préfère entrer à l'hôpital de Bourges.*

RAPPORT

Bourges, 18 Décembre 1870.

L'appel de midi aura lieu devant chaque cantonnement. Les hommes seront en armes. MM. les commandants de compagnie donneront des ordres pour que les fusils qui vont être versés, soient bien entretenus.

Le régiment se tiendra prêt à partir au premier ordre ; tout porte à croire que le cantonnement sera changé cet après-midi. Défense d'aller en ville sans permission.

Malgré la défense qui en a été faite, on continue à mettre des fusils sur les voitures ; les faire retirer immédiatement.

Recommander aux hommes de bien se conduire dans les cantonnements, pour qu'il n'y ait pas de plaintes.

On vient de recevoir du pain, pour le 20. Pour le sel, riz, sucre et café, jusqu'au 22 ; deux jours aux hommes, deux jours sur les voitures.

Lundi, 19 Décembre 1870. — *Départ de Bourges, à 6 heures du matin. Au village de Saint-Just, le général Clinchant passe en revue le régiment du Haut-Rhin.*

Le soir, cantonnement dans les fermes des environs du village de Jussy.

Mardi, 20 Décembre 1870. — *Départ, avant le jour, pour Germigny, où la troupe loge dans des fermes. L'état-major est à Sougy.*

Mercredi, 21 Décembre 1870. — *On quitte Germigny de bon matin. Passage de l'Allier. Campement à Saincaize, par un froid de — 12°.*

RAPPORT DU RÉGIMENT

Sougy, le 22 Décembre 1870.

Demain matin, à 9 heures, MM. les commandants de compagnie passeront une revue détaillée de l'armement, de l'équipement et de l'habillement. Cette revue devra durer jusqu'à 10 heures. MM. les chefs de bataillon passeront dans toutes les compagnies de leur bataillon pour veiller à l'exécution de cet ordre. Tous les officiers devront être présents.

A midi, il sera fait dans les cantonnements une théorie sur le tir; on s'attachera particulièrement à la charge du chassepot.

MM. les chefs de bataillon rendront compte par écrit au lieutenant-colonel du résultat de la revue.

La théorie sur le tir sera surveillée par MM. les chefs de bataillon ; tous les officiers y assisteront.

Une ration d'eau-de-vie est accordée aux troupes pour chaque jour que nous restons ici.

M. le capitaine Audran enverra demain matin une corvée commandée par un officier pour aller à Decize. Deux hommes porteurs chacun d'un bidon. Ces hommes de corvée seront rendus devant le lieutenant-colonel à 7 heures précises.

Jeudi, 22 Décembre 1870. — *La garde mobile du Haut-Rhin reçoit des fusils Chassepot, en échange des fusils à tabatière.*

RAPPORT

Saincaize, le 22 Décembre 1870.

Les adjudants-majors et fourriers s'embarqueront dans le dernier train qui transportera la 1re brigade, afin de préparer des cantonnements ou campements dès leur arrivée. Ils se trouveront à la gare à l'arrivée des différents trains de la brigade, pour indiquer à chaque bataillon ou compagnie leur emplacement.

L'adjudant-major Jacquinot est responsable de l'exécution de cet ordre.

Appel ce soir à 4 heures. — A cet appel on préviendra les hommes qu'il est possible qu'on parte pendant la nuit et qu'ils doivent être prêts au premier signal.

Hier, à l'arrivée de la division, des hommes ont volé dans les maisons de la paille, du bois et ont enfin dévasté les propriétés. Le général a ordonné une retenue sur le sou de poche, à payer aux propriétaires.

Le régiment du Haut-Rhin, étant arrivé le dernier, n'y participera pas, mais à l'avenir lorsqu'on campera ou cantonnera, les caporaux seront porteurs, avant qu'on rompe les rangs, de bons de bois et paille signés des commandants de compagnie.

En attendant qu'on ait des porte-sabres, on placera le sabre-baïonnette des chassepots derrière le sac, bien attaché.

A l'appel de 4 heures, on recommandera aux hommes de tenir propre le fusil confié, on graissera toujours le canon afin qu'il ne se rouille pas. Chaque homme devra connaître le numéro de son fusil. A chaque prise d'armes, on en questionnera quelques-uns, pour s'assurer que les numéros sont connus par eux.

ORDRE D'EMBARQUEMENT

MM. les chefs de bataillon, dès le départ, disposeront leur bataillon par groupe de 36 hommes. Chacun de ces groupes sera commandé par un officier ou un sous-officier. A l'arrivée à la gare, la troupe sera formée en bataille, les groupes bien distincts, en face de chaque wagon.

Le chef de chaque groupe fera monter aussitôt dans chaque compartiment un homme qui sera chargé de placer les sacs dans l'intérieur de chaque compartiment.

Les fusils seront conservés par la troupe, qui montera en wagon à la sonnerie d'en avant faite par un clairon de chaque bataillon.

MM. les officiers et sous-officiers, sous aucun prétexte, ne monteront en chemin de fer qu'après l'établissement de la troupe.

La fanfare du Haut-Rhin ne partira qu'avec le dernier train de la brigade.

Vendredi, 23 Décembre 1870. — *Cantonnement au village d'Apremont.*

Samedi, 24 décembre 1870. — *Départ pour Nevers, à 7 heures du matin, par — 16° de froid. De là à Imphy-les-Forges, où le bataillon est parqué dans deux fermes.*

ORDRE GÉNÉRAL

20ᵉ CORPS D'ARMÉE

Voulant apporter de l'ordre et de la régularité dans l'administration et dans la comptabilité des troupes auxiliaires, le général commandant en chef a pris la décision suivante :

1° Il sera tenu dans chaque corps un livret de solde destiné à recevoir des fonds revenant du Trésor.

2° Le trésorier, ou à défaut le commandant de la troupe, tiendra un journal des recettes et dépenses qui sera totalisé et vérifié chaque mois.

3° Sous leur responsabilité personnelle, le trésorier dans les corps de troupes, et le commandant dans les compagnies de francs-tireurs, tiendront jour par jour un registre d'effectif présent, qui sera totalisé et décompté tous les mois, en rapprochant le décompte des recettes du journal de solde. Le contrôle s'assurera qu'il y a parfaite concordance entre le doit donné par les journées de présence et les perceptions à titre de solde inscrites au livret.

4° Il sera tenu en outre un enregistrement des perceptions en nature (vivres, fourrages, chauffage), qui seront, comme les fonds eux-mêmes, contrôlés par le registre d'effectif, par un simple rapprochement du doit et débit. L'intendance, qui devra donner les modèles des documents à tenir, est chargée du présent ordre.

Comme détails d'exécution, on devra diriger, surveiller et contrôler les corps suivant les règles administratives adoptées pour l'armée régulière (revue d'effectifs, vérification de caisse, etc.) comme revue d'exécution.

Le présent ordre sera communiqué à toutes les parties intéressées et chacun y devra veiller à sa stricte exécution.

Nevers, le 24 Décembre 1870.

Le général commandant en chef
(Signé) BOURBAKI.

Pour copie conforme :
Le général commandant la brigade
et par ordre,
L'officier d'ordonnance
(Signé) H. PENOT.

Dimanche, 25 Décembre 1870. — *Départ d'Imphy-les-Forges. La neige tombe abondamment. Arrivée au village de Tinte, où l'on séjourne jusqu'au 29. L'état-major réside à Sougy.*

RAPPORT

Imphy, le 25 Décembre 1870.

Si les vivres arrivent, on sonnera la distribution ; en attendant, les capitaines se procureront des vivres sur l'ordinaire.

A moins d'ordre contraire, on sera chez le colonel à 8 heures, le réveil sera sonné à 6 heures, assemblée à 7 heures, réunion à 7¹/₄ heures, par le flanc droit à 7¹/₂ heures.

RAPPORT [1]

Sougy, le 26 Décembre 1870.

Il sera fait trois appels dans la journée : à 9 heures, à midi et à 4 heures.

Dire aux compagnies de prendre du bois dans les forêts et défendre de brûler celui des habitants.

Le prêt à 1 heure, pris chez le colonel.

Les sergents-majors remettront en même temps les situations.

On a volé un cochon de lait de 10 francs chez M. Langrie, on a également volé deux poules, un canard, deux lapins ; on fera des recherches dans les compagnies et on rendra compte au capitaine commandant le détachement. Dans le cas où on ne trouverait pas les voleurs, et vu que nous sommes tous solidaires les uns des autres, les frais seront supportés par toutes les compagnies.

---

[1] Cet ordre a été rapporté le lendemain.

NOTE

Il est expressément défendu, à partir de ce moment, d'aller couper du bois dans la forêt. MM. les commandants de compagnies fourniront des bons de bois aux habitants chez lesquels ils le feront prendre.

Sougy, le 27 Décembre 1870.

(Signé) Le capitaine AUDRAN.

RAPPORT

Sougy, 27 Décembre 1870.

Les sacs seront faits dans la matinée. Le colonel recommande le paquetage, la couverture dans la tente en fer à cheval sur le sac, l'extrémité ne dépassant pas les bords, tous les hommes en pantalon rouge, tombant sur les guêtres en cuir, les chaussures graissées et noircies.

RAPPORT

Demain, à 9 heures du matin, MM. les commandants de compagnie passeront une revue détaillée de l'armement, de l'équipement et de l'habillement. Cette revue devra durer jusqu'à 10 heures.

MM. les chefs de bataillon passeront dans toutes les compagnies de leur bataillon, pour veiller à l'exécution de cet ordre.

Tous les officiers devront être présents.

A midi, il sera fait dans les cantonnements une théorie sur le tir; on s'attachera particulièrement à la charge du chassepot. MM. les chefs de bataillon rendront compte par écrit, au lieutenant-colonel, du résultat de la revue. La théorie sur le tir sera surveillée par MM. les chefs de bataillon. MM. les officiers y assisteront tous.

Une ration d'eau-de-vie est accordée aux troupes pour chaque jour que nous passerons ici.

M. le capitaine Audran enverra demain matin une corvée, commandée par un officier, pour aller toucher une double ration d'eau-de-vie à Decize.

Les hommes de corvée devront se rendre devant le logement du lieutenant-colonel, à 7 heures précises.

Sougy, 27 décembre 1870.

Mercredi, 28 Décembre 1870. *Départ de Tinte pour Saint-Léger-des-Vignes.*

Jeudi, 29 Décembre 1870. — *Embarquement, à la gare de Decize, pour Chalon-sur-Saône. On passe la nuit dans la gare de cette dernière ville, où le train est arrivé à 10 heures du soir.*

Arrivée de l'ambulance de Mulhouse à Chalon-sur-Saône.

Vendredi, 30 Décembre 1870. — *Départ de Chalon-sur-Saône, le matin, arrivée à Dôle, vers le soir. Le régiment est logé dans une des casernes de la ville.*

ORDRE GÉNÉRAL

20e CORPS D'ARMÉE
EN MARCHE

Officiers, sous-officiers et soldats !

Par les froids les plus rigoureux, vous venez d'exécuter bien des marches ; vous avez beaucoup souffert, mais vous avez bien mérité de la patrie.

Vous venez de faire évacuer Dijon. Quelques nouvelles marches auront sans doute des conséquences aussi favorables. Nous attendrons ensuite l'ennemi et nous nous mesurerons avec lui ; si nous le battons, comme j'en ai la confiance, vous aurez peut-être la gloire de contribuer à longue distance à faire lever le siège de Paris.

De tels résultats ne seront obtenus que par une armée d'élite. Il faut donc que vous ayez une confiance aveugle dans vos chefs et que vos officiers s'occupent constamment de vous.

Ayons tous présent à l'esprit le titre qui nous suivra dans nos foyers : celui de libérateurs de notre patrie. En présence du devoir qui nous incombe, pour nous en rendre dignes, aucun de nous n'hésitera à faire preuve du courage et de l'abnégation dont nos pères nous ont donné l'exemple.

Au grand quartier général, à Chalon-sur-Saône, le 30 Décembre 1870.

Le général de division commandant en chef l'armée

(Signé) BOURBAKI.

Samedi, 31 Décembre 1870. *Repos à Dôle. Le 20ᵉ corps d'armée de la Loire, dont a fait partie jusqu'ici le 4ᵉ bataillon de la Mobile du Haut-Rhin, est réuni, avec le 15ᵉ et le 18ᵉ corps, à l'armée de l'Est, sous le commandement du général Bourbaki.*

RAPPORT

Dôle, le 31 Décembre 1870.

Appel à midi en armes, tout le monde y assistera ; il sera rendu compte de cet appel au colonel, par l'adjudant du 1ᵉʳ bataillon.

Les hommes qui ont manqué le train, hier, sont punis de quinze jours de prison.

MM. les chefs de bataillon se feront rendre compte si les hommes ont perdu quelque chose en route. Ils en informeront le colonel.

Les hommes s'occuperont de réparer les effets d'habillement, boutons et sous-pieds de guêtres. MM. les officiers de section surveilleront ce travail.

On distribuera, après le rapport, 19 sacs et 100 bonnets de police.

Si MM. les commandants de compagnie trouvent de la chaussure assez grande pour les hommes les plus dénués, ils achèteront des souliers en se faisant donner un reçu par le fabricant, en ayant soin de faire légaliser la signature par le maire. Les sommes dépensées seront remboursées par l'intendance.

Le lieutenant-colonel loge rue des Arènes, 76.
Le commandant Dollfus, hôtel de Lyon.

Les corvées de vivres après l'appel de midi. Les officiers de corvée sont :
    MM. Maurer,
      Chalet,
      Marschal.

Vivres de campagne, sauf la viande, jusqu'au 3 janvier.

M. Thierry, hôtel de Lyon, chambre 15.
M. Aberlen, Grand'Rue, 41.
M. Hauviller, rue des Arènes 12, entrée dans la cour de la maison Viton.

Les situations à midi aux adjudants.

RAPPORT

Dôle, le 1er Janvier 1871.

A l'occasion du jour de l'an, le colonel lève toutes les punitions de salle de police et de prison.

MM. les commandants de compagnie feront remettre au capitaine-adjudant-major à midi, à la salle du rapport, les quittances pour les souliers grande taille qui ont été achetés hier.

Il est arrivé de Mulhouse une caisse contenant de la chaussure de toutes les pointures destinée aux mobiles du Haut-Rhin. L'officier de jour fera la distribution aujourd'hui, après l'appel de midi. Les hommes essaieront les souliers en sa présence et on ne les leur délivrera que s'ils vont bien.

A l'appel, MM. les commandants de compagnie s'assureront que les hommes ont réparé leurs effets d'habillement, donneront les ordres pour faire couper les cheveux trop longs, raser les sous-officiers et soldats. Le colonel défend qu'à l'avenir on porte la barbe longue ; on fera noircir et cirer la chaussure, laver les guêtres blanches. Le sergent de planton aura pour consigne de ne laisser sortir que les hommes qui sont dans une bonne tenue.

Dernier appel à 7 $^1/_2$ heures dans les chambres ; après 7 heures, le sergent de planton ne laissera plus sortir personne. Tous les hommes manquants seront mis en prison à leur rentrée par les soins du sergent de garde.

Le prêt à midi, dans la salle du rapport. On paiera en même temps la première quinzaine aux officiers qui ne l'ont pas encore reçue.

RAPPORT

Dôle le 1er Janvier 1871.

Les sergents-majors enverront à leurs officiers la note suivante, note qui devra être remise demain matin signée par les officiers.

Demain, à 7 heures du matin, le bataillon devra être formé en bataille, rue des Arènes, à la suite des zouaves. En conséquence, le 4e bataillon devra être rangé en bataille dans la cour de la caserne à 7 heures moins le quart, pour se rendre dans la rue des Arènes. Les officiers devront envoyer leurs bagages, à 6 heures, à la caserne. L'adjudant-major et les fourriers se trouveront à 7 heures en face de la rue Mont-Rolland pour préparer le cantonnement de Courchapon.

Lundi, 2 Janvier 1871. — *Départ de Dôle, le matin au jour, pour Courchapon, où la troupe est logée chez l'habitant.*

Mardi, 3 Janvier 1871. *Départ de Courchapon, le matin. Arrivée à Boulot, le soir. Cantonnement.*

Mercredi, 4 Janvier 1871. — *Départ, avant le jour, par Cussey. Arrêt à Rioz, puis arrivée à Maison-Neuve, où le bataillon couche dans une ferme, avec l'état-major et l'ambulance de Mulhouse.*

Maison-Neuve, le 4 janvier 1871.

Le général fait prévenir que nous sommes en présence de l'ennemi, que tout homme qui restera en arrière, avec ou sans armes, sera considéré comme traînard et traduit le soir même devant la cour martiale.

Chaque bataillon aura une arrière-garde composée d'un sergent par division et d'un caporal par compagnie. Cette arrière-garde, commandée par l'adjudant, aura pour consigne de ne laisser personne en arrière et de mettre les malades dans les voitures.

Jeudi, 5 Janvier 1871. – *Départ, le matin. Arrêt à Authoison, où l'on entend le canon. Préparatifs de combat, sans autre suite. Cantonnement à Authoison.*

RÉGIMENT DU HAUT-RHIN. 4ᵉ BATAILLON

ORDRE DU BATAILLON

20ᵉ CORPS D'ARMÉE
   2ᵉ DIVISION
   2ᵉ BRIGADE

En vertu des pouvoirs qui lui sont dévolus et après approbation du colonel commandant le régiment, le commandant du 4ᵉ bataillon nomme aux grades suivants :

Dans la 1ʳᵉ compagnie, au grade de sergent :

Krauss Godefroi, caporal, en remplacement de Grasser, malade depuis deux mois et demi ;

Au grade de caporal :

Niedergang Martin, en remplacement de Krauss, passé sergent ;

Holtzer Joseph, en remplacement de Lévy, malade depuis plus d'un mois ;

Reymann Théodule, en remplacement de Seng, cassé ;

Marckert Xavier, en remplacement de Knopf, passé fourrier.

Dans la 2ᵉ compagnie, au grade de sergent :

Chevalier, F.-Pierre, en remplacement de Frittig, blessé grièvement ;

Au grade de caporal :

Piquet Alfred, en remplacement de Chevalier, passé sergent ;

Lang Jean-Baptiste, en remplacement de Fournier, passé sergent-fourrier ;

Gigé Emile, en remplacement de Bucher, malade depuis plus d'un mois ;

Meyer Emile, en remplacement de Marckert, disparu à Beaune.

Dans la 3e compagnie, au grade de sergent :

Seiler Edouard, caporal, en remplacement de Engel Gustave, blessé à Beaune ;

Au grade de caporal :

Meyer Jean-Baptiste, en remplacement de Seiler, passé sergent ;

Kessler Victor, en remplacement de Haug Armand, malade depuis deux mois.

Dans la 4e compagnie, au grade de sergent :

Brodtbeck Joseph, caporal, en remplacement de Monod, blessé à Beaune ;

Notter Alfred, caporal, en remplacement de Meyer Romain, nommé adjudant ;

Au grade de caporal :

Weyer Aloïse, en remplacement de Racine Eugène, passé sergent-fourrier ;

Gerber Ignace, en remplacement de Brodtbeck, passé sergent.

Dans la 5ᵉ compagnie, au grade de caporal :

Amann Alfred-Emile, en remplacement de Ronfort Camille, cassé ;

A l'emploi de clairon :

Wadel Prosper, emploi vacant.

Dans la 6ᵉ compagnie, au grade de sergent :

Vogt Eugène, caporal, en remplacement de Meyer Oscar, malade depuis trois mois ;

Au grade de caporal :

Schlienger Hubert, en remplacement de Vogt Eugène, nommé sergent.

Dans la 7ᵉ compagnie, au grade de sergent :

Châlet Eugène, caporal, en remplacement de Kaltenbach, sergent-major ;

Au grade de sergent-fourrier :

Blind Jules, caporal-fourrier, emploi vacant ;

Au grade de caporal :

Kœchlin Edouard, en remplacement de Châlet, passé sergent ;

Fœrderer Gustave, en remplacement de Schlumberger Jean, disparu depuis six semaines.

Ces nominations sont faites à la date du 5 Janvier 1871. (Authoison.)

Approuvé :
Le lieutenant-colonel commandant le régiment
(Signé) Dumas.

Le commandant du 4ᵉ bataillon
(Signé) Dollfus.

Vendredi, 6 Janvier 1871.   *Départ d'Authoison pour Fontenoy-les-Montbozon.*

Samedi, 7 Janvier 1871. — *Jour de repos et de nettoyage à Fontenoy. Revue passée par le colonel Dumas.*

RAPPORT

Fontenoy, le 7 Janvier 1871.

Tous les matins à 9 1/2 heures, les sergents-majors se rendront au rapport chez le commandant du bataillon. Ils auront soin de remettre exactement les situations.

Il y aura tous les jours trois appels, à 9 heures, à midi et à 4 heures. L'appel de midi sera toujours en armes, sans sac, sauf ordre contraire. L'appel sera rendu numériquement à l'officier du jour.

Aujourd'hui on veillera à ce que les hommes nettoient les armes et qu'ils commencent à mettre en ordre les effets.

Le pain pris aujourd'hui chez le bourgeois devra être envoyé chez le commandant Dollfus. On prendra les noms et prénoms des personnes qui le livreront et il sera payé de suite par l'officier-payeur. Ce pain sera remboursé sur le boni. Les fourriers iront à midi à cette distribution, qui sera faite par les soins de M. Audran.

Dimanche, 8 Janvier 1871. — *Lienemann passé caporal à la 2ᵉ compagnie du 1ᵉʳ bataillon.*

Du 5 Janvier : Schlienger caporal, Vogt sergent.

Dimanche, 8 Janvier 1871. — *Le cantonnement est transporté à Tressandans, où l'on passe la nuit.*

Lundi, 9 Janvier 1871. — *Départ de Tressandans. On entend le canon à distance rapprochée, près de Villersexel. Le 4ᵉ bataillon se porte en avant sur Magny. Villers-la-Ville est enlevé par le 3ᵉ zouaves et un bataillon de chasseurs à pied.*

Le 4ᵉ bataillon se porte ensuite sur Grand-Magny, où il passe la nuit.

BOURBAKI A GUERRE
(Dépêche)

Rougemont, 9 Janvier, 7 h. 40 m., soir.

La bataille finit à 7 heures. La nuit seule nous empêche d'estimer l'importance de notre victoire. Le général en chef couche au centre du champ de bataille, et toutes les positions assignées à l'armée pour ce soir, par l'ordre général de marche d'hier, sont occupées par elle. Villersexel, clef de la position, a été enlevé aux cris de : Vive la France ! Vive la République !

A demain les résultats.

Mardi, 10 Janvier 1871. — *Prise de Villersexel par les Français.*

Le général Bourbaki établit son quartier général à Courchaton. Le 4ᵉ bataillon occupe Villers-la-Ville, où il passe la nuit.

Mercredi, 11 Janvier 1871. — *En marche sur Vellechevreux, où l'armée reste encore le lendemain.*

GÉNÉRAL BOURBAKI A GUERRE
(Dépêche)

10 Janvier, soir.

La nuit dernière a été passée à expulser l'ennemi de celles des maisons de Villersexel dont il nous disputait encore la possession. Ce matin, les derniers ennemis évacuaient cette ville ou se constituaient prisonniers. Tous ceux qui m'ont été amenés, jusqu'à présent, sont de nationalité prussienne.

Je ne suis pas encore en mesure de vous donner des détails circonstanciés sur l'enlèvement des positions que j'avais prescrit d'occuper. Je m'acquitterai de ce soin le plus promptement possible.

ARMÉE DE L'EST

20e Corps

Soldats du 20e corps !

La journée d'hier a été pour vous un glorieux succès : vous avez enlevé Villersexel à la baïonnette et vous avez vu votre ennemi fuir devant vous, laissant entre vos mains 500 fusils et de nombreux prisonniers.

Déjà la France le sait et applaudit à vos efforts.

Continuez à supporter courageusement les fatigues ; serrez-vous autour du drapeau pour être forts au moment du combat quand il recommencera ; abordez vigoureusement ces barbares ennemis qui insultent nos familles et nos populations désarmées, et nous ne tarderons pas à voir tomber en face de nos baïonnettes leur insolent orgueil.

Au quartier général de Villargent, le 11 janvier 1871.

Le général de division commandant le 20ᵉ corps

(Signé) CLINCHANT.

Vendredi, 13 Janvier 1871. — *Départ pour Héricourt. Halte à Grange-la-Ville. Le bataillon reçoit l'ordre d'occuper Grange-le-Bourg. Engagement général. Prise de Saulnot par les Français.*

GÉNÉRAL BOURBAKI A GUERRE
(Dépêche)

Ornans, 13 Janvier, 3 h., soir.

Les villages d'Arcey et de Sainte-Marie viennent d'être enlevés avec beaucoup d'entrain sans que nous ayons éprouvé de pertes trop considérables, eu égard aux résultats obtenus. Je gagne encore du terrain. Je suis très content de mes commandants de corps d'armée et de mes troupes.

En manœuvrant, j'ai fait évacuer Dijon, Gray et Vesoul, dont il a été pris possession dès hier par nos éclaireurs.

Enfin, les journées de Villersexel et d'Arcey font grandement honneur à la première armée, qui n'a cessé d'opérer depuis six semaines par un temps des plus rudes, en marchant constamment, malgré le froid, la neige et le verglas.

Samedi, 14 Janvier 1871. — *Départ le matin. Cantonnement le soir auprès de Saulnot, dans un moulin.*

Dimanche, 15 Janvier 1871. — *Départ par la route de Champey, arrivée à Trémoins. La bataille est engagée par l'artillerie. Le régiment du Haut-Rhin passe la nuit dans le bois de Tavey.*

Lundi, 16 Janvier 1871. — *La bataille reprend à la pointe du jour. L'assaut d'Héricourt est repoussé par les Allemands.*

GÉNÉRAL BOURBAKI A GUERRE
(Dépêche)

Aibres, 16 Janvier, 10 h., soir.

L'armée a combattu encore toute la journée. Nous nous sommes maintenus dans nos positions, et n'avons pu avancer que d'un seul côté, par l'occupation de Chênebier. Nous avons une brigade dans Montbéliard; mais le château tient encore. Un instant nous avons été maîtres de quelques maisons d'Héricourt; il n'a pas été possible de les conserver. Les forces de l'ennemi sont considérables et son artillerie formidable. De plus, le terrain, par sa configuration et les obstacles de toute nature qu'il présente, facilite beaucoup la résistance qui nous est opposée.

Mardi, 17 Janvier 1871. — *On se bat encore du côté de Montbéliard. Le 4ᵉ bataillon reste stationnaire, sans prendre part à l'engagement.*

Mercredi, 18 Janvier 1871. *Retraite de l'armée française sur Aibres, où le 4ᵉ bataillon est logé chez l'habitant.*

GÉNÉRAL BOURBAKI A GUERRE
(Dépêche)

18 Janvier.

J'ai fait exécuter une attaque générale de l'armée ennemie depuis Montbéliard jusqu'au mont Vaudois, en cherchant à faire franchir la Lisaine à Béthoncourt, Bussurel, Héricourt, et à s'emparer de Saint-Valbert. J'ai essayé de faire opérer par mon aile gauche un mouvement tournant destiné à faciliter l'opération.

Les troupes qui en ont été chargées ont été elles-mêmes menacées et attaquées sur leurs flancs. Elles n'ont pu que se maintenir sur leurs positions. Nous avons eu devant nous un ennemi nombreux pourvu d'une puissante artillerie: des renforts lui ont été envoyés de tous côtés.

Il a pu, grâce à ces conditions favorables comme à la valeur de la position qu'il occupait, aux obstacles existant à notre arrivée ou créés par lui depuis, résister à tous nos efforts; mais il a subi des pertes sérieuses. N'étant pas parvenu à réussir le 15 janvier, j'ai fait recommencer la lutte le 16 et le 17, c'est-à-dire pendant trois jours.

Malheureusement, le renouvellement de nos tentatives n'a pas produit d'autre résultat, malgré la vigueur avec laquelle elles ont été conduites. L'ennemi, toutefois, a jugé prudent de se tenir sur une défensive constante. Le temps est aussi mauvais que possible. Nos convois nous suivent difficilement. En dehors des pertes causées par le feu de l'ennemi, le froid, la neige et le bivouac, dans ces conditions exceptionnelles, ont causé de grandes souffrances.

Je reviendrai demain dans les positions que nous occupions avant la bataille, pour me ravitailler plus facilement en vivres et munitions.

Jeudi, 19 Janvier 1871. — *Départ à 6 heures du matin. Retraite sur Courchaton, où l'on arrive le soir. Cantonnement au village de Grammont.*

Vendredi, 20 Janvier 1871. — *Départ de Grammont. Arrivée le soir au village de Montmartin, où le bataillon couche dans un couvent de femmes.*

Samedi, 21 Janvier 1871. — *Petite étape de Montmartin à Villers-Grelot.*

Dimanche, 22 Janvier 1871. — *Abandon de Villers-Grelot. Arrivée à midi à Marchaux, où l'on passe la nuit.*

Guerre de 1870—1871 Pl. 10

MONUMENT DE CHAGEY
Rappelant les combats des 15, 16 et 17 janvier 1871
de l'Armée de l'Est sur la Lisaine,
offert à la commune de Chagey, par M. Alfred Engel.

Lundi, 23 Janvier 1871. — *Départ pour Miserey. Séjour jusqu'au 26 Janvier.*

Jeudi, le 26 Janvier 1871. — *Départ de Miserey pour Saint-Ferjeux, où le bataillon est logé chez l'habitant.*

Vendredi, 27 Janvier 1871. — *Départ à 6 heures du matin. Passage du Doubs, en retraite sur Pontarlier. Arrivée à Ornans, dans la nuit. Cantonnement.*
Tentative de suicide du général Bourbaki qui est remplacé par le général Clinchant.

Samedi, 28 Janvier 1871. — *Départ, à l'aube, par les montagnes. Arrivée dans la nuit au village de Sept-Fontaines.*

Dimanche, 29 Janvier 1871. — *Départ, au matin. Le général Vivenot tombe malade. Retraite par Sombacourt, Chaffoips, Bulle. Dans ce dernier village, les troupes sont* cantonnées. L'état-major est logé chez le curé. Le général arrive à 5 heures.

Pendant le dîner, le soir vers 7 heures, on annonce que Chaffoins est attaqué. On prend position.

Annonce de l'armistice. Suspension d'armes.

———

Lundi, 30 Janvier 1871. — *Repos à Bulle. Dans la nuit, l'ordre arrive de se remettre en route, l'armistice ne s'étendant pas à l'armée de l'Est.*

L'armée poursuit sa retraite sur Pontarlier.

———

Mardi, 31 Janvier 1871. — *Arrivée à Pontarlier à la pointe du jour. Vers midi, le 4ᵉ bataillon de mobiles du Haut-Rhin s'engage droit dans la montagne. Arrivée à Chaudron, où il passe la nuit.*

Le général Clinchant ordonne l'entrée des troupes françaises sur territoire suisse et signe avec le général Herzog une convention qui en règle les détails.

———

PROCLAMATION

Soldats de l'armée de l'Est !

Il y a peu d'heures encore, j'avais l'espoir, j'avais même la certitude de vous conserver à la défense nationale. Notre passage jusqu'à Lyon était assuré à travers les montagnes du Jura.

Une fatale erreur nous a fait une situation dont je ne veux pas vous laisser ignorer la gravité.

Tandis que notre croyance en l'armistice qui nous avait été notifié et confirmé à plusieurs reprises par notre gouvernement nous commandait l'immobilité, les colonnes ennemies continuaient leur marche, s'emparaient de défilés, déjà entre nos mains, et coupaient ainsi nos lignes de retraite.

Il est trop tard aujourd'hui pour accomplir l'œuvre interrompue ; nous sommes entourés par des forces supérieures, mais je ne veux livrer à la Prusse ni un homme, ni un canon.

Nous irons demander à la neutralité suisse l'abri de son pavillon, mais je compte dans cette retraite vers la frontière sur un effort suprême de votre part. Défendons pied à pied les derniers échelons de nos montagnes, protégeons le défilé de notre artillerie et ne nous retirons sur un sol hospitalier qu'après avoir sauvé notre matériel, nos munitions et nos canons.

Soldats, je compte sur votre énergie et votre tenacité, il faut que la patrie sache bien que nous avons tous fait notre devoir jusqu'au bout, et que nous ne déposons les armes que devant la fatalité.

Pontarlier, 31 Janvier 1871.

(Signé) Clinchant.

CONVENTION PASSÉE PAR LE GÉNÉRAL CLINCHANT
AVEC LE GOUVERNEMENT HELVÉTIQUE [1]

Entre M. le général en chef de l'armée de la Confédération suisse et M. le général de division Clinchant, général en chef de la 1re armée française, il a été fait les conventions suivantes :

1º L'armée française demandant à passer sur le territoire de la Suisse dépose ses armes, équipements et munitions, en y pénétrant.

2º Ces armes, équipements et munitions seront restitués à la France, après la paix, et après le règlement définitif des dépenses occasionnées à la Suisse par le séjour des troupes françaises.

3º Il en sera de même pour le matériel d'artillerie et les munitions.

---

[1] Document collationné avec l'original, par les soins obligeants de M. le Dr J. Kayser, directeur des Archives fédérales, à Berne.

4° Les chevaux, armes et effets des officiers seront laissés à leur disposition.

5° Des dispositions ultérieures seront prises à l'égard des chevaux de troupe.

6° Les voitures de vivres et de bagages, après avoir déposé leur contenu, retourneront immédiatement en France avec leurs conducteurs et chevaux.

7° Les voitures du Trésor et des Postes seront remises à la Confédération helvétique, qui en tiendra compte lors du règlement des dépenses.

8° L'exécution de ces dispositions aura lieu en présence d'officiers français et suisses désignés à cet effet.

9° La Confédération se réserve la désignation d'internement pour les officiers et la troupe.

10° Il appartient au Conseil fédéral d'indiquer les prescriptions de détail destinées à compléter la présente convention.

Fait en triple expédition.

Verrières, le 1er Février 1871.

(Signé) Clinchant.   Hans Herzog, Général.

Mercredi, 1ᵉʳ Février 1871. — *Départ, avant le jour, dans la direction du village de la Cluse. Arrivée au fort de Joux.*

Distribution de l'argent du 4ᵉ bataillon aux hommes présents. Dissolution du bataillon, qui prend la route des Fourgs. Entrée en Suisse à $5\,^{1}/_{2}$ heures de l'après-midi.

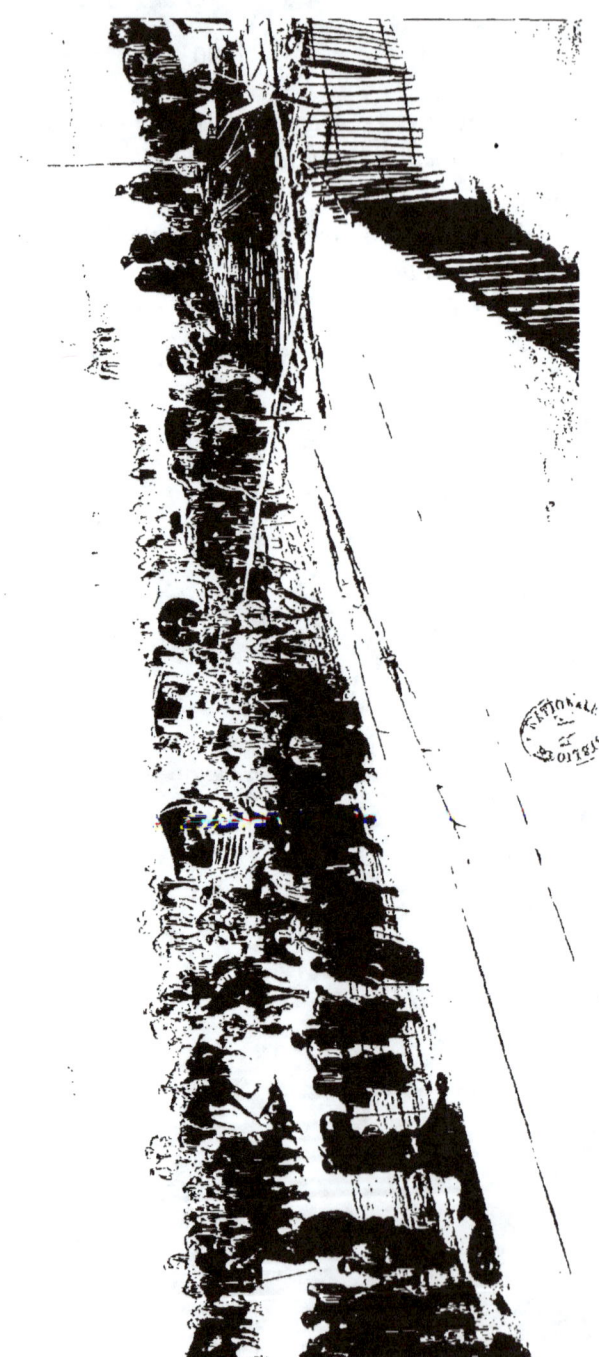

ENTRÉE DE L'ARMÉE DE L'EST EN SUISSE, AUX VERRIÈRES.

Reproduction d'un fragment de l'œuvre du peintre Castres, de Genève, exposée au Grand Panorama de Lucerne.

QUATRIÈME PARTIE

—

EFFECTIF DU 4ᵉ BATAILLON

PAR COMPAGNIES

ET

RÉCAPITULATION GÉNÉRALE PAR ORDRE ALPHABÉTIQUE

COMPOSITION DU 20ᵉ CORPS DANS L'ARMÉE DE LA LOIRE [1]

Commandant en chef : Général CROUZAT.
Chef d'état-major : Colonel du génie VARAIGNE.

1ʳᵉ division d'infanterie : Général DE POLIGNAC.

1ʳᵉ brigade : Colonel DE BERNARD DE SEIGNEURENS.
    50ᵉ de marche : Lieutenant-colonel GODEFROY.
    55ᵉ mobiles (Jura) : Lieutenant-colonel DE MONTRAVEL.
    11ᵉ mobiles (Haute-Loire) : Lieutenant-colonel POYETON.

2ᵉ brigade : Colonel BRISAC.
    67ᵉ mobiles (Haute-Loire) : Lieutenant-colonel X.
    Un bataillon mobiles de Saône-et-Loire.
    Francs-tireurs du Haut-Rhin : Commandant KELLER.
    Une batterie de 4 et une batterie mixte (4 et 12), une compagnie du génie.
    2ᵉ régiment de lanciers de marche : Lieutenant-colonel BASSERIE.

2ᵉ division d'infanterie : Général THORNTON.

1ʳᵉ brigade : Capitaine de vaisseau AUBE.
    25ᵉ batᵒⁿ de chasseurs de marche : Capitaine PLANET.
    34ᵉ mobiles (Deux-Sèvres) : Lieutenant-colonel ROUGET.
    Un batᵒⁿ de la mobile de la Savoie : Commandᵗ DUBOIS.

---

[1] D'après l'*Histoire générale de la guerre franco-allemande 1870-1871*, par le lieutenant-colonel ROUSSET, de l'École supérieure de guerre.

2ᵉ brigade : Général Vivenot.

> 3ᵉ zouaves de marche : Lieutenant-colonel de Brème.
> 68ᵉ mobiles (Haut-Rhin): Lieutenant-colonel Dumas.
>
> Deux batteries de 4. Une compagnie du génie.
> 7ᵉ régᵗ de chasseurs de marche : Colonel de Ricaumont.

3ᵉ division d'infanterie : Général Ségard.

1ʳᵉ brigade : Colonel Durochat.

> 47ᵉ de marche : Lieutenant-colonel X.
> Mobiles de la Corse : Lieutenant-colonel Parran.
> Une compagnie d'éclaireurs.

2ᵉ brigade : Colonel Girard.

> Cinq bataillons de mobiles (Pyrénées-Orientales, Vosges, Meurthe) et deux compagnies de francs-tireurs.
>
> Deux batteries de 4. Une compagnie du génie (ouvriers volontaires de Tours).
>
> 6ᵉ cuirassiers de marche : Lieutenant-colonel Chevals.

Réserve d'artillerie : Quatre batteries de 12. Une batterie de mitrailleuses. Parc d'artillerie ; parc et réserve du génie.

ORDRE DE BATAILLE DE L'ARMÉE DE L'EST

Commandant en chef : Général de division BOURBAKI.
Chef d'état-major général : Général de division BOREL.

15ᵉ Corps d'armée

Commandant : Général de division MARTINEAU DU CHENEZ.
Chef d'état-major : Lieutenant-colonel DES PLAS.

    1ʳᵉ *division d'infanterie :* Général D'ASTUGUE.
    2ᵉ   »   »   Général REBILLIARD.
    3ᵉ   »   »   Général PEYTAVIN.
    Division de cavalerie : Général DE LONGUERUE.

Quatre batteries de 8 (Reffye), onze batteries de 4, huit batteries de mitrailleuses, trois batteries de montagne.

18ᵉ Corps d'armée

Commandant : Général de division BILLOT.
Chef d'état-major : Colonel GALLOT.

    1ʳᵉ *division d'infanterie :* Général FEILLET-PILATRIE.
    2ᵉ   »   »   Contre-amiral PENHOAT.
    3ᵉ   »   »   Général BONNET.
    Division de cavalerie : Général DE BRÉMOND D'ARS.

Huit batteries de 4. Réserve : Commandant ROSSIGNEUX : deux batteries de 12, deux batteries de 4, deux batteries de mitrailleuses, une batterie de montagne.

20ᵉ Corps d'armée

Commandant : Général de division Clinchant.
Chef d'état-major : Colonel du génie Varaigne.

1ʳᵉ division d'infanterie : Général de Polignac.

1ʳᵉ brigade : Lieutenant-colonel Godefroy.

    85ᵉ de ligne : Lieutenant-colonel Godefroy.
    55ᵉ mobiles (Jura) : Lieutenant-colonel de Montravel.
    11ᵉ mobiles (Loire) : Lieutenant-colonel Poyeton.

2ᵉ brigade : Colonel Brisac.

    67ᵉ mobiles (Haute-Loire) : Lieutenant-colonel X.
    4ᵉ bataillon de mobiles de Saône-et-Loire.
    24ᵉ mobiles (2 bataillons de la Haute-Garonne).
    Francs-tireurs du Haut-Rhin : Commandant de Luppé.

Deux batteries de 4. Un escadron du 2ᵉ lanciers de marche.
Une compagnie du génie.

2ᵉ division d'infanterie : Général Thornton.

Chef d'état-major : Commandant de Verdière.

1ʳᵉ brigade : Général de Seigneurens.

    25ᵉ bataillon de chasseurs de marche : Commandant Bailly.
    24ᵉ mobiles (Deux-Sèvres) : Lieutenant-colonel Rouget.
    2ᵉ bataillon de la Savoie : Commandant Dubois.

2e brigade : Général Vivenot.
- 3e zouaves de marche : Lieutenant-colonel Bernard.
- 68e mobiles (2 bataillons du Haut-Rhin) : Lieutenant-colonel Dumas.
- 7e régiment de chasseurs : Colonel de Ricaumont. Deux batteries de 4. Une compagnie du génie.

3e division d'infanterie : Général Ségard.

1re brigade : Colonel Durochat.
- 47e de marche : Colonel X.
- Mobiles de la Corse : Lieutenant-colonel Parran.

2e brigade : Colonel Simonin.
- Un bataillon du 78e de ligne : Lieut^t-colonel Barrier.
- 58e mobiles (Vosges), 2 bataillons : L^t-colonel Muller.
- Deux bataillons des Pyrénées-Orientales.
- Un bataillon de la Meurthe.
- Francs-tireurs Comtois, de l'Allier, du Puy-de-Dôme, de Cannes, de Nice.
- 6e cuirassiers de marche. Deux batteries de 4. Une réserve d'artillerie. Trois batteries de 12.

24e Corps d'armée

Commandant : Général de division Bressolles.
Chef d'état-major : Lieutenant-colonel Tissier.

1re division d'infanterie : Général d'Ariès.
2e   »   »   Général Comagny-Thibaudin.
3e   »   »   Général Carré de Busserolles.

Six batteries de 4, une batterie à cheval, deux batteries de montagne. 7e régiment de cavalerie mixte.

Réserve générale

Commandant : Général Pallu de la Barrière, capitaine de frégate.

Brigade d'infanterie : Général X.
Brigade de cavalerie : Général de Boério.
Artillerie : Trois batteries de 8. Une section du génie.

68ᵉ RÉGIMENT DE MOBILES

dit du Haut-Rhin

(formé par les 1ᵉʳ et 4ᵉ bataillons de mobiles du Haut-Rhin)

EFFECTIF

du

4ᵉ BATAILLON DE LA MOBILE DU HAUT-RHIN

Pour les raisons indiquées dans notre introduction, la liste *par compagnies* des sous-officiers, caporaux et soldats du 4ᵉ bataillon du Haut-Rhin, qui va suivre, n'est pas rigoureusement exacte. Après 38 ans il était bien difficile de retrouver l'effectif authentique de toutes les compagnies pendant la durée de la campagne.

Heureusement, qu'au cours du tirage, nous avons eu la bonne fortune de nous procurer le Contrôle officiel de recrutement des hommes du 4ᵉ bataillon, dressé à Belfort, après la promulgation de la loi de 1868. Ce Contrôle donne le relevé *complet* des mobiles des classes de 1865, 1866,

1867, 1868 et 1869, avec la mention de leurs lieux d'origine et des compagnies auxquelles ils furent affectés à cette époque. Cela nous a permis d'ajouter, à la fin de chaque compagnie, un complément de noms, dont une partie compléteront utilement nos propres données.

Toutefois, il convient de ne pas perdre de vue que ledit Contrôle officiel de recrutement du 4ᵉ bataillon contient un nombre total d'hommes très élevé, se chiffrant par environ 1600 noms. En tenant compte des hommes absents du pays au moment de la déclaration de la guerre et qui auront servi dans d'autres corps, de ceux qui ont été versés dans le génie, dans l'artillerie, à l'intendance, etc., à Belfort, et enfin de ceux qui se sont engagés, dès le début, dans divers régiments de ligne, de cavalerie et d'artillerie stationnés dans d'autres départements, le susdit chiffre est à réduire certainement d'un quart, ce qui nous donne bien le total réel de l'effectif du 4ᵉ bataillon en 1870.

Quoi qu'il en soit, il nous a semblé utile, en l'absence de documents nous renseignant d'une manière précise, de compléter chaque compagnie par la rubrique spéciale mentionnée plus haut. De la sorte, tout oubli fâcheux se trouvait écarté, ce qui compense, à notre avis, le petit inconvénient d'un excédent de noms de nos compatriotes, dont d'ailleurs la majeure partie a certainement fait son devoir en 1870.

La liste et les mutations des officiers sont, par contre, absolument au complet ; elles nous ont été fournies obligeamment par le Ministère de la Guerre.

Enfin, nous terminons cette partie de notre recueil par une récapitulation générale, par ordre alphabétique, des noms de tous les officiers, sous-officiers et soldats du 4ᵉ bataillon, accompagnés de tous les renseignements de classes, de lieux d'origine, de mutations, de grades, etc., qu'il nous a été possible de retrouver. Cette table générale, établie sur la base du Contrôle officiel de recrutement, facilitera toute espèce de recherches.

4e Bataillon de la Mobile du Haut-Rhin

CH. DOLLFUS-GALLINE, commandant.

Baron CH. JACQUINOT
Capitaine adjudant-major.

CHARLES SCHWARTZ
Sous-lieutenant officier-payeur.

4ᵉ BATAILLON DE LA MOBILE DU HAUT-RHIN

EFFECTIF

PAR ORDRE DE COMPAGNIES

Commandant

Dollfus-Galline Charles.

Capitaines adjudants-majors

Ottmann François-Joseph-Louis, capitaine à la 5ᵉ compagnie, chargé des fonctions de capitaine adjudant-major du bataillon, jusqu'au 1ᵉʳ octobre,

Baron Jacquinot Charles-Maximilien-Auguste, nomination du 4 décembre 1870, auparavant lieutenant à la 8ᵉ compagnie.

Médecin-major

Docteur Lothammer François-Joseph (mort à Besançon en 1871).

Officiers-payeurs

Aberlen Albert (ancien adjudant), sous-lieutenant du 28 septembre 1870, promu lieutenant de la 1ʳᵉ compagnie, le 4 décembre 1870,
remplacé par

Schwartz Charles, sous-lieutenant, auparavant sergent-major à la 7ᵉ compagnie.

Adjudants sous-officiers

ABERLEN Albert, promu sous-lieutenant officier-payeur, le 28 septembre 1870,
remplacé par
RONGIER E., blessé mortellement à Quiers-Bellegarde, le 24 novembre 1870 (mort à Pithiviers, en 1871),
remplacé par
MEYER Romain, nomination du 4 décembre 1870, auparavant sergent de la 4e compagnie.

Fanfare du bataillon

LIENEMANN Michel-Louis-Auguste, chef de musique, nomination du 15 novembre 1870.
LAMY Josué, sous-chef.

4e Bataillon de la Mobile du Haut-Rhin (1re Compagnie) Pl. 13

HENRI THIERRY, capitaine.

ALBERT ABERLEN, lieutenant.

EMILE HAUVILLER, sous-lieutenant.

CH. REYMANN, sergent-major.

1re COMPAGNIE

Capitaines

FONTAINE Pierre-Louis-Victor, nomination du 20 juill. 1870,
remplacé, le 2 octobre 1870, par le capitaine

RUDELLE, qui est promu, le 20 novembre 1870, commandant du 1er bataillon du Haut-Rhin,
a pour successeur, le 4 décembre 1870,

THIERRY Henri, auparavant lieutenant à la même compagnie.

Lieutenants

THIERRY Henri, nomination du 22 juillet 1870,
remplacé, le 4 décembre 1870, par

ABERLEN Albert, ancien adjudant, ancien sous-lieutenant officier-payeur.

Sous-lieutenant

HAUVILLER Émile, nomination du 19 juillet 1870.

Sergents-majors

BRIGUÉ Auguste, nomination du 1er novembre 1870, promu sous-lieutenant à la 2e compagnie, le 4 décembre 1870,
remplacé par

REYMANN Charles, auparavant sergent-fourrier à la compagnie.

Sergents-fourriers

BRIGUÉ Auguste, du 1er août 1870, promu sergent-major le 1er novembre 1870,
remplacé par

REYMANN Charles, promu sergent-major, le 4 décembre 1870,
remplacé par

KNOPF Sébastien-Alfred, auparavant caporal à la compagnie.

Sergents

Grasser Morand
    sergent-instructeur
Hueber Charles de Jean
Kammerer Eugène
Lévy Jacques
    du 6 août 1870
Pflieger Jean-Georges
    du 1er novembre 1870, ancien caporal à la 7e compagnie
Krause Godefroi
    du 5 janvier 1871, en remplacement de Grasser Morand; ancien caporal à la comp^{ie}.

Caporaux

Berger Jacques
    du 6 septembre 1870
Eggenspieler Paul-Albert
Hetzlen Jacques-Victor
    du 6 septembre 1878
Hilfiger Léon
Holtzer Joseph
    du 5 janvier 1871
Lévy Léopold
    du 6 septembre 1870
Marckert Xavier-Jacques
    du 5 janvier 1871
Marder Théophile
    du 1er novembre 1870
Niedergang Martin
    du 5 janvier 1871
Pflieger Jean-Baptiste

Reymann Théodule
    du 5 janvier 1871
Schratz François-Ant.
Stieffel Emile-Eug.
    du 1er novembre 1870

Soldats

Abt Jacques-Jules
Bader Louis
Bauer Thiébaut de Joseph
Baumann Charles
Beck Ambroise
Bernapel Martin
Bernhard Jean
Bernheim Nathan
Bilger Alexandre-Joseph
Bingler Joseph
Bittner Mathieu
Bloch Bourcard
Bœglin Emile
Boll Charles
Brenner Jacques-Gaspard-Frédéric
Brogly Aloïse
Brücklin Jean
Bruder Alexandre
Brunner Charles
Brunner Emile
Brunschwig Achille
Burget Martin

Burner Antoine
Dirringer Jacques, *clairon*
Ehny Henry
Erhardt Léandre-Auguste
Ernst Emile
Erny Florian
Fasnacht François-Antoine
Feistel Félix-Marx
Fischer Ferdin^d-Alexandre
Fischer Louis-Léon, *fanfare*
Franck Blaise
Frey Charles
Frey Léonard
Fuchs Eugène-Henri
Gaschy Léger
Gerster Louis
Geyelin Paul
Gilbert Théodore-Emmanuel
Golder Emile
Grasser Joseph
Gull Gaspard-Albert
Gutzwiller Georges
Haas David
Haas Elie
Hanfgartner Jean
Harnist Joseph
Hass Marie-Alphonse
Hass Joseph, *ordonnance*
Heimburger Georges
Heitz Sébastien

Helgen Jean
Hermann Gaspard
Hertzog Jean
Hett Camille
Hetzlen Edouard
Hildibrandt Benoît
Hirn Simon
Hotz Constantin
Jeckert Joseph-Gabriel
Johann Antoine
Juncker Célestin
Kammerer Charles
Karm Joseph
Kauffmann Jean
Keller Auguste
Keller François-Xavier
Kettler Blaise
Kiener François-Antoine
Kittler Aloïse
Kleinhans Martin
Klippstiehl Jules
Knopf André
Knopf Auguste
Knopf Louis-Alexandre
Kœnig Frédéric, *fanfare*
Kohler Adolphe
Krafft Pierre de Pierre
Krafft Thiébaut
Kremper Jacques
Lang Antoine, *ordonnance*

Lang Etienne
Lauly Edouard
Laydecker Victor
Lidy Jean-Louis
Marbach Jean-Ch.
Marchand Jean
Maréchal Georges-Théophile
Mauses Luc
Mergy Désiré
Meyer Hubert
Mœssner Victor
   blessé à Beaune
Montandon Célestin, *clairon*
   blessé à Beaune
Montandon Emile-Auguste
Moos Joseph
Mouillet François-Antoine
Munier Martin
Mütschler François
Naas François-Joseph
Naas Isidore
Nico Marc-Prosper
Nithart Eugène-Pierre
Nithart Louis
Pauly Charles-Eugène
Perret Oscar
Rantz Alphonse-Joseph
Regisser Hermann
Reymann Michel
Riedlinger Henry-Jacques

Riedweg Martin
Rieffel Léon
Rietsch Louis
Risch Sébastien
Risler Camille
   blessé à Beaune
Rœllinger Charles-Hippolyte
Rœllinger Emile-Léger
Rost François-Gustave
Rubritzius Jean
Schæck Jean-Baptiste
Schaller Michel-Albert
Schaoff Jean-Nicolas
Schenck Jacques
Schildknecht Emile
Schmalzer Jules-Willibald
Schmitt Adolphe
Schneider Joseph
Schrembacher Grégoire
Sembach Camille
Siedler Jacques
Stædelin Emile
Stædelin Jean
Stephan Joseph
Stœcklin Jacques-Auguste
Stœssel Edouard
Stoltz Xavier
Thomann Joseph-Antoine
Tischmacher François-
   Antoine

Umhauer Gustave
Vœgtlin Louis
Vogel Joseph

Wunenburger Eug.-Frédér^c, *fanfare*
Wunenburger Jean-Marc

Hommes affectés à cette compagnie sur le Contrôle du recrutement

mais versés sans doute dans d'autres unités au cours de la campagne

---

Baschy Jean
Berger François-Xavier
Bloch Gustave
Bloch Samuel
Bloch Théodore
Bollinger Joseph
Bringard Eugène-Joseph
Brogly Fridolin
Dreyfus Charles
Fimbel Joseph
Gaiser François-Charles
Hartmann Joseph-Edouard
Hassler Alfred
Heitz Auguste
Heitz Edouard
Hett Emile

Hett Martin
Hetzlen Gabriel
Hetzlen Louis-Benoît
Hog Joseph
Jud Pierre-Paul
Kastner Ignace
Kettler Emile
Kiedaisch Jacques
Kleinhans Salomon
Kunckler Jacques
Kuntz Jean
Læssinger Jean-Paul
Lehmuller Charles
Lévy Emmanuel
Lévy Simon
Metzger Nicolas

Moos Nathan
Neyer Jacques
Niedergang François-Antoine
Oser Sébastien
Perret Jean-Jacques
Persohn Jean
Pflieger Jean-Baptiste
Renck Bonaventure
Reymann Charles
Riedlinger Joseph
Schaub Jean-Mathias
Schuhmacher Jean
Schwœblé François

Seitz Louis
Simon Eugène
Steinbach Frédéric
Thiebold Jacques
Uhlmann Gustave
Uricher Philippe
Vœgtlin Sigismond
Wasser Albert
Wasser Jacques
Widemann Joseph-Jean-Baptiste
Wunenburger Augustin
Zumbiehl Alphonse-Xavier

4e Bataillon de la Mobile du Haut-Rhin (2e Compagnie) — Pl. 14

ALFRED D'HÉRISSON, capitaine.

EMILE ZIEGLER, lieutenant.

AUG. BRIGUÉ, sous-lieutenant.

ROD. BOURCART, sergent-major.

2ᵉ COMPAGNIE

Capitaines

Buschmann Henri-François-Joseph, nomination du 14 août 1869,
remplacé, en août 1870, par
d'Hérisson François-Joseph-Hippolyte-Alfred (ancien conseiller de préfecture).

Lieutenant

Ziegler Emile, nomination du 30 juillet 1870.

Sous-lieutenants

Kœchlin Jules-Camille-Daniel, nomination du 22 juillet 1870, passe pour son grade à la 5ᵉ compagnie,
remplacé par
Chalet Jacques-François, nomination du 1ᵉʳ novembre 1870, ancien sergent-major à la compagnie, promu lieutenant à la 3ᵉ compagnie, le 4 décembre 1870,
remplacé par
Brigué Auguste, ancien sergent-major à la 1ʳᵉ compagnie.

Sergents-majors

Chalet Jacques-François, promu sous-lieutenant à la 2ᵉ compagnie, le 1ᵉʳ novembre 1870,
remplacé par
Bertsch Jean-Michel-Auguste, promu sous-lieutenant à la 6ᵉ compagnie, le 4 décembre 1870,
remplacé par
Bourcart Rodolphe, ancien sergent-fourrier à la 7ᵉ compagnie.

Sergents-fourriers

BERTSCH François-Joseph,
> tombe malade et est remplacé, le 4 décembre 1870, par

FOURNIER Michel, ancien caporal à la 3e compagnie.

Sergents

Führer Henri
> sergent-instructeur, venu de la 3e compagnie par permutation, blessé à Beaune

Frittig André
> venu de la 3e compagnie par permutation, blessé à Beaune et amputé

Gull Eugène
> du 1er novembre 1870, ancien caporal à la 1re compagnie

Hættich André-Philippe
> du 29 octobre 1870

Meyer Constant

Chevalier François-Pierre
> du 5 janvier 1871, ancien caporal à la compagnie

Marckert Jean-Jacques
> du 26 octobre 1870

Mertz Ignace-Emile

Meyer Emile

Picquet Alfred-François-Xavier
> du 5 janvier 1871

Redelin Léon

Tritsch Alphonse-Aloïse

Vogel Norbert

Wettel Louis, caporal-armurier,
> blessé à Beaune

Caporaux

Boltz Jules
> du 17 novembre 1870

Bucher Charles
> du 1er novembre 1870

Burgardt Joseph
> du 1er novembre 1870

Gigé Emile
> du 5 janvier 1871

Lang Jean-Baptiste
> du 5 janvier 1871

Soldats

Adam Joseph

Antony Joseph

Ast Célestin-Adolphe

Belot Jean-Baptiste

Bihr Hubert

Bihr Isidore

Bihr Joseph-Hugues

Bilger Férréol

Biondé Jean-Pierre

Birling Joseph

Bœtsch Jean

Bœtsch Victor-Xavier

Braun Vincent
Brogly Joseph
Bruder Ferdinand
Dietrich Adolphe, *vague-mestre*
Enderlin Jean-Baptiste
Engel Ferdinand
Fasnacht André
Fischer Laurent
Foos Pierre
Fourch Chrysostôme, *ordonnance du colonel*
Fritsch Arbogast
Geisser François-Charles
Gillming Jacques
Ginder Martin
Gœpfert Charles
Gœtz Sébastien
Graff Jean-Baptiste
Grodwohl Joseph
Harnist Thiébaut
Hartmann Joseph
Heitz Hippolyte
Hertzog Léon
Hodino Jean
Hœfferlin Ignace-David
Hoffschirr Louis, *clairon*
Holtzer Emile
Holtzer Eugène
Hudler Joseph

Hurst Xavier
blessé à Beaune
Hüssler Auguste
Hüssler Sébastien-Eugène
Kelbel Antoine
Kittler Ferdinand
Kittler Xavier
Kleinhans Théodore
Kotting Pierre
Kuntz François-Xavier
blessé à Beaune
Landwerlin Aloïse
Landwerlin Ambroise
Lang Charles
Lang Ignace
Mensch Sébastien
Metzger François-Antoine
Metzger Laurent
Meyer Edouard
Meyer Georges
Meyer Joseph
Meyer Marie-Constant
Muller Emile-Auguste
Muller Eugène
Münch Grégoire
Münch Joseph-Morand
Müsslin Albert-Etienne
Neff Jacques
blessé à Beaune
Neyer Aloïse, *ordonnance du capitaine*

Obrecht Ivan, *attaché au service du médecin-major*
Onimus Antoine
Onimus Joseph
Perret Charles
Peter Emile
Portmann Joseph
Rack Victor
Redelin Anselme
Reymann Jean-Baptiste
Richart Joseph
Richert Georges
Riedweg Auguste
Riegert François-Pierre
Riegert Louis
Rohrer Pierre
Ronfort Camille
Rueb Alphonse
Sauvageot Albert, *ordonnance du commandant*
Schedelin Joseph
Schmerber Jean-Jacques
Schmitt Philippe-Eugène
Schwob Maurice, *clairon*
Staub Léon-Maurice
blessé à Beaune
Süssenthaler Jacques-Armand
Teiler Augustin
Thuillier Vincent
Ullmann Gaspard
Untersée Jean
Uricher Charles
Vœgtlin Alexandre
Vogel Patrice
Wagner Joseph
Weber Georges
Weber Richard
Wentzinger Georges-Antoine
Widemann Aloïse
Widemann Ambroise
Winter Gaspard

Hommes affectés à cette compagnie sur le Contrôle du recrutement

mais versés sans doute dans d'autres unités au cours de la campagne

Ackermann Antoine
Antony Jacques
Bihr Edouard
Biringer Louis
Bœg Joseph
Bœglin Sébastien
Bœtsch Ferdinand-Xavier
Bruder Antoine
During Albert
Escher Emile
Fischesser Zéno
Flugister Ferdinand
Geiger Jean-Claude
Gerthoffer Antoine
Hiry Jean-Baptiste
Hueber Jules
Karm Xavier
Kittler Camille
Litschgy François-Antoine
Mathis Joseph
Mengel Albin-Victor
Mensch Eugène
Mensch Léon
Mentzer Louis
Meyer Alfred
Meyer Etienne
Meyer Eugène
Moger Joseph
Muller Charles
Muller Conrad
Muller François-Antoine
Müsslin Albert-Alphonse
Müsslin François-Xavier
Mussigmann Michel
Neyer Edouard
Rudolf Henri-Joseph
Schmitt Xavier
Schwertz Eugène
Schwertz François
Senn François-Louis

Senn Sébastien
Thirion Emile
Thuet Séraphin
Tritsch Arbogast
Tritsch Edouard
Vest Aloïse

Widemann Antoine
Widemann Joseph
Widemann Sébastien
Wolff Antoine-Marie-Alphonse

4ᵉ Bataillon de la Mobile du Haut-Rhin (3ᵉ Compagnie) Pl. 15

LÉON KALTENBACH, capitaine.

J.-F. CHALET, lieutenant.

J.-M. WESPISER, sous-lieutenant.

FRÉD. KALTENBACH, sergent-major.

3ᵉ COMPAGNIE

Capitaines

DESGEORGE Jean, nomination du 20 juillet 1870,
    remplacé, le 1ᵉʳ octobre 1870, par
KALTENBACH Léon (ancien sous-officier de spahis), d'abord capitaine à la 7ᵉ compagnie, nomination du 24 avril 1869.

Lieutenants

PAGNARD Joseph, nomination du 19 juillet 1870, promu, le 19 août 1870, lieutenant du génie,
    remplacé par
BLECH René, nomination du 21 août 1870,
    tombé malade et remplacé, le 4 décembre 1870, par
CHALET Jacques-François, ancien sergent-major à la 2ᵉ compagnie et sous-lieutenant à ladite compagnie.

Sous-lieutenant

WESPISER Joseph-Martin, nomination du 19 juillet 1870.

Sergents-majors

BERTSCH Auguste, promu, le 4 décembre 1870, sous-lieutenant à la 6ᵉ compagnie,
    remplacé par
MAURER Isidore, promu, le 4 décembre 1870, sous-lieutenant à la 7ᵉ compagnie,
    remplacé par
KALTENBACH Frédéric, ancien sergent à la 7ᵉ compagnie.

Sergent-fourrier

MULLER Georges.

Sergents

Engel Gustave
   blessé à Beaune
Fischer Aloïse
Frey Louis-Pierre
   du 1er novembre 1870
Ley Joseph-Emile
Petermann
Schwechler Gervais
Seiler Georges - Martin - Edouard
   du 5 janvier 1871, ancien caporal à la compagnie

Caporaux

Bœglin, Philippe-Jacques
Debrand-Passard Auguste-Albert
   du 1er novembre 1870
Dietrich Joseph-Prosper
Haby Louis
Hartzer Georges
   du 1er novembre 1870
Haubtmann Célestin
Haug Armand
Kessler Victor
   du 5 janvier 1871
Ladague Clément-Jean-Baptiste
Meyer Jacques
Meyer Jean-Baptiste
   du 5 janvier 1871

Soldats

Bauer Aloïse
Bauer Joseph
Bingler Jean de Thiébaut
Bittel Georges
Bœglin Dominique
Bœglin Willibald
Bœtsch Antoine
Bourgeois Charles-Albert
Coulon Pierre-Joseph
   blessé à Beaune
Dangel Mathias
Desserich Antoine
Desserich Antoine-Jérôme
Dietsch Grégoire-Xavier
Dilger Nicolas
Ebersol Victor
Erhart Alphonse
Erhart Grégoire
Estermann Antoine
Estermann Joseph
Farine Michel
Forestier Joseph
Franck Achille
Frantz François-Joseph
Frigart Joseph de Philippe
Frœhly Joseph
Fuchs Jean
Fuchs Léonard
Gillming Chrétien

Groskopf Ambroise
Groskopf Pierre
   blessé à Beaune
Gutzwiller Clément
Haas Léon
Hartmann Jérôme
Hassler Blaise-Jacques
Hassler Laurent
Heitz Charles
Helgen Charles
Helgen Joseph
Helgen Sébastien-Emile
Heller Jean-Jacques
Hittenschmidt Jean-Baptiste
Hittenschmidt Jacques
Jæck François-Joseph
Juncker Joseph
Kannengieser Antoine
Kelbert Jean
Keller Laurent
Keller Louis
Kern Georges
Kettenlin Eugène
Kirchherr Jean
Kirchhoff Edouard
Kœlbert Emile
   blessé à Beaune
Kohler Pierre
Lang Jacques
Lienhardt Jérôme

Lienhart Paul
Lindemann Charles
Lussy Joseph
Mackerer Joseph
Meisterlin Jean-Baptiste
Meyer Ambroise
Meyer Denis
Meyer Joseph
Muller Louis-David
Muller Conrad
Neff Léonard
Papirer Jean-Chrysostôme
Pflimlin Emile
Pflimlin Joseph
Roll François-Joseph
Rotzinger Joseph
Rouillot Eugène
Schlæflin Louis-Emile
Schlienger Louis-Philippe
Schmerber Albert
Schmidlin Alphonse
Schmitt Jacques
Schmitt Jacques
Schweblen François-Joseph
Schweitzer Jean-Baptiste
Schweitzer Martin
Seng Antoine-André
Seng Dagobert
Seng Napoléon
Specker Jean-Baptiste

Stœssel Grégoire
Tschamber Ignace
Weber François-Antoine
Weingand Emile, *clairon*
Wersinger Pierre

West Aloïse
Wiedmann Camille
Wittmer Léger
Zinninger Jean

Hommes affectés à cette compagnie sur le Contrôle du recrutement

mais versés sans doute dans d'autres unités au cours de la campagne

Bacher Jacques
Baumann Jacques
Bergmann Henri
Bilger Jean-Georges
Bingler Georges
Boetsch Jean dit Jean-Pierre
Braun Marc
Brodbeck François
Broglin François-Joseph
Broglin Christophe
Bruetschi Jean-Georges

Brunner Jean-Floris
Buhl Morand
Burget Laurent
Burner François-Joseph
Debrut Paul-Nicolas
Diener Morand
Dietschy André
Diss Martin
Dreyfus Achille-Benoît
Dreyfus Isaac
Dreyfus Isaac-Emile

Dreyfus Nathan
Dreyfus Salomon
Dubs Bernard
Ehrard Bernard-Joseph
Fischer Joseph
Fuchs François-Joseph
Fuchs Jean-Thiébaut
Ginder Pierre
Gintzbourger Léopold
Hartmann François
Hartmann François-Joseph
Hassler Etienne
Hassler Morand
Hassler Pierre
Helbert Jean
Hell Antoine
Henny Morand
Hoffmann Henri
Jund Henri
Kahn Joseph
Karlen Jean-Georges
Keiflin Charles
Kohler Sébastien
Kieny André
Kirchhoffer Georges
Koenig Louis-David
Kohler Antoine
Lamy Pierre
Lang Abraham
Lang Henri-Jean-Baptiste

Lang Pierre
Lehmann Hippolyte
Martin Joseph
Meyer François-Remi
Meyer Nicolas
Moser Auguste
Muk Jean
Muller Chrétien
Muller Jean-Baptiste
Naas Nicolas
Ott Jean-Baptiste
Ongelet Jean-Jacques-Louis
Rapp André
Rapp Pierre
Rhein Marc
Richard Joseph
Riedlinger Georges
Sax Michel
Schaller Michel
Scherrer Emile
Schmidlin Jérôme
Schneider Joseph
Schrameck Jacques
Seckinger Antoine
Six Louis-Vincent
Six Joseph
Specker Jean-Georges-Marie
Strittmacher François-Antoine
Tschamber Grégoire

Tschill Etienne-Laurent
Tschill Jean
Wahl Salomon
Weber Georges

Weiss Héliodore
Wespiser Jean
Wilhelm Etienne
Wilhelm Jules

4e Bataillon de la Mobile du Haut-Rhin (4e Compagnie)

FRÉD.-ALBERT AUDRAN, capitaine.

EUGÈNE MORITZ, lieutenant.

JULES MARCHAL, sous-lieutenant.

EMILE GLUCK, sergent-major.

4e COMPAGNIE

Capitaine

Audran Frédéric-Albert (ancien officier d'infanterie), nomination du 24 avril 1869.

Lieutenants

Ronfort Célestin-Adolphe, nomination du 19 juillet 1870,
   démissionnaire, remplacé par
Moritz Eugène, nomination du 23 août 1870, auparavant sous-lieutenant à la compagnie.

Sous-lieutenants

Moritz Eugène, nomination du 19 juillet 1870, promu lieutenant à la compagnie, le 23 août 1870,
   remplacé par
Grzybowsky Georges-Joseph, nomination du 18 août 1870, promu capitaine d'état-major, le 21 août 1870,
   remplacé par
Audran Paul, nomination du 21 août 1870, promu lieutenant à la 6e compagnie,
   remplacé, le 4 décembre 1870, par
Marchal Jules-Fernand-Ernest, ancien sergent-major à la compagnie.

Sergents-majors

Marchal Jules-Fernand-Ernest, promu sous-lieutenant à la compagnie,
   remplacé par
Gluck Émile, le 4 décembre 1870, ancien sergent-fourrier à la compagnie.

Sergents-fourriers

GLUCK Emile, nommé sergent-major à la compagnie,
> remplacé par

RACINE Eugène, le 4 décembre 1870, ancien caporal à la compagnie.

Sergents

Brodtbeck Joseph
> du 5 janvier 1871, auparavant caporal à la compagnie

Dollenmaier Oscar

Fallot Charles-Camille
> du 1er novembre 1870

Meyer Albert

Monod Emile
> blessé à Beaune

Notter Alfred
> du 5 janvier 1870, ancien caporal à la compagnie

Caporaux

Baldeck Pierre

Gerber Ignace
> du 5 janvier 1871

Jeltsch Marie-Augustin

Kirchhoff Edouard-Alexandre

Racine Eugène
> nommé sergent-fourrier à la compagnie, le 4 décembre 1870

Rueff Lehmann

Stierling Emile
> du 1er novembre 1870

Weyer Aloïse
> du 5 janvier 1871

Winter Louis
> du 5 août 1870

Wurthlin Xavier

Soldats

Andrés Emile

Auer Charles

Bader Emile de Joseph

Bader Joseph

Bader Symphorien

Bauer Emile

Bauer Paul

Baumann Charles

Bay Joseph

Béha Ulrich

Bender Jean

Berner Aloïse

Bielmann Gabriel-Victor

Bindler Jean

Birgy Jean

Bischoff Jean-Baptiste
Blum Jean
Bochelen Joseph
Boltz Aloïse
Braun Jacques
Brendlen Henri-Joseph, *fanfare*
Buecher Albert
Burckholzer Louis
Burville Charles
Claden Norbert
Clauss Ignace, *fanfare*
Demmer François-Antoine
Devergranne Adolphe-René
Dietschy Jean, *clairon*
Drexler Joseph
Fellmann Charles
Finck Chrysostôme
Foltzer Léon
    fait prisonnier à Beaune
Fries Charles
Fries Sébastien, *fanfare*
Frig Antoine
Fritsch Gaspard
Fromageat Joseph-Auguste
Fromm Jean-Baptiste
Fuchs Ignace
Gæng Martin
    blessé à Beaune
Gressard Georges-Frédéric

Grieneisen Joseph
Grumbach Moïse
Habersetzer Antoine
Hægelen Alphonse, *fanfare*
Hænlé Léon-Georges
Haller Pierre
Hanser Bernard
Heiny Eugène, *fanfare*
Higelin Joseph-Pierre
Hinterholzer Jules
Hoffschirr Louis-Aimable
Hollænder François
Hubschwerlin François-Xavier
Jelger Joseph
Jenny Laurent
Juncker Joseph
Jundt Charles
Kay Antoine
Keck Frédéric, *fanfare*
Kehl Emile
Kieny Alphonse
Knecht Jacques
Kohler Edouard
Kohler Victor
Krafft Vincent
Lavallée Georges-Sylvain
Leh Louis
Lichtensteiger André
Literer Joseph-Auguste

Litolff Aloïse
Litolff Edouard
Ludwig Charles
Mandry Joseph
Marbach Alphonse
Martin Jean-Thiébaut
Megel Michel, *fanfare*
Meunier Joseph-Emile, *fan-fare*
Meyer Jean-Morand
Meyer Romain
Misner Jean-Baptiste
Munck Charles
Mutschler Léon
Noullet Jean
Ostertag Dominique-Gustave
Papirer François-Joseph
Papirer Jean-Paul
Perrin Auguste
Preyssler Théodore
Rapolt Joseph
Reyl François-Antoine

Richard Bernard
Rœsch Ignace
Rœsslin Emile
Ruedolf Jacques
Rust Emile
Schaffner Nicolas
Schlienger Laurent
Schmeiser Emile
Schmitt Léonard
Schuppert Henri-Auguste
Simon Charles-Claude
Stier Edouard-Laurent
Tischmacher François de Jean
Vallon Joseph-Emile
Vincent Jean-Fréd.-Amédée-Paul
Weber Joseph
Weiss Charles
Wiedenkeller Jacques
Wirth Jean-Baptiste
Zurbach Eugène

Hommes affectés à cette compagnie sur le Contrôle du recrutement

mais versés sans doute dans d'autres unités au cours de la campagne

---

Ast Armand
Baldeck Léonard
Bernheim Raphaël
Bertrand Henri-Charles
Bigenwald Paul
Brandenberger Camille
Brun François-Antoine
Conrad Jacques
Drexler Antoine
Duscher Frédéric
End Grégoire-Jean
Geiller Sébastien
Gerber Ignace
Haas Alphonse
Haas Jacques-Isidore
Heck Frédéric
Hermann Henri
Hoffmann Jean
Keiflin Xavier
Klein Achille
Knecht Thiébaut
Kuster Jacques
Lauter Augustin
Meyer Joseph
Misslin Sébastien
Muller Gaspard
Oswalt François-Antoine
Papirer Jean-Chrysostome
Rauch Aloïse-Joseph
Schirch Appolinaire
Schmitt Albert
Schmitt Aloïse
Schwager François-Antoine
Settelen Aloïse
Spiess Jean
Steffan Albert

Stoll Sébastien	Waelterlé Jules-Vincent
Sutter Jean-Baptiste	Wiedmaier Eugène
Taglang Emile	Wurth Alexandre-Gustave
Voisin Thierry	Zimmermann Chrétien

4ᵉ Bataillon de la Mobile du Haut-Rhin (5ᵉ Compagnie) — Pl. 17

HENRI SANDHERR, capitaine.

HENRI-D. PENOT, lieutenant.

CHARLES WEISS, sous-lieutenant.   AD. BEINERT, sergent-major.

5e COMPAGNIE

Capitaines

OTTMANN François-Joseph-Louis (ancien officier de place de Strasbourg), nomination du 24 avril 1869, fait fonctions de capitaine adjudant-major, puis passe pour son grade à la 8e compagnie, le 1er octobre 1870,
remplacé par
SANDHERR Henri, capitaine, venant de la 8e compagnie.

Lieutenants

KOECHLIN Rodolphe, nomination du 22 juillet 1870, promu capitaine en second du génie, le 19 août 1870,
remplacé par
PENOT Denis-Henri, auparavant sous-lieutenant à la même compagnie (*officier d'ordonnance du général Vivenot à la date du 3 octobre 1870*).

Sous-lieutenants

PENOT Denis-Henri, nomination du 19 juillet 1870, promu lieutenant à la même compagnie, le 19 août 1870,
remplacé par
VAURS, nomination du 21 août 1870, passe pour son grade à la 8e compagnie, le 1er octobre 1870,
remplacé par
KOECHLIN, Jules-Camille-Daniel, sous-lieutenant à la 2e compagnie, promu lieutenant à la 7e compagnie, le 4 décembre 1870,
remplacé par
WEISS Charles, auparavant sergent-major à la compagnie.

Sergents-majors

WEISS Charles, venu pour son grade de la 8ᵉ compagnie, le 1ᵉʳ octobre 1870, promu sous-lieutenant, le 4 déc. 1870,
_{remplacé par}

BEINERT Frédéric-Adolphe, ancien sergent-fourrier à la compagnie.

Sergents-fourriers

BEINERT Frédéric-Adolphe, nommé sergent-major, le 4 décembre 1870.
_{remplacé par}

CUNTZ Charles-Louis, le 4 décembre 1870.

Sergents

Baudinot Jérôme-Alfred
Bloch Alfred
_{du 1ᵉʳ novembre 1870, ancien caporal à la 6ᵉ compagnie}
Frey Eugène
Wurm Louis
Gatty Emile-Ferdinand
Gauckler Charles-Henri
_{du 1ᵉʳ novembre 1870}
Haumesser Rodolphe
_{du 1ᵉʳ novembre 1870}
Wissler Antoine
_{du 1ᵉʳ novembre 1870, blessé à Beaune}

Caporaux

Allgeyer Charles-Emile
Amann Alf.-Emile
_{du 5 janvier 1871}
Bieselin Charles-Frédéric
Endinger Josué-Henry
Engelbach Jules
_{du 1ᵉʳ novembre 1870, blessé à Beaune}

Soldats

Ambacher Camille
Ambs Jacques
Asimus Jean
Bader Alphonse
Bicking Jean-Jacques-Gustave, *armurier*

Binder Charles-Frédéric
Braun Anselme
Braun Georges
Brunner Alexandre
Brunner Jacques-Joseph
Bumann Ulrich-Vincent
Burner Jules
Christ Eugène
Cron Charles
Deck François-Joseph
Drumm Chrétien-Frédéric
Duss Joseph
End Jules-Joseph, *clairon*
Ernst Jacques
Fieg Antoine
Filbert Albert-Eugène
Fleck Thiébaut
Franck Albert-Joseph
Freund François-Joseph
Fritsch Alfred
Fuchs Jean-Thiébaut
Gæng Martin
Gatty Gustave-Adolphe
Geissmann Simon
Girot Georges
Grasser Xavier, *clairon*
Hartmann Jules
Jost Philippe
Kauffmann Louis
Kempf Camille-Célestin

Kirschner Charles
Kirschner Joseph
Krieg Jean-Baptiste
Kritter Eugène
Kueny Jean-Charles
Lambert Eugène
Lauthe Charles-Jean
    tué à Beaune
Lejeune Joseph, *secrétaire*
    du général Vivenot
Lévy Eugène
Lienhart Louis-Benoît
Lischer Auguste-Théodore
Lorach Elias
Lothammer Jacques
Lutz Eugène
Maillard Emile
Maillard Henri
Mang Jean-Claude-Jacques
May Xavier, *fanfare*
Menius Martin
Meyer Aloïse
Meyer Emile
Muller Nicolas-Edouard
Nægeli Jean
Notter Emile
Pecker Eugène
Pfeiffer Charles
Schæffer Jacques
Schlachter Charles

Schultz Frédéric-Nicolas
Spitz Charles
Umdenstock Jean-Jacques

Wadel Prosper, *clairon*
Weber Joseph

Hommes affectés à cette compagnie sur le Contrôle du recrutement

mais versés sans doute dans d'autres unités au cours de la campagne

Amann Jean-Jacques
Amsler Charles
Auer Jean
Barth Etienne
Bauer François-Xavier-Henri
Benner Georges-Gustave
Benner Henry
Berger Charles
Bernhard Louis
Bernheim Jules
Beuret Eugène

Birringer Ernest
Blech François-Antoine
Bleyer Edouard-Antoine-Félix
Boehringer Jean-Gothulf
Boissier Louis
Bootz Joseph-Philippe
Brandt Henry
Brunner Jules-Edouard
Cellerin Edouard
Cellerin Emile-Alphonse
Châtel Charles-Frédéric

Chipaux Jean-Baptiste-Célestin
Christmann Jules
Coulon Frédéric-Eugène
Debard Eugène-Frédéric
Debrand Charles-Albert
Deck Emile
Diener Jacques
Dirr Henri
Dietlin Etienne-Hercule-Samson
Dormois Jules
Dreyfus Paul-Julien
Dürr Jean-Albert
Favre Henri-Léon
Favrey Charles
Fehling Emile
Fix Thiébaut
Fleck Alphonse
Fleck Charles
Forster Xavier
Frey Edouard
Frey Eugène
Gerber Jacques-Charles
Gollé Emile
Gruner Frédéric-Guillaume
Gugenheim Joseph-Saül
Gullong Emile
Haas Sylvain
Hanhart Jacques

Hartmann Jean-Frédéric
Hell François-de-Sales
Hugelin Jean-Georges
Huser Charles
Jean-Perrin Alfred-Edouard
Jung Emile
Koechlin Samuel
Kuen Eugène
Kupferschmidt Aloïse
Legros Marie-Joseph-Henri
Lentz Henri-Albert
Leonhard Adolphe
Lissmann Emile
Lupfer Charles-Frédéric
Marchand Arthur
Meisterhans Adolphe
Mistler Jacques
Noninger Guillaume
Rieter Jean-Baptiste-Xavier-Joseph
Rosier Alexis
Ruetsch Marc
Rusterholtz Nicolas
Schaaf Louis-Emile
Schneider Emile-Ernest
Schreiber Ernest
Schwob Saül
Sellet Emile
Steffan Emile
Strub Louis

Wahl Théophile de Baruch
Wahl Théophile de François-
   Joseph
Wehekind Edmond
Weill Gustave
Weill Justin

Weiss Gustave
Witté Jean-Edouard
Woehrlin Jean-Jacques
Wyss Albert
Zislin Charles-Henri
Zweigard Frédéric

4ᵉ Bataillon de la Mobile du Haut-Rhin (6ᵉ Compagnie) — Pl. 18

GUST. WENINGER, capitaine.

PAUL AUDRAN, lieutenant.

AUG. BERTSCH, sous-lieutenant.

CH. DE HAUSEN, sergent-major.

6ᵉ COMPAGNIE

Capitaines

STEIMER Joseph, nomination du 24 avril 1869, nommé officier de place à Lyon, le 4 décembre 1870
<small>remplacé par</small>
WENINGER Gustave, auparavant lieutenant à la même compagnie.

Lieutenants

WENINGER Gustave, nomination du 19 juillet 1870, promu capitaine à la même compagnie, le 4 décembre 1870,
<small>remplacé par</small>
AUDRAN Paul, auparavant sous-lieutenant à la 4ᵉ compagnie.

Sous-lieutenants

HAFFA Eugène, nomination du 19 juillet 1870,
<small>démissionnaire, remplacé par</small>
SERRÈS Ernest-Alfred-Jean, nomination du 19 juillet 1870, promu lieutenant à la 1ʳᵉ compagnie du 1ᵉʳ bataillon, le 4 décembre 1870,
<small>remplacé par</small>
BERTSCH Jean-Michel-Auguste, ancien sergent-major à la 3ᵉ compagnie.

Sergents-majors

HAUSSEN (DE) François-Charles-Antoine,
<small>tombé malade et remplacé par</small>
PFLIMLIN Jean-Baptiste, en novembre 1870, ancien sergent-fourrier à la compagnie.

Sergents-fourriers

PFLIMLIN Jean-Baptiste, nommé sergent-major à la compagnie, en novembre 1870,
>remplacé, le 4 décembre 1870, par

WILD Jean-Jacques-Eugène, ancien caporal-fourrier à la compagnie.

Sergents

Gulligag

Hæfelé Sébastien
>du 5 janvier 1871, ancien caporal à la compagnie

Hammes Jacques-Auguste

Kœchlin Emile
>sergent-vaguemestre, du 3 août 1870

Meyer Oscar-Emile
>tombé malade, remplacé par Vogt Eugène

Schmerber Emile

Vogt Eugène-Hippolyte
>du 5 janvier 1871, ancien caporal à la compagnie

Caporaux

Amsler Emile-Théodore

Kessler Jean-Chrysostôme
>du 1ᵉʳ novembre 1870

Kopp Aloïse

Moser Georges-Joseph
>du 1ᵉʳ novembre 1870

Rein Salomon

Rieter Louis-Eugène
>du 1ᵉʳ novembre 1870

Schlienger Hubert
>du 5 janvier 1871

Steiger Elie

Wogenscky Gustave

Soldats

Adam

Arnold François-Antoine

Babo Auguste

Baumann Jean-Henri
>blessé à Beaune

Baumgartner Daniel

Bigenwald Antoine

Bischoff Jean-Baptiste

Bohler Ulrich

Bohn Georges-Frédéric

Boltz Alphonse

Bourgeois Charles-Alfred

Bringel Joseph

Brunner Jean-Jacques
Camus Jacques
    blessé à Beaune
Chauvin Frédéric
Colin Auguste
Dally Jules
Denninger Jean
Deubel François-Antoine
Dietrich Philippe
Dreyfus Edmond
Fischer Emile
Fischer Georges
Franck Jules
Frey Jean-Henri
Frey Martin
Gangloff Joseph
Greder Joseph
Grodwohl Narcisse
Halm Louis
Hartmann Charles
Heintz Eugène-Pierre
Hemmerlé Théodore
Hérold Louis-Adam
Hinterer Ignace
Hinterer Jean-Chrysostôme
Hohl Alexandre
Holtzschuh Charles
Huck Jean
Humbert Pierre
Ilg Emile

Jeanblanc Delphin-Ferdinand
Kaupp Laurent
Keller Albert
Kern Joseph
Kessler
Kielwasser Auguste
Killinger Joseph
Kirchhoff Joseph-Alexandre
Kirry Théodore
Klein Laurent
Kleinhans Jacques
Klinzig Georges
Krebs Louis-Philippe
Kummerly Jean-Baptiste
Kummerly Jean-Baptiste-Dagobert
Lehr Pierre
Lentz Xavier-Auguste
Lienemann Michel-Louis-Auguste, *chef de la fanfare*
Lorach Léopold
Mansbendel Charles-Frédéric, *fanfare*
Maurer Jean-Henry
Meyer Jacques
Meyer Louis-Antoine
Mougin Dècle-Emile
Munsch Alfred

Nigg Mathias-Bernard
Peter Louis-Jacques
Rehm Louis-Guillaume
Reiser Alfred
Remy Alfred-Edouard-Scipion
Renner Jean-Georges
Ritter Joseph-Léon
Rouché Eugène
Saga Jean
Scheidecker Gustave-Joseph
Scherrer Charles
Schlosser Joseph
Schmitt Gustave-Henri
Schneckenburger Louis
Seidelmann Camille
Seither Edouard

Sieben Antoine-Jules
Stehelin Célestin
Thomas Emile
Tourtallier Louis
Wagner Emile
Weber Aloïse
Weiss Jean, *clairon*
Wexler Michel
Wilhelm Emile
Wittmann Aloïse
Wittmann Bernard
Wolff Charles
Zæpfel Charles
Zahm Jacques, *fanfare*
Zill Emile
Zinck Eugène
Zollinger Jules

Hommes affectés à cette compagnie sur le Contrôle du recrutement

mais versés sans doute dans d'autres unités au cours de la campagne

---

Baltzer Edouard
Bieller Jean-Jacques
Bloch Alphonse
Boulanger Georges
Buchmann Robert-Frédéric
Desforges Alphonse-Etienne
Franck Georges-David
Furgine Edouard
Gintzburger Abraham
Haxaire Ernest-Alphonse
Helmer Jules
Hermann Emile
Holder Joseph-Emile
Holtzschul Jean-Chrétien
Jacquat Constant-Prosper
Joly Charles-Jacques
Juncker Jean-Joseph
Kappler Joseph
Kaufmann Charles
Kibert Charles-Emile
Koesler Jean-Baptiste
Kummle Emile

Lang Bourcart
Leinenweber Emile
Lévy Elie
Lévy Emile
Maisch Edouard-Charles-Adolphe
Maurice Jules
Mercklen Marie-Joseph-Eugène
Montandon Joseph-Alfred
Monnier Emile-Antoine
Moriceau Henri-Alphonse
Noullet Jacques
Nowack Jacques
Petitjean Albert-Jacques-Luc
Poirier Alexandre
Rack Jacques-Michel
Rack Joseph-Georges
Renner Emile
Renner Jules
Richert Camille

Risler Auguste
Roehlin Emile-Isidore
Roth Alfred-Martin-Joseph
Ruef Léopold de Jacques
Rueff Georges-Michel
Schenck Ferdinand
Schillinger Victor
Schivre Georges-Gustave-
  Henri
Schmitt Charles-Joseph
Schwertz Frédéric
Schneider Jules-Alfred
Schwob Samuel
Steffner Alfred-Philippe

Stierling Jean
Sutter Jules
Thaler Georges-Louis
Thesmar Théodore-Lucien
Vuillemin Emile-Alexis
Wahl Emmanuel
Wahl Félix
Wallach Edouard
Waller Eugène
Weiss Albert
Wirtz Jules-Camille
Willig Michel-Eugène
Zetter Alphonse
Zindel Camille-Jules-Oscar

4e Bataillon de la Mobile du Haut-Rhin (7e Compagnie) — Pl. 19

ALFRED ENGEL, capitaine.

DANIEL KOECHLIN, lieutenant.

J. MAURER, sous-lieutenant.
Prisonnier en Allemagne.

OSCAR WALTHER, sergent-major.

7e COMPAGNIE

Capitaines

Kaltenbach Léon, nomination du 24 avril 1869, passa pour son grade à la 3e compagnie, le 1er octobre 1870,
<small>remplacé par</small>
Engel Alfred, nomination du 28 septembre 1870, auparavant lieutenant à la compagnie.

Lieutenants

Montès Emile, nomination du 19 juillet 1870,
<small>démissionnaire, remplacé par</small>
Engel Alfred, nomination du 22 juillet 1870, promu capitaine à la même compagnie, le 28 septembre 1870,
Bourry Jean-Guillaume, auparavant sous-lieutenant à la compagnie,
<small>tombe malade, et est remplacé, le 4 décembre 1870, par</small>
Kœchlin-J.-C.-Daniel, auparavant sous-lieutenant à la 5e compagnie.

Sous-lieutenants

Bourry Jean-Guillaume, nomination du 19 juillet 1870, promu lieutenant à la même compagnie, le 1er octobre 1870,
<small>remplacé par</small>
Aberlen Albert, auparavant adjudant, nommé officier-payeur, puis promu lieutenant à la 1re compagnie, le 4 décembre 1870,
<small>remplacé par</small>
Maurer Isidore, ancien sergent-major à la 3e compagnie.

Sergents-majors

SCHWARTZ Charles, promu sous-lieutenant officier-payeur, le 4 décembre 1870,
<small>remplacé, dès le 1er novembre 1870, par</small>
WALTHER Oscar-Charles-Auguste, auparavant sergent à la compagnie.

Sergents-fourriers

BOURCART Rodolphe, du 1er novembre 1870, nommé sergent-major à la 2e compagnie, le 4 décembre 1870,
<small>remplacé par</small>
BLIND Jules, ancien caporal-fourrier à la 6e compagnie.

Sergents

Benoin Jean-Baptiste
<small>du 1er novembre 1870, ancien caporal à la 3e compagnie</small>

Chalet Eugène
<small>du 5 janvier 1871, ancien caporal à la compagnie</small>

Kaltenbach Frédéric
<small>nommé serg^t-major à la 3e compagnie, le 4 décembre 1870</small>

Keller Jean-Baptiste

Kræmer Antoine

Rehm Eugène

Walther Oscar-Charles-Aug.
<small>du 21 octobre 1870, nommé sergent-major le 1er nov. 1870</small>

Zwinger Jean

Caporaux

Adlung Jean-Baptiste-Ernest

Ast Camille
<small>du 1er novembre 1870</small>

Bourquart Edouard
<small>du 19 octobre 1870</small>

Dietmann Jacques
<small>du 19 octobre 1870</small>

Fœrderer Paul-Gustave
<small>du 5 janvier 1871</small>

Goldschmidt Samuel

Kœchlin Oscar-Edouard
<small>du 5 janvier 1871</small>

Muller Alphonse

Renner Charles, *caporal-clairon*

Schlienger Charles-Eustache
   du 1er novembre 1870
Schlumberger Jean
Zobrist Joseph

Soldats

Ast Louis-Arthur
Augsburger Morand
Bailly Achille-Tiburca-
   Théophile
Bantz Charles
Bantz Jean-Camille
Baumgartner Théophile-
   Faustin
Berbeth Jérôme
Berger Albert
Bernhart Albert
Bersauter Aloïse-Jean-Bap-
   tiste
Bertero Jean
Betz Jean
Beuglet Eugène-André
Bœttcher Jean-Henry-Emile
   fanfare
Boithiot Sébastien-Louis
Brandenburger Ed[d], *fanfare*
Braun Vincent
Bruetschy Jean
Burgatt Henri
Burgy Eugène

Burrer Antoine
Busch Jean-Baptiste
Comte François-Xavier
Denninger Joseph
Deschler Jacques
Deyber Etienne
Didier Jean
Dietrich Auguste
Dietrich Dominique
Durwell Charles
Eisenzimmer Jean
Erimund Jean-Baptiste
Federlé Jean, *ordonnance du*
   capitaine
Fischer Jean
Fischesser Xavier
Frœhly Valentin
Futterer Emile
Gaschy François-Joseph
Gaudiot Emile
Gillming Pierre
Gnædinger Eugène-Ignace
Gœpfert Martin, dit Charles
Gœtschy Henri-Charles
Goldschmidt Benjamin
Goldschmidt Jules
Goldschmidt Rodolphe
Grumler Frédéric-Gustave
Haas Jean
Haas Joseph-Antoine-Aloïse

Halm Albert
Halm Jean-Emile
Hartmann Jean
Hilfiger Eugène
Himmelspach Eugène
Hitschler Henri
Hœcker Georges-Emile
Huber Sébastien
Huffschmidt Gaspard-Léon
Ilg Marie-Albert
Kannengieser Emile
Karm Emile
Kauffmann Fortuné
Kiehl Joseph
Kimmerli Albert, *ordonnance du commandant*
Kirchhoff Emile-Alphonse
Kittler Emile
Knauss Jean-Jacques
Knecht Jean-Nicolas
Kœchlin Ed.-Albert
Kræmer Pierre
Kuenemann Franç.-Joseph
Kuenemann Robert
Lamy Josué, *sous-chef de la fanfare*
Lauber G^{ges}-Victor, *fanfare*
Lazare Samuel
Leh Georges
Leichtnam Emile

Louis Jules
Meckler Martin
Meyer Antoine
Meyer Chrétien
Meyer Edouard-Justin
Meyer Joseph
Meyer Joseph-Côme
Moser Emile
Muller Aloïse
Muller Georges
Neyer Joseph
Nitz François-Joseph
Ottenat Henri-Frédéric
Pathé Louis-Jules-Armand
Perret Eugène
Picard Lazare
Reingspach Charles-Emanuel
Renck Jules
Rhein Auguste
Rittel Léon
Rittel Xavier
Rœssler Louis
Roggenmoser Emile
Rotzinger Joseph
Ruef Jacques
Ruesch Emile
Ruesch Jean-Baptiste
Ruest Joseph
Ruest Georges

Schaab Jacques
Schæffer Paul-Gust^{ve}-Emile
Schild Nicolas
Schlienger Jules
Schmitt Antoine
Schmitt Edouard
Schneider Joseph
Schœttli Jean
Schrepf François-Antoine
Schultz Aloïse-Eugène
Schultz François-Joseph
Schultz Humbert-Joseph, *fanfare*
Schultz Jean
Schultz Joseph-Albert
Schwartz Jean, *fanfare*
Spengler Frédéric
Staub Léonard-Hubert
Steffan Emile, *fanfare*
Steinbach Auguste
Stutz François-Joseph
Sutter Ignace
Sutter Simon
Thuet François-Xavier
Wald Michel
Wallach Simon
Walter Albert
Walter Jean-Abel
Weber Philippe-Ferdinand
Weill Borach
Zeyssolff Jacques-David
Zolg Georges
Zurcher Albert-Augustin

Hommes affectés à cette compagnie sur le Contrôle du recrutement

mais versés sans doute dans d'autres unités au cours de la campagne

---

Bader Joseph-Alphonse
Baschung Jean-Joseph
Bast Ferdinand
Bastian Michel
Bauer Thiébaut
Bertsch Jean-Georges
Birr Joseph
Blanc Edouard

Boll Alexandre-Simon
Bonnerat Félix
Buecher Paul
Burner Georges
Butz Emile
Drach Pierre
Faas Frédéric
Folck Jean
Fischer Jean
Fischer Joseph
Fitterer Martin
Garard Oscar
Geissmann Lazare
Geissmann Léopold
Gérardier Justin
Geyh Charles
Girardot Frédéric-
  Christophe
Gluck André-Armand
Glé Jean-Baptiste
Goldschmidt Abraham
Hartmann Jean
Hérold Jean
Hitter Laurent
Kappler Emile
Keppi Séraphin

Kirscher Antoine
Kniss François-Joseph
Kueny Charles-Xavier
Lambelet François-Xavier
Lang Ernest
Loubat Mamet
Metz Etienne
Meyer Albert
Muller Henri-Frédéric
Renck Charles
Rippas Eugène-Oscar
Roth Sébastien
Rupert Benjamin
Sauer Théodore
Schmitt Georges-Simon
Scholly David-Léon
Schultz Charles
Schwartz Jules
Spelty Charles-Napoléon
Szerlecki André-Alphonse
Thomas Sébastien
Vézinet Philippe
Werner Albert
Wettel Louis-Alexandre
Zix Joseph

4e Bataillon de la Mobile du Haut-Rhin   Pl. 20

F.-J.-LOUIS OTTMANN, capitaine
à la 8e compie (dépôt à Belfort).

JOSEPH STEINER, capitaine
à la 6e compie jusqu'au 4 déc. 1870.

G.-J. GRZYBOWSKI, capitaine d'état-major
(ancien sous-lieutenant à la 4e compagnie).

8e COMPAGNIE

Capitaines

SANDHERR Henri, nomination du 24 avril 1869, passe pour son grade à la 5e compagnie, le 1er octobre 1870,
   remplacé par le capitaine
OTTMANN François-Joseph-Louis, venant de ladite 5e compagnie.

Lieutenant

Baron JACQUINOT Charles-Maximilien-Auguste, nomination du 22 juillet 1870, détaché à l'état-major vers le 1er octobre 1870 et promu capitaine adjudant-major le 4 décembre 1870.

Sous-lieutenant

SERRÈS Ernest-Alfred-Jean, nomination du 19 juillet 1870, passe pour son grade à la 6e compagnie,
   remplacé, le 1er octobre 1870, par
VAURS, auparavant sous-lieutenant à la 5e compagnie, nomination du 21 août 1870.

Sergents-majors

WEISS Charles, passe pour son grade à la 5e compagnie, le 1er octobre 1870,
   remplacé par
PETIT, à la même date.

Sergent-fourrier

KARM Jacques.

Sergents

Kuentz
sergent-instructeur
Sellet Jean
Lengfelder Philippe
Dreyfus-Lantz Jules
Dreyfus-Lantz Jean-Lucien

Caporaux

Eckert Jean-Albert
Hirlé Jacques-Edouard
Schmidt
Sellet Edouard
Tischmacher Jean-Baptiste
Ulm Jean
Werner
Zimmermann Raymond
Zuber Edouard

Soldats

Albisser Landolin
Asfeld
Baumann Auguste
Bender Albert
Berg François-Alphonse
Berthold Joseph
Bloch Mathieu
Blum Simon
Bonhomme
Boog

Burner
Clément de Grandprey Léon
Daniel Gaspard
Dietrich Auguste
Fischer Joseph
Frey Léger
Fuchs Aloïse
Furling
Gaulin
Goldschmidt Salomon
Hiffer
Iret
Klein Théodore
Knopf Auguste-Antoine, *armurier*
  blessé le 21 janvier 1871 à l'explosion d'une poudrière du Château.
Kreber Charles
Krenger Louis-Adolphe
Kuhner Gustave-Adolphe
Mercier Louis-Joseph
Nicot Raoul
  tué à l'explosion de la poudrière du Château, le 21 janvier 1871.
Rey Charles
Ribstein François-Antoine
Rippas Jean-Jacques
Rueff
Schenck Edouard

— 249 —

Scherrer
Schmitz Georges
Schœninger Henri
Schumacher Charles-Alfred

Schweitzer Guillaume
Studer Ferdinand
Unterwald

Hommes affectés à cette compagnie sur le Contrôle du recrutement

mais versés sans doute dans d'autres unités au cours de la campagne

Adam Joseph
Auer Joseph-Charles
Baer Théodore
Baldensperger Philippe-
    Auguste
Beuret Jacques
Beyer Georges
Bonnerate Lucien-Pierre
Denninger Antoine d'Antoine
Desch Joseph
Diehl Jacques

Diehr Chrétien-Frédéric
Dissel Jules
Dittli Joseph
Dreyfus Mathieu
Dungler Auguste
Duvertier Eugène
Fleig Emile-Désiré
Fournier Michel
Friess Edouard
Gerhardstein Michel
Girardot Alfred-Nicolas

Groené François-Joseph
Grumbach Mathias
Grumler Benjamin
Guwillier Philibert
Gysperger Emile
Haiber Jean
Hartmann André
Haudenschild Henry
Heckmann Emile
Heintz Adam
Heintz Jean
Heitzmann Martin-Joseph
Hoegly Joseph
Homeyer Guillaume-Emile
Issenbarth Adam
Jobard Georges-François
Kaas Joseph
Kaltenbach Jules
Katz Emile
Keller Martin
Kerlé Charles
Klein Laurent
Koenell Jacques (de)
Konrad Pierre
Kapp Joseph
Krafft Joseph
Kreber Gabriel
Lambelin Jacques-Alexis-Emile
Lamy Charles

Lavergne Antoine
Letrey Ernest
Lévy Jacques
Lischy Jean-Georges
Maendler Joseph
Maps Frédéric
Marckert Auguste-Jacques
Marsal André
Mayer Emile
Mendlin Basile
Mercklé Jean-Baptiste
Mesmer Georges
Meyer Charles-Joseph
Meyer Jacques
Meyer Jules
Mitschdoerffer Emile
Moser Jules
Muller Jacques
Netter Moïse
<small>tué le 21 janv. 1871 à l'explosion de la poudrière du Château.</small>
Neyer Jean
Oeuvrard Auguste
Périchon Louis-Joseph-Eugène
Pfitzinger Charles-Ernest
Pfleger Philippe
Racine Eugène
Rauch Joseph
Reeber Isidore
Ricard François

Rimelin François-Joseph
Rinck Auguste
Roch Jean
Roost Eugène
Rost Jean
Schaeffer François-Xavier
Schaentzler Jean-Jacques
Scheuermann Joseph
Schlotterbeck Guillaume-
   Frédéric
Schlumberger Eugène
Schmaltz Chrétien
Schmaltz Emile
Schmaltz Jacques
Schmaltz Joseph
Schmidlin Emile
Schnebelé Charles
Schrameck Léon
Schwartz Jules
Seel Jacques-Frédéric
Seiler Jacques
Senglé Jean
Senglé Martin
Spitz Emile
Steffan Antoine
Steinbach Emile
Steinbach Frédéric-Jules
Stephani Jean
Stoss Jean

Toussaint Jean-Joseph
Traencklin Joseph-Alphonse
Venuleth Georges
Wagner Charles
Wagner Joseph
Wahl Georges
Walter Alphonse
Walter Emile-Louis
Waltz Marie-Charles-Louis
Wasner Jules
Weber Alphonse
Wechinger Emile-Joseph
Weibler Emile
Weill Louis
Wendling Antoine
Werber Ott-Pierre
Wernher Frédéric
Wetter Louis
Wild Jean
Witz Henri
Wohlschlegel Charles
Wolff Sylvain
Zoepfel Charles
Ziegler Auguste
Zisler Jean-Baptiste
Zobenbühler Charles-
   Frédéric
Zwinger Gustave-Adolphe

NOTES SUR LA FANFARE

du 4ᵉ bataillon de la mobile du Haut-Rhin [1]

La composition de la fanfare fut arrêtée dans une réunion qui eut lieu vendredi, le 22 juillet 1870, à 8 heures du soir, à l'Ecole primaire de Mulhouse, et comporta les éléments suivants :

Lienemann Auguste, *chef*	baryton
Zahm Jacques, de Mulhouse	baryton
Kœnig Frédéric, d'Illzach	petit bugle
Lamy Josué, de Rixheim, *sous-chef*	1ᵉʳ bugle
Hægelé Alphonse, de Kingersheim	2ᵉ bugle
Schwartz Jean, de Mulhouse	1ᵉʳ piston
Mansbendel Frédéric, de Mulhouse	2ᵉ piston
May Xavier, de Mulhouse	2ᵉ piston
Megel Michel, de Lutterbach	1ᵉʳ alto
Heiny Eugène, de Richwiller	2ᵉ alto
Brandenburger Edouard, de Brunstatt	2ᵉ alto
Brændly Henri, de Pfastatt	1ʳᵉ contre-basse
Friess Sébastien, de Lutterbach	2ᵉ basse
Schultz, Humbert-Joseph, de Brunstatt	petite clarinette
Bœttcher Emile, de Mulhouse	petite flûte
Steffan Emile, de Mulhouse	caisse claire

Trois répétitions seulement eurent lieu, dans le même local : les lundi 25, mercredi 27, samedi 30 juillet. Lundi,

---

[1] Communiquées par M. Emile Steffan fils.

Bataillon de la Mobile du Haut-Rhin   Pl. 21

RENÉ BLECH, lieutenant
3e compagnie jusqu'au 4 déc. 1870.

JEAN BOURRY, lieutenant
à la 7e compagnie jusqu'au 4 déc. 1870.

AUGUSTE LIENEMANN,
Chef de musique.

le 1ᵉʳ août, la fanfare se réunit chez son chef, M. Auguste Lienemann, qui tenait à cette époque le *Café Français*, au faubourg de Colmar. Départ à 2 heures précises, avec les hommes du bataillon qui s'étaient réunis de leur côté à la brasserie Danner (aujourd'hui Iffrig), au coin du quai du Fossé, pour se rendre à la gare. Le cortège était précédé des tambours des sapeurs-pompiers de Dornach et de Lutterbach, ainsi que de la fanfare jouant la *Marseillaise*, le *Chant du départ*, les *Girondins*, etc.

Départ du train à 5 heures de l'après-midi, arrivée à Belfort vers 6 heures, où la fanfare fut logée au Château.

Liste officielle de recrutement du 4e Bataillon de Mobiles du Haut-Rhin

—

Récapitulation générale par ordre alphabétique

RÉCAPITULATION GÉNÉRALE PAR ORDRE ALPHABÉTIQUE

Observations. — La liste officielle de recrutement du 4e bataillon contient un certain nombre de noms, suivis de la mention *Bon absent* ou *Soutiens de famille*. Nous les maintenons sur notre liste, en les désignant par les abréviations B. A. et S. F., car la plupart d'entre eux ont effectivement fait campagne en 1870, soit avec le bataillon de Mulhouse, soit dans d'autres unités.

Les noms précédés d'un astérisque (*) sont ceux dont le portrait figure dans ce volume.

Classes	Matricules	NOMS ET PRÉNOMS	DOMICILES	Compagnies au début	en campagne
1859	—	Aberlen Albert Adjudant au 4e bataillon, sous-lieutenant officier-payeur le 28 sept., lieutenant le 4 déc. 1870	Mulhouse	1	1
1866	716	Abt Jacques-Jules B. A.	Riedisheim	1	
1867	1094	Ackermann Antoine	Battenheim	2	
1865	290	Adam Joseph	Bantzenheim	2	
1869	661	Adam Joseph	Mulhouse	8	
1866	1026	Adelbrecht Louis S. F.	Wittenheim	4	
1865	448	Adlung Jean-Bapt.-Ernest Caporal	Mulhouse	7	
1868	1654	Albisser Landolin B. A.	»	8	
1867	1279	Allgeyer Charles-Emile Caporal	»	5	
1869	422	Allgeyer M.-Albert-Martin dispensé provisoirement comme employé des chemins de fer	Riedisheim	1	
1869	1697	Amann Alfred-Emile Caporal le 5 janvier 1871	Mulhouse	5	

Classes	Matricules	NOMS ET PRÉNOMS	DOMICILES	Compagnies au début	en campagne
1866	944	Amann Jean-Jacques	Mulhouse	5	
1866	945	Ambacher Camille	»	5	
1868	1709	Ambs Jacques	»	5	
1865	566	Amsler Charles	»	5	
1867	1335	Amsler Emile-Théodore Caporal	»	6	
1867	1416	Andrés Emile	Niedermorschwiller	4	
1865	334	Antony Jacques B. A.	Ottmarsheim	2	
1866	742	Antony Joseph	Ruelisheim	2	
1869	471	Arbeit Maurice S. F.	Bruebach	3	
1869	275	Arnold Franç.-Ant.	Wittenheim	4	6
1867	1166	Aron Eugène Réformé le 28 octobre 1870	Mulhouse	8	
—	—	Asfeld	—	8	
1869	189	Asimus Jean	Mulhouse	5	
1866	1018	Ast Armand	Pfastatt	4	
1869	224	Ast Camille Caporal le 1er novembre 1870	»	4	7
1869	389	Ast Célestin-Adolphe	Niffer	2	
—	—	Ast Louis-Arthur	—	7	
1840	560	*Audran Fréd.-Albert Ancien officier d'infanterie Capitaine du 24 avril 1869	Dornach	4	
1869	629	*Audran Paul Sous-lieutenant du 21 août 1870 Lieutenant le 4 décembre 1870	»	7	4, 4
1867	—	*Audran Eugène Télégraphiste à Belfort	»	—	

Classes	Matricules	NOMS ET PRÉNOMS		DOMICILES	Compagnies au début	Compagnies en campagne
1868	1603	Auer Charles		Mulhouse	8	4
1867	1189	Auer Jacques	S. F.	»	8	
1866	946	Auer Jean	B. A.	»	5	
1868	1670	Auer Joseph-Charles		»	8	
1865	419	Augsburger Morand		Brunstatt	7	
1869	306	Babo Auguste	B. A.	Mulhouse	6	
1866	805	Bacher Jacques		Uffheim	3	
1869	590	Bader Alphonse		Niedermorschwiller	4	5
1869	394	Bader Charles	S. F.	Rixheim	1	
1869	599	Bader Emile de Joseph		Niedermorschwiller	4	
1866	1019	Bader Joseph	B. A.	Pfastatt	4	
1867	1242	Bader Joseph-Alphonse		Brunstatt	7	
1866	723	Bader Louis	B. A.	Rixheim	1	
1869	266	Bader Symphorien	B. A.	Reiningen	4	
1868	1644	Baer Théodore	B. A.	Mulhouse	8	
1868	1688	Bailly Ach.-Tiburce-Th.		»	8	7
1865	549	Baldeck Léonard		Niedermorschwiller	4	
1867	1159	Baldeck Pierre		»	4	
		Caporal				4
1868	1658	Baldensperger Ph.-Auguste		Mulhouse	8	
1869	308	Baltzer Edouard		»	6	
1868	1538	Bannwarth Fr.-Jos.	S. F.	Obersteinbrunn	3	
—	—	Bantz Charles		—	7	
1866	848	Bantz Jean-Camille	B. A.	Mulhouse	7	

Classes	Matricules	NOMS ET PRÉNOMS	DOMICILES	Compagnies au début	en campagne	à
1869	234	Barth Etienne	Mulhouse	5		
1865	449	Baschung J.-Joseph B. A.	»	7		
1868	1424	Baschy Jean B. A.	Rixheim	1		
1865	349	Basler Albert S. F.	»	1		
1869	618	Bast Ferdinand	Mulhouse	7		
1867	1124	Bastian Michel	»	7		
1865	568	Baudinot Jérôme-Alfred Sergent	»	5		
1869	583	Bauer Alexandre S. F.	Dornach	7		
1870	2389	Bauer Aloïse	Mulhouse	4	3	8
1868	599	Bauer Emile	»	4		
1867	1365	Bauer Joseph	Obersteinbrunn	3		
1870	2417	Bauer Paul	Mulhouse	4		
1865	450	Bauer Thiébaut	»	7		
1869	657	Bauer Thiébaut de Joseph	Galfingen	4	1	1
1865	376	Baumann Auguste	Bartenheim	3	8	8
1866	1814	Baumann Charles	Mulhouse	1		
1870	2498	Baumann Charles	»	4		
1869	440	Baumann Jacques B. A.	»	3		
1869	268	Baumann Jean-Henry blessé à Beaune	»	6		
1868	1461	Baumann Mathieu S. F.	Rixheim	1		
1869	710	Baumgartner Daniel	Mulhouse	8	6	6
1866	1027	Baumgartner Séb. S. F.	Wittenheim	4		
1869	208	Baumgartner Th.-Faustin	Waltenheim	4	7	7
1865	569	Baur Franç.-Xavier-Henri	Mulhouse	5		

Classes	Matricules	NOMS ET PRÉNOMS	DOMICILES	Compagnies au début	en campagne
1866	823	Bay Joseph	Didenheim	4	
1868	1750	Beck Alphonse S. F.	Wittenheim	4	
1869	323	Beck Ambroise	Ruelisheim	2	1
1867	1196	Béha Ulrich	Niedermorschwiller	4	
1867	1250	*Beinert Fréd.-Adolphe Sergent-fourrier Sergent-major le 4 déc. 1870	Mulhouse	5	
1869	669	Belot Jean-Baptiste	»	8	4,2
1866	947	Bender Albert	»	5	8
1867	1109	Bender Jean	Battenheim	2	4
1867	1129	Benier Camille-Victor, dit Lemoine S. F.	Mulhouse	7	
1866	948	Benner Georges-Gustave	»	5	
1866	949	Benner Henry	»	5	
1868	1672	Benoin Jean-Baptiste Caporal Sergent le 1er novembre 1870	»	8	3 7
1868	1566	Berbeth Jérôme	»	7	
1865	365	Berg François-Alphonse	Sausheim	2	8
1865	451	Berger Albert	Mulhouse	7	
1865	570	Berger Charles	»	5	
1868	1528	Berger Emile S. F.	Bartenheim	3	
1869	595	Berger Eugène Engagé à la compagnie des francs-tireurs de Mirecourt	Mulhouse	7	
1869	311	Berger François-Xavier	Ottmarsheim	1	
1866	724	Berger Jacques Caporal le 6 septembre 1870	Rixheim	1	

Classes	Matricules	NOMS ET PRÉNOMS	DOMICILES	Compagnies au début	en campagne
1869	452	Bergmann Henri	Sierentz	3	
1866	683	Bernapel Martin	Habsheim	1	
1870	2389	Berner Aloïse	—	4	
		Bernhard Jean	—	1	
1866	951	Bernhard Louis B. A.	Mulhouse	5	
1865	452	Bernhart Albert	»	7	
1867	1268	Bernheim Jules	»	5	
1868	1463	Bernheim Nathan	Kembs	1	
1867	1147	Bernheim Raphaël	Zillisheim	4	
1865	453	Bersauter Aloïse-J.-Bapt.	Mulhouse	7	
1867	1337	Berthold Joseph	»	6	8
1867	1246	Bertrand Henri-Charles	»	4	
1865	421	Bertero Jean	Brunstatt	7	
1868	1683	Bertsch François-Joseph Sergent-fourrier	Mulhouse	8	2
1867	1146	Bertsch Jean-Georges	»	7	
1866	850	*Bertsch J.-Mich.-Auguste Sergent-major le 1er nov. 1870 Sous-lieutenant le 4 déc. 1870	»	7	2 6
1865	562	Betz Jean	Lutterbach	4	7
1867	1151	Beuglet Eugène-André	Mulhouse	7	
1866	952	Beuret Eugène	»	5	
1868	1653	Beuret Jacques	»	8	
1869	709	Beyer Georges	»	8	
1866	953	Bicking J.-J.-Gustave armurier	»	5	
1869	288	Bieller Jean-Jacques B. A.	»	6	

Classes	Matricules	NOMS ET PRÉNOMS	DOMICILES	Compagnies au début	en campagne
1865	426	Bielmann Gabriel-Victor	Didenheim	4	
1866	954	Bieselin Charles-Frédéric *Caporal*	Mulhouse	5	
1868	1745	Bigenwald Antoine	»	6	
1868	1640	Bigenwald Paul	Zillisheim	4	
1867	1146	Bihr Edouard	Ruelisheim	2	
1869	411	Bihr Hubert	»	2	
1869	314	Bihr Isidore	»	2	
1867	1092	Bihr Joseph-Hugues	»	2	
1869	206	Bilger Alexandre-Joseph	Mulhouse	5	1
1866	804	Bilger Ferréol	Stetten	3	2
1868	1508	Bilger Jean-Georges	Kappelen	3	
1868	1578	Billot Pierre-Emile *Dispensé provisoirement comme zouave pontifical*	Mulhouse	7	
1867	1252	Binder Charles-Frédéric	»	5	
1868	1623	Bindler Jean	Galfingen	4	
1865	441	Bindler Jean-Baptiste	»	4	
1865	385	Bingler Georges	Bruebach	3	
1865	388	Bingler Jean de Thiébaut	Flachslanden	3	
1869	352	Bingler Joseph	Kembs	1	
1867	1186	Biondé Jean-Pierre	Mulhouse	8	2
1867	1162	Birgy Jean	Didenheim	4	
1865	291	Biringer Jacques S. F.	Bantzenheim	2	
1869	329	Biringer Louis	»	2	
1865	360	Birling Joseph	Ruelisheim	2	

— 264 —

Classes	Matricules	NOMS ET PRÉNOMS	DOMICILES	Compagnies au début	en campagne
1868	1751	Birlinger Jean	Lutterbach	4	
		Incorporé dans la compagnie du génie de la Mobile, à Belfort			
1867	1139	Birr Joseph	Mulhouse	7	
1865	572	Birringer Ernest B. A.	»	5	
1865	442	Bischoff Jean-Baptiste	Galfingen	4	
1869	651	Bischoff Jean-Baptiste	Mulhouse	8	6
1866	782	Bissel Augustin	Obermagstatt	3	
		Incorporé dans la compagnie du génie de la Mobile, à Belfort			
1868	1676	Bittel Georges	Mulhouse	8	3
1869	443	Bittner Mathieu	Helfrantzkirch	3	1
1865	454	Blanc Edouard	Mulhouse	7	
1865	573	Blech Fr.-Antoine B. A.	»	5	
1865	455	*Blech Joseph-René	»	7	3
		Lieutenant du 21 août 1870			
1866	955	Bleyer Ed.-Ant.-Félix B. A.	»	5	
1865	629	Blind Jules	»	6	7
		Caporal-fourrier			
		Sergent-fourrier le 4 déc. 1870			
1868	1765	Bloch Alfred	»	4	6
		Caporal			5
		Sergent du 1er novembre 1870			
1869	295	Bloch Alphonse	»	6	
1868	1449	Bloch Bourcard	Habsheim	1	
1865	312	Bloch Gustave B. A.	»	1	
1868	1704	Bloch Mathieu	Mulhouse	5	8
1866	684	Bloch Samuel B. A.	Habsheim	1	

4ᵉ Bataillon de la Mobile du Haut-Rhin — Pl. 22

JACQUES LÉVY
Sergent à la 1ʳᵉ compagnie.

EDOUARD DOLL
en tenue de chef ambulancier, à Belfort.

JEAN DIETSCHY
Clairon à la 4ᵉ compagnie.

ALBERT KIMMERLI
Ordonnance du commandant.

Classes	Matricules	NOMS ET PRÉNOMS	DOMICILES	Compagnies au début	en campagne
1868	1432	Bloch Théodore	Habsheim	1	
1868	1527	Blum Jean	Obersteinbrunn	3	4
1868	1507	Blum Simon	»	3	8
1866	834	Bochelen Joseph	Galfingen	4	
1866	674	Bœg Joseph	Battenheim	2	
1865	391	Bœglin Dominique	Helfrantzkirch	3	
1869	388	Bœglin Emile B. A.	Zimmersheim	1	
1869	360	Bœglin Grég. B. A., S. F.	Niffer	2	
1867	1341	Bœglin, Philippe-Jacques Caporal	Schlierbach	3	
1865	332	Bœglin Sébastien	Niffer	2	
1866	768	Bœglin Willibald	Helfrantzkirch	3	
1865	574	Boehringer J.-Gothulf B. A.	Mulhouse	5	
1868	1746	*Bœringer Gustave Télégraphiste à Belfort	»	6	8
1868	1506	Bœtsch Antoine	Rantzwiller	3	
1868	1455	Bœtsch Ferdinand-Xavier	Ruelisheim	2	
1867	1346	Bœtsch Franç.-Ant. S. F.	Rantzwiller	3	
1865	503	Bœtsch Jean	—	2	
1869	482	Boetsch Jean dit Jean-Pierre	Rantzwiller	3	
1865	361	Bœtsch Victor-Xavier	Ruelisheim	2	
1866	851	Bœttcher Jean-Henry-Emile Fanfare	Mulhouse	7	
1870	2429	Bohler Ulrich	»	4	6
1869	619	Bohn Georges-Frédéric	»	8	6
1868	1718	Boissier Louis	»	5	
1865	456	Boithiot Sébastien-Louis	»	7	

Classes	Matricules	NOMS ET PRÉNOMS	DOMICILES	Compagnies au début	en campagne
1866	852	Boll Alex.-Simon B. A.	Mulhouse	7	
1869	646	Boll Charles	Didenheim	4	1
1869	376	Bollinger Joseph B. A.	Rixheim	1	
1869	386	Boltz Aloïse	Bantzenheim	2	4
1865	301	Boltz Alphonse	Chalampé	2	6
1869	372	Boltz Augustin Rayé sans mutation	Baldersheim	2	
1865	366	Boltz Jules Caporal le 17 novembre 1870	Sausheim	2	
	—	Bonhomme	—		
1865	457	Bonnerat Félix	Mulhouse	7	
1868	1649	Bonnerat Lucien-Pierre Décédé le 21 janvier 1871, à la suite des blessures reçues au Château, le 21 janvier 1871	»	8	
—	—	Boog	—		
1865	575	Bootz Joseph-Philippe	Mulhouse	5	
1867	1302	Boulanger Georges	»	6	
1870	2365	*Bourcart Rodolphe Sergent-fourrier le 1er nov. 1870 Sergent-major le 4 déc. 1870	»	6	7 2
1868	1618	Bourgeois Charles-Albert	»	8	3
1869	610	Bourgeois Charles-Alfred	»	8	6
1866	853	Bourquart Edouard B. A. Caporal du 19 octobre 1870	—	7	
1868	1589	*Bourry Jean-Guillaume Sous-lieutenant du 19 juillet 1870 Lieutenant le 1er octobre 1870	Mulhouse	7	

Classes	Matricules	NOMS ET PRÉNOMS	DOMICILES	Compagnies au début	en campagne
1869	216	Brandenberger Cam. B. A.	Lutterbach	4	
1866	811	Brandenburger Edouard Fanfare	Brunstatt	7	
1866	957	Brandt Henry B. A.	Mulhouse	5	
1868	1736	Braun Albert-Oscar	»	6	
1870	2446	Braun Anselme	-	7	5
1866	854	Braun Georges	Mulhouse	7	5
1867	1181	Braun Jacques	Zillisheim	4	
1868	1511	Braun Marc	Stetten	3	
1865	430	Braun Paul-Gaston S. F.	Dornach	7	
1866	844	Braun Vincent	Heimsbrunn	4	2,7
1868	1713	Brendlen Henri-Joseph Fanfare	Pfastatt	4	
1869	315	Brenner J.-Gasp.-Frédéric	Illzach	1	
1868	1454	*Brigué Augustin Sergent-major le 1er sept. 1870 Sous-lieutenant le 4 déc. 1870	Riedisheim	1	1 2
1866	718	Bringard Eug.-Joseph B. A.	»	1	
1870	2439	Bringel Joseph		4	6
1868	1496	Brodbeck Albert B. A. S. F.	Rixheim	1	
1869	458	Brodbeck François	Stetten	3	
1866	839	Brodtbeck Joseph Caporal Sergent le 5 janvier 1871	Lutterbach	4	4
1868	1501	Broglin François-Joseph	Kœtzingen	3	
1865	395	Broglin Christophe	»	3	
1869	270	Brogly Aloïse	Kingersheim	4	1

Classes	Matricules	NOMS ET PRÉNOMS	DOMICILES	Compagnies au début	en campagne
1866	725	Brogly Fridolin B. A.	Rixheim	1	
1667	1210	Brogly Joseph	—	2	
1867	1381	Brucker Jean-Henri S. F.	Flaxlanden	3	
1869	593	Brücklin Jean	Zillisheim	4	1
1870	2507	Bruder Alexandre	—	4	1
1865	295	Bruder Antoine	Battenheim	2	
1867	1114	Bruder Ferdinand	Bantzenheim	2	
1865	413	Bruetschi J.-Georges B. A.	Sierentz	3	
1869	692	Bruetschy Jean	Brunstatt	7	
1869	220	Brun François-Antoine	Pfastatt	4	
1867	1371	Brunnengreber Ant. S. F.	Walbach	3	
1865	577	Brunner Alexandre	Mulhouse	5	
1868	1437	Brunner Charles	Rixheim	1	
1870	2506	Brunner Emile	Mulhouse	2	1
1869	230	Brunner Jacques-Joseph	»	5	
1865	394	Brunner Jean-Floris	Kappelen	3	
1865	405	Brunner J.-Georges S. F.	Obermagstatt	3	
1867	1326	Brunner Jean-Jacques	Mulhouse	6	
1867	1248	Brunner Jules-Edouard	»	5	
1867	1071	Brunschwig Achille	Kembs	1	
1868	1757	Bucher Charles	Mulhouse	6	2
		Caporal le 1er novembre 1870			
1869	307	Buchmann Rob.-Fréd. B. A.	»	6	
1865	579	Buecher Albert	Wittenheim	4	
1868	1729	Buecher Nicolas S. F.	»	4	
1866	811	Buecher Paul B. A.	Brunstatt	7	

Classes	Matricules	NOMS ET PRÉNOMS	DOMICILES	Compagnies au début	en campagne
1869	431	Buhl Morand	Walbach	3	
1865	579	*Buhler Joseph	Mulhouse	5	
		Incorporé au 3ᵉ bataillon de mobiles, à Neuf-Brisach, comme lieutenant			
1866	925	Bumann Ulrich-Vincent	Niedermorschwiller	4	5
1866	795	Bumbiehler J.-Bapt. S. F.	Sierentz	3	
1868	1708	Burckholzer Louis	Pfastatt	4	
1869	689	Burgardt Joseph	Dornach	7	3 2
		Caporal le 1ᵉʳ novembre 1870			
1865	458	Burgatt Henri	Mulhouse	7	
1865	—	*Burgert Jules	»	—	
		Caporal du génie, à Belfort			
1869	465	Burget Laurent	Obermagstatt	3	
1866	726	Burget Martin B. A.	Rixheim	1	
1865	459	Burgy Eugène B. A.	Mulhouse	7	
1867	1043	Burner Antoine	Rixheim	1	
1867	1353	Burner François-Joseph	Flaxlanden	3	
1867	1122	Burner Georges	Mulhouse	7	
1869	199	Burner Jules	»	5	
1869	401	Burner Léger S. F.	Rixheim	1	
1870	2393	Burrer Antoine	Mulhouse	7	
—	255	Burville Charles	—	4	
1867	1401	Busch Henri-Léon S. F.	Landser	3	
1865	460	Busch Jean-Baptiste	Mulhouse	7	
—	—	Buschmann Henri-Fr.-Jos.	—	2	
		Capitaine du 14 août 1869			
1868	1592	Butz Émile B. A.	Mulhouse	7	

Classes	Matricules	NOMS ET PRÉNOMS	DOMICILES	Compagnies au début	en campagne
1868	1562	Cahen Salomon S. F.	Dornach	7	
1869	305	Camus Jacques blessé à Beaune	Mulhouse	6	
1866	959	Cellerin Edouard B. A.	»	5	
1869	192	Cellerin Emile-Alphonse	»	5	
1865	461	Chalet Eugène Caporal Sergent le 5 janvier 1871	»	7	7
1863	—	*Chalet Jacques-François Sergent-major Sous-lieutenant le 1er nov. 1870 Lieutenant le 4 décembre 1870	»	2	2 3
1866	960	Châtel Charles-Fréd. B. A.	»	5	
1869	277	Chauvin Frédéric	»	6	
1868	1818	Chevalier François-Pierre Caporal du 8 octobre 1870 Sergent du 5 janvier 1871	—	2	
—	—	Chevillot Joseph Incorporé dans la compagnie du génie de la Mobile, à Belfort	—	5	
1865	580	Chipaux J.-B.-Célest. B. A.	Mulhouse	5	
1866	961	Christ Eugène B. A.	»	5	
1865	581	Christmann Jules	»	5	
1868	1752	Claden Norbert	Richwiller	4	
1869	634	Clauss Ignace Fanfare	Zillisheim	4	
1865	582	Clément de Grandprey, Constant Télégraphiste à Belfort	Mulhouse	5	

Classes	Matricules	NOMS ET PRÉNOMS	DOMICILES	Compagnies au début	Compagnies en campagne
1869	215	Clément de Grandprey Léon	Mulhouse	5	8
1869	250	Colin Auguste	»	6	
1869	463	Comte François-X. B. A.	»	7	
1868	1734	Conrad Jacques	Lutterbach	4	
1865	583	Coulon Fréd.-Eug. B. A.	Mulhouse	5	
1865	464	Coulon Pierre-Joseph blessé à Beaune	»	7	3
1868	1593	Cressol Alf.-P.-Nic. S. F.	»	7	
1866	962	Cron Charles	»	5	
1867	1272	Cuntz Charles-Louis Sergent-fourrier le 4 déc. 1870	»	5	
1868	1436	Cuny Jean-Ferdinand S. F.	Riedisheim	1	
1868	1739	Dally Jules	Mulhouse	6	
1868	1518	Dangel Mathias	Sierentz	3	
1866	963	Daniel Gaspard	Mulhouse	5	8
1865	465	Darles Jean-Arthur S. F.	»	7	
1869	221	Debard Eugène-Frédéric	»	5	
1869	243	Debrand Charles-Albert	»	5	
1865	584	Debrand-Passard Aug.-Alb. Caporal le 1er novembre 1870	»	5	3
1865	397	Debrut Paul-Nicolas	Landser	3	
1865	585	Deck Emile B. A.	Mulhouse	5	
1870	2521	Deck François-Joseph	Richwiller	4	5
1867	1388	Demark Sébastien Incorporé dans la compagnie du génie de la Mobile, à Belfort	Waltenheim	3	

— 272 —

Classes	Matricules	NOMS ET PRÉNOMS	DOMICILES	Compagnies au début	en campagne
1870	2376	Demmer François-Antoine	Mulhouse	8	4
1868	1637	Denninger Antoine d'Antoine	»	8	
1867	1310	Denninger Jean	»	6	
1869	681	Denninger Joseph	»	8	7
1867	1223	Derkum Ch.-Auguste S. F.	»	8	
1866	857	Desch Joseph	»	8	
1865	422	Deschler Jacques	Brunstatt	7	
1867	1293	Desforges Alphonse-Etienne	Mulhouse	6	
—	—	Desgeorge Jean Capitaine du 20 juillet 1870	—	3	
1866	796	Desserich Antoine	Sierentz	3	
1869	444	Desserich Antoine-Jérôme	»	3	
1869	653	Deubel François-Antoine	Mulhouse	8	6
1870	—	Devergranne Adolphe-René	»	4	
1867	1195	Deyber Etienne	Dornach	7	
1866	825	Didier Jean	»	7	
1867	1370	Diebold Jean Incorporé dans la compagnie du génie de la Mobile, à Belfort	Rantzwiller	3	
1868	1600	Diehl Jacques	Mulhouse	8	
1866	858	Diehr Chrétien-Frédéric	»	8	
1866	964	Diener Jacques	»	5	
1867	1342	Diener Morand	Wallbach	3	
1869	186	Dierr Henri	Mulhouse	5	
1865	587	Dietlin Et.-Hercule-Samson	»	5	
1868	1819	Dietmann Jacques Caporal le 19 octobre 1870	—	2	7

— 273 —

Classes	Matricules	NOMS ET PRÉNOMS	DOMICILES	Compagnies au début	en campagne
1868	1465	Dietrich Adolphe Vaguemestre	Illzach	1	2
1865	468	Dietrich Auguste	Mulhouse	7	
1868	1607	Dietrich Auguste	»	8	
1865	467	Dietrich Dominique B. A.	»	7	
1865	389	Dietrich Joseph-Prosper Caporal	Flaxlanden	3	
1866	685	Dietrich Philippe	Habsheim	1	6
1867	1382	Dietsch Grégoire-Xavier	Walbach	3	
1867	1148	Dietsch Ignace S. F.	Dornach	7	
1868	1534	Dietschy André	Walbach	3	
1865	563	*Dietschy Jean Clairon	Lutterbach	4	
1869	461	Dilger Nicolas	Niedersteinbrunn	3	
—	—	Dingler Auguste Incorporé dans la compagnie du génie de la Mobile, à Belfort	Mulhouse	8	
—	—	Dirringer Jacques Clairon	—	5	1
1865	382	Diss Martin	Bartenheim	3	
1869	603	Dissel Jules	Mulhouse	8	
1868	1602	Dittli Joseph	»	8	
1866	—	*Doll Edouard Infirmier en chef à Belfort	»		
1866	1629	Dollenmaier Oscar, Sergent	»	8	4
1848	—	*Dollfus-Galline Charles Commandant du 4ᵉ bataillon	»		
1867	1270	*Dollfus Gasp.-Edouard Télégraphiste à Belfort	»	5	8

18

Classes	Matricules	NOMS ET PRÉNOMS		DOMICILES	Compagnies au début	en campagne	
1866	966	Dormois Jules	B. A.	Mulhouse	5		
1865	468	Drach Pierre		»	7		
1868	1722	Drexler Antoine		Pfastatt	4		
1869	228	Drexler Joseph		»	4		
1868	1531	Dreyfus Ach.-Benoît	B. A.	Sierentz	3		
1868	1464	Dreyfus Charles		Rixheim	1		
1869	285	Dreyfus Edmond		Mulhouse	6		
1867	1348	Dreyfus Gaspard	S. F.	Uffheim	3		
1869	437	Dreyfus Isaac	B. A.	Sierentz	3		
1866	797	Dreyfus Isaac-Emile	B. A.	»	3		
1866	967	Dreyfus Jean-Lucien Sergent		Mulhouse	5	8	8
1867	1327	Dreyfus Jules Sergent		»	6	8	8
1866	861	Dreyfus Mathieu		»	8		
1867	1384	Dreyfus Nathan	B. A.	Sierentz	3		
1867	1249	Dreyfus Paul-Julien		Mulhouse	5		
1865	414	Dreyfus Salomon	B. A.	Sierentz	3		
1869	584	*Dreyspring Aug.-Théodore Télégraphiste à Belfort		Mulhouse	7	8	8
1866	859	Dritscher Emile	S. F.	»	8		
1866	860	Drumm Chrétien-Frédéric		»	8	5	5
1869	451	Dubs Bernard		Ottmarsheim	3		
—	—	*Dumas Charles Commandant du 1er bataillon Lieutenant-colonel du 68e régiment du Ht-Rhin, le 18 oct. 1870		Jaure (Dordogne)	—		

Classes	Matricules	NOMS ET PRÉNOMS		DOMICILES	Compagnies au début	en campagne
1868	1694	Dungler Auguste		Mulhouse	8	
1867	1127	Dupuy Léopold-Eug.	B. A.	»	7	
1865	335	During Albert	B. A.	Ottmarsheim	2	
1866	968	Dürr Jean-Albert		Mulhouse	5	
1869	255	Durwell Charles		Lutterbach	4	7
1866	1025	Duscher Frédéric	B. A.	Richwiller	4	
—	—	Duss Joseph		—	—	5
1866	862	Duvertier Eugène	B. A.	Mulhouse	8	
1868	1515	Eberhard Jean-Bapt.	S. F.	Uffheim	3	
1865	663	Ebersol Louis-Joseph	S. F.	Wittenheim	4	
1869	299	Ebersol Victor		»	4	3
1866	863	Eckert Jean-Albert Caporal		Mulhouse	8	
1866	699	Eggenspieler Paul-Albert Caporal		Illzach	1	
1869	356	Ehny Henry	B. A.	Rixheim	1	
1868	1509	Ehrard Bernard-Joseph		Rantzwiller	3	
1868	1651	Ehret Cosme-Daniel	S. F.	Mulhouse	8	
1867	1089	Eichacker Frédéric	S. F.	Illzach	1	
1869	664	Eisenzimmer Jean		Dornach	7	
—	—	Elles Paul Télégraphiste à Belfort		Mulhouse	—	
1865	648	End Grégoire-Jean	B. A.	Pfastatt	4	
1868	1575	End Jules-Joseph Clairon		Mulhouse	7	5

Classes	Matricules	NOMS ET PRÉNOMS	DOMICILES	Compagnies au début	en campagne
1865	368	Enderlin Jean-Baptiste	Sausheim	2	
1866	971	Endinger Josué-Henry	Mulhouse	5	
		Caporal			
1868	1632	*Engel Alfred	Dornach	7	
		Lieutenant du 22 juillet 1870			
		Capitaine le 28 septembre 1870			
1868	1430	Engel Ferdinand	Battenheim	1	2
1865	1803	*Engel Gustave	Dornach	3	
		Sergent, blessé à Beaune			
1870	1816	*Engelbach Jules	Rothau	5	
		Caporal, blessé à Beaune			
1868	1530	Erhart Alphonse	Bruebach	3	
1865	386	Erhart Grégoire	»	3	
1865	1802	Erhardt Léandre-Auguste	—	1	
1867	1257	Erimund Jean-Baptiste	Wittenheim	4	7
1866	727	Ernst Emile B. A.	Rixheim	1	
1868	1555	Ernst Jacques	Dornach	7	5
1868	1499	Erny Florian	Rixheim	1	
1868	1548	Eschbacher Paul-Auguste	Mulhouse	7	8
		Télégraphiste à Belfort			
1866	707	Escher Emile	Niffer	2	
1866	1439	Escher Joseph S. F.	Petit-Landau	2	
1865	410	Estermann Antoine	Schlierbach	3	
1868	1652	Estermann Joseph	Mulhouse	8	3
1869	654	Faas Frédéric	Mulhouse	7	
1865	470	Falck Jean	»	7	

4ᵉ Bataillon de la Mobile du Haut-Rhin   PL. 23

ST. ENGEL, sergent à la 3ᵉ compagnie.

EUG. REHM, sergent à la 7ᵉ compagnie.

EMILE KOECHLIN, sergent-vaguemestre.

GEORGES MULLER
Sergent-fourrier à la 3ᵉ compagnie.

Classes	Matricules	NOMS ET PRÉNOMS	DOMICILES	Compagnies au début	en campagne
1866	972	Fallot Charles-Camille Caporal Sergent le 1" novembre 1870	Mulhouse	5	4
—	—	Farine Michel	—	1	3
1865	313	Fasnacht André	Habsheim	1	2
1867	1105	Fasnacht François-Antoine	»	1	
1868	1716	Favre Henri-Léon B. A.	Mulhouse	5	
1865	589	Favrey Charles B. A.	»	5	
1867	1187	Federlé Jean Ordonnance du capitaine	Dornach	7	
1867	1260	Fehling Emile	Mulhouse	5	
1870	2505	Feistel Félix-Marx	—	1	
1865	652	Fellmann Charles	Reiningen	4	
1866	728	Fest Joseph B. A. Dispensé provisoirement comme zouave pontifical	Rixheim	1	
1867	1100	Feuermann Jacques S. F.	Bartenheim	3	
—	—	Fieg Antoine	—	5	
1869	217	Filbert Albert-Eugène	Mulhouse	5	
1869	278	Finck Chrysostôme B. A.	Reiningen	4	
1865	590	Fix Thiébaut B. A.	Mulhouse	5	
1865	351	Fimbel Joseph	Rixheim	1	
1868	1542	Fischer Aloïse Sergent	Schlierbach	3	
1869	293	Fischer Emile	Mulhouse	6	
1865	374	Fischer Ferdinand-[Alexandre	Zimmersheim	1	

Classes	Matricules	NOMS ET PRÉNOMS	DOMICILES	Compagnies au début	en campagne
1867	1303	Fischer Georges	Mulhouse	6	
1867	1198	Fischer Jean	Brunstatt	7	
1869	636	Fischer Jean	Mulhouse	7	
1868	1634	Fischer Joseph	Brunstatt	7	
1866	864	Fischer Joseph	Mulhouse	8	
		Incorporé dans la compagnie du génie de la Mobile, à Belfort			
1866	785	Fischer Joseph	Rantzwiller	3	
1865	360	Fischer Laurent	—	2	
1867	1073	Fischer Louis-Léon	Zimmersheim	1	
		Fanfare			
1869	341	Fischesser Xavier	Battenheim	2	8,7
1865	363	Fischesser Zéno B. A.	Ruelisheim	2	
1868	1594	Fitterer Martin	Mulhouse	7	
1866	973	Fleck Alphonse	»	5	
1865	591	Fleck Charles B. A.	»	5	
1869	246	Fleck Thiébaut	»	5	
1866	865	Fleig Emile-Désiré B. A.	»	8	
1865	369	Flugister Ferdinand	Sausheim	2	
1869	639	Fœrderer Paul-Gustave	Mulhouse	7	
		Caporal le 5 janvier 1871			
1867	1172	Foltzer Léon	Zillisheim	4	
		fait prisonnier à Beaune			
—	—	Fontaine Pierre-Louis-Vict.	—	1	
		Capitaine du 20 juillet 1870			
1866	866	Foos Pierre	Mulhouse	8	2
1868	1636	Forestier Joseph	»	8	3

Classes	Matricules	NOMS ET PRÉNOMS	DOMICILES	Compagnies au début	en campagne
1869	235	Forster Xavier	Mulhouse	5	
1866	867	Fourch Chrysostôme Ordonnance du colonel	»	8	4,2
1869	597	Fournier Emile Caporal le 1er novembre 1870 Sergent-fourrier le 4 déc. 1870	»	7	3 2
1866	868	Fournier Michel B. A.	»	8	
1869	449	Franck Achille	Uffheim	3	
1866	974	Franck Alb.-Joseph B. A.	Mulhouse	5	
1868	1498	Franck Blaise	Illzach	1	
1869	303	Franck Georges-Dav. B. A.	Mulhouse	6	
1870	2481	Franck Jules	»	6	
1866	769	Frantz François-Joseph	Helfrantzkirch	3	
1867	1286	Freund François-Joseph	Mulhouse	5	
1865	472	Frey Charles	»	7	1
1867	1289	Frey Edouard	»	5	
1865	592	Frey Eugène Sergent	»	5	
1865	593	Frey Eugène B. A.	»	5	
1869	682	Frey Jean-Henri	»	8	6
1866	775	Frey Léger	Kœtzingen	3	8
1867	1055	Frey Léonard	Rixheim	1	
1867	1283	Frey Louis-Pierre Caporal Sergent le 1er novembre 1870	Mulhouse	5	3
1868	1749	Frey Martin	»	6	
1869	698	Fries Charles	»	8	4

Classes	Matricules	NOMS ET PRÉNOMS	DOMICILES	Compagnies au début	en campagne
1866	941	Fries Sébastien Fanfare	Lutterbach	4	
1866	870	Friess Édouard B. A.	Mulhouse	8	
1870	2431	Frig Antoine	—	4	
1865	403	Frigart Joseph de Philippe	Obersteinbrunn	3	
—	—	Fritsch Alfred	—	—	5
1865	286	Fritsch Arbogast	—	2	
1866	779	Fritsch Joseph Incorporé dans la compagnie du génie de la Mobile, à Belfort	Obersteinbrunn	3	
1869	467	Fritsch Gaspard	»	3	4
1866	777	Fritschy Laurent S. F.	Niedersteinbrunn	3	
—	—	Frittig André Sergent, venu de la 3ᵉ compagnie par permutation, blessé à Beaune et amputé	—	3	2
1867	1088	Frœhly Joseph	Kembs	1	3
1866	729	Frœhly Valentin	Rixheim	1	8,7
1865	427	Fromageat Joseph-Auguste	Didenheim	4	
1869	605	Fromm Jean-Baptiste	Brunstatt	7	1,4
1868	1539	Fuchs Aloïse	Geispitzen	3	8
1866	759	Fuchs André Incorporé dans la compagnie du génie de la Mobile, à Belfort	Bartenheim	3	
—	—	Fuchs Edouard	—	—	5
1867	1082	Fuchs Eugène-Henri	Riedisheim	1	
1866	780	Fuchs François-Joseph	Obersteinbrunn	3	
1867	1295	Fuchs Ignace	Reiningen	4	

Classes	Matricules	NOMS ET PRÉNOMS	DOMICILES	Compagnies au début	en campagne
1867	1107	Fuchs Jean	Baldersheim	2	3
1866	786	Fuchs Jean-Thiébaut	Rantzwiller	3	5
1866	668	Fuchs Joseph	Baldersheim	2	
		Incorporé dans la compagnie du génie de la Mobile, à Belfort			
1868	1545	Fuchs Léonard	Niedermagstatt	3	
1868	1806	Führer Henri	---	3	2
		Sergent-instructeur			
1867	1313	Furgine Edouard B. A.	Mulhouse	6	
—	—	Furling	»	8	
1865	473	Futterer Emile	»	7	
1867	1083	Gæng Martin	Riedisheim	1	4
		Blessé d'une balle au pied gauche le 28 nov. 1870 à Beaune			
1870	2416	Gæng Martin	Mulhouse	5	
1866	700	Gaiser Franç.-Charl. B. A.	Illzach	1	
1865	474	Gangloff Joseph	Mulhouse	7	6
1869	630	Gaschy François-Joseph	»	7	
1867	1049	Gaschy Léger B. A.	Rixheim	1	
1868	1503	Gassmann Joseph S. F.	Rantzwiller	3	
1867	1255	Gatty Emile-Ferdinand	Mulhouse	6	5
		Caporal			
1869	262	Gatty Gustave-Adolphe	»	6	5
1868	1810	Gauckler Charles-Henri	»	2	5
		Caporal le 1ᵉʳ novembre 1870			
1865	475	Gaudiot Emile	»	7	

Classes	Matricules	NOMS ET PRÉNOMS	DOMICILES	Compagnies au début	en campagne
—	—	Gaulin	—	—	8
1868	1596	Gavard Oscar B. A.	Dornach	7	
1869	392	Geiger Jean-Claude	Eschentzwiller	2	
1866	937	Geiller Sébastien B. A.	Kingersheim	4	
1866	700	Geisser François-Charles	—	1	2
1865	432	Geissmann Lazare B. A.	Dornach	7	
1867	1238	Geissmann Léopold	»	7	
1868	1552	Geissmann S. de Jos. S. F.	»	7	
1868	1808	Geissmann Simon	»	1	5
1867	1130	Gérardier Justin	Brunstatt	7	
1869	269	Gerber Ignace	Reiningen	4	
1867	1312	Gerber Ignace	»	8	7
		Caporal le 5 janvier 1871			4
1865	594	Gerber Jacq.-Charles B. A.	Mulhouse	5	
1866	872	Gerhardstein Michel B. A.	»	8	
1869	393	Gerspacher L. B. A. S. F.	Rixheim	1	
1865	341	Gerster Emile B. A. S. F.	Riedisheim	1	
1866	720	Gerster Louis B. A.	»	1	
1866	675	Gerthoffer Antoine B. A.	Battenheim	2	
1867	1065	Geyelin Paul	Illzach	1	
1865	476	Geyh Charles	Mulhouse	7	
1865	477	Gigé Emile	»	7	
		Caporal le 5 janvier 1871			2
1866	873	Gilbert Théodore-Emmanuel	»	8	1
1868	1681	Gillming Chrétien	»	8	3
1866	874	Gillming Jacques	»	8	2

Classes	Matricules	NOMS ET PRÉNOMS	DOMICILES	Compagnies au début	en campagne
1868	1572	Gillming Pierre	Mulhouse	7	
1865	383	Ginder Martin	Bartenheim	3	8,2
1868	1502	Ginder Pierre	Brinckheim	3	
1865	1411	Gintzbourger Léop. B. A.	Uffheim	3	
1868	1738	Gintzburger Abraham	Mulhouse	6	
1869	723	Girardot Alfred-Nicolas	»	8	
1868	1570	Girardot Fréd.-Christophe	»	7	
—	—	Girot Georges	—	5	
1867	1046	Gissinger Théodore S. F.	Rixheim	1	
1869	586	Gluck André-Arm. B. A.	Mulhouse	7	
1867	1214	*Gluck Jules-Emile	»	8	
		Sergent-fourrier			4
		Sergent-major le 4 déc. 1870			4
1865	478	Glé Jean-Baptiste	»	7	
1870	2511	Gnædinger Eugène-Ignace	—	7	
1865	338	Gœpfert Charles	Petit-Landau	2	
1868	1663	Gœpfert Martin, dit Charles	Dornach	7	
1865	479	Gœtschy Henri-Charles	Mulhouse	7	
1869	410	Gœtz Sébastien	Bantzenheim	2	
1866	826	Golder Emile	Dornach	7	1
1866	827	Goldschmidt Abraham	»	7	
1866	828	Goldschmidt Benjamin	»	7	
1867	1133	Goldschmidt Jules	»	7	
1869	703	Goldschmidt Rodolphe	»	7	
1869	699	Goldschmidt Salomon	Mulhouse	8	
1868	1588	Goldschmidt Samuel	Dornach	7	
		Caporal			

Classes	Matricules	NOMS ET PRÉNOMS	DOMICILES	Compagnies au début	en campagne
1865	595	Gollé Emile B. A.	Mulhouse	5	
1869	399	Graff Jean-Baptiste	Bantzenheim	2	
1865	352	Grasser Joseph B. A.	Rixheim	1	
1868	1781	Grasser Morand sergent-instructeur	»	1	
—	—	Grasser Xavier Clairon	»	1	5
1869	284	Greder Joseph	Mulhouse	6	
1867	1158	Gressard Georges-Frédéric	Niedermorschwiller	4	
1870	2432	Grieneisen Joseph	—	5	4
1868	1487	Grodwohl Narcisse	Battenheim	2	6
1865	296	Grodwohl Joseph	—	2	
1869	612	Groené François-Joseph	Mulhouse	8	
1867	1355	Groskopf Ambroise	Helfrantzkirch	3	
1865	392	Groskopf Pierre Blessé d'un coup de feu à la cuisse droite au combat de Beaune	»	3	
1866	875	Grumbach Mathias	Mulhouse	8	
1866	1028	Grumbach Moïse B. A.	Wittenheim	4	
1868	1643	Grumler Benjamin	Mulhouse	8	
1868	1557	Grumler Frédéric-Gustave	»	7	
1866	977	Gruner Fréd.-Guill. B. A.	»	5	
—	—	*Grzybowski Georges-Jos. Caporal le 11 août 1870 Sergent-major le 14 août 1870 Sous-lieutenant le 18 août 1870 Capitaine d'état-major le 21 août 1870		4	

Classes	Matricules	NOMS ET PRÉNOMS	DOMICILES	Compagnies au début	en campagne
1865	596	Gugenheim Joseph-Paul	Mulhouse	5	
1865	321	Gull Eugène B. A. Caporal le 6 août 1870 Sergent le 1er novembre 1870	Illzach	1	
1869	248	Gull Gaspard-Albert		4	2
—	—	Gulligag Sergent	Kingersheim	6	1
1865	597	Gullong Emile		5	
1865	383	Gunther Martin	Mulhouse	8	
1868	1502	Gunther Pierre	—	3	2
1867	1357	Gutzwiller Clément	—	3	
1867	1040	Gutzwiller Georges	Obersteinbrunn	1	
1867	1177	Guwillier Philibert	Illzach	8	
1867	1208	Gysperger Emile	Mulhouse »	8	
1868	1724	Haas Alphonse	Pfastatt	4	
1866	686	Haas David	Habsheim	1	
1869	423	Haas Elie	»	1	
1869	279	Haas Jacques-Isidore B. A.	Pfastatt	4	
1867	1080	Haas Jean	Kembs	1	8,7
1866	829	Haas Joseph-Antoine-Aloïse	Dornach	7	
1866	798	Haas Léon	Sierentz	3	
1869	328	Hass Simon	Habsheim	4	1
1865	598	Haas Sylvain	Mulhouse	5	
1868	1500	Habé Jean-Georges S. F.	Obermagstatt	3	

— 286 —

Classes	Matricules	NOMS ET PRÉNOMS	DOMICILES	Compagnies au début	en campagne
1865	550	Habersetzer Antoine	Niedermorschwiller	4	
1867	1390	Haby Louis Caporal	Sierentz	3	
1867	1309	Hæfelé Sébastien Caporal le 20 septembre 1870 Sergent le 5 janvier 1871	Mulhouse	6	
1865	560	Hægelen Alphonse Fanfare	Kingersheim	4	
1866	936	Hægelin G.-Ad. B. A. S. F.	»	4	
1869	447	Hænlé Léon-Georges	Obermagstatt	3	4
1869	615	*Hænsler Léon-Auguste Sergent-fourrier à la compagnie du génie de la Mobile, à Belfort	Mulhouse	8	
1865	480	Hættich André-Philippe Sergent le 29 octobre 1870	»	8	2
1867	112	Haffa Eugène Sous-lieutenant du 19 juillet 1870	»	7	6
1868	1674	Haiber Jean	»	8	
1867	1301	Haller Pierre	Lutterbach	4	
1867	1132	Halm Albert	Dornach	7	
1868	1560	Halm Jean-Emile	Brunstatt	7	
1867	1324	Halm Louis	Mulhouse	6	
1867	1217	Hammes Jacques-Auguste Sergent	»	8	6
1866	701	Hanfgartner Jean	Illzach	1	
1866	978	Hanhart Jacques B. A.	Mulhouse	5	
1869	486	Hanser Bernard	Rantzwiller	3	4
1865	551	Harnist Joseph	Niedermorschwiller	4	1

Classes	Matricules	NOMS ET PRÉNOMS	DOMICILES	Compagnies au début	en campagne
1870	2391	Harnist Thiébaut	Niedermorschwiller	4	2
1867	1205	Hartmann André	Mulhouse	8	
1867	1300	Hartmann Charles	»	6	
1866	776	Hartmann François	Kœtzingen	3	
1867	1354	Hartmann François-Joseph	»	3	
1867	1119	Hartmann Jean	Mulhouse	7	
1868	1587	Hartmann Jean	»	7	
1867	1273	Hartmann Jean-Frédéric	»	5	
1869	432	Hartmann Jérôme	Helfrantzkirch	3	
1866	671	Hartmann Joseph	Bantzenheim	2	
1866	703	Hartmann Joseph-Edouard	Kembs	1	
1869	239	Hartmann Jules	Mulhouse	5	
1867	1352	Hartzer Georges Caporal le 1er novembre 1870	Niedersteinbrunn	3	3
1866	876	Hass François-Xavier Incorporé dans la compagnie du génie de la Mobile, à Belfort	Mulhouse	8	
1865	328	Hass Joseph	Kembs	1	
1865	302	Hass Marie-Alphonse	Eschentzwiller	1	
1865	303	Hassler Alfred B. A.	»	1	
1867	1356	Hassler Blaise-Jacques	Bartenheim	3	
1866	760	Hassler Etienne	»	3	
1869	464	Hassler Laurent	Niedersteinbrunn	3	
1865	399	Hassler Morand B. A.	»	3	
1868	1532	Hassler Pierre	Obersteinbrunn	3	
1868	1604	Haubtmann Célestin Caporal	Mulhouse	8	3

Classes	Matricules	NOMS ET PRÉNOMS	DOMICILES	Compagnies au début	en campagne
1868	1645	Haudenschild Henry	Mulhouse	8	
—	—	Haug Armand Caporal	—	3	
1869	312	Haumesser Rodolphe Caporal le 1" novembre 1870	Kembs	1	5
1867	1332	*Haussen (de) Franç.-Ch.-A. Sergent-major	Mulhouse	6	
1867	1047	*Hauviller Emile Sous-lieutenant du 19 juillet 1870	Rixheim	1	
1865	664	Havé Simon S. F.	Wittenheim	4	
1867	1305	Haxaire Ernest-Alphonse	Mulhouse	6	
1869	301	Heck Frédéric	Pfastatt	4	
1869	676	Heckmann Emile	Mulhouse	8	
1867	1366	Heimburger Georges	Kœtzingen	3	1
1866	877	Heintz Adam	Mulhouse	8	
1869	258	Heintz Eugène-Pierre	»	6	
1868	1678	Heintz Jean	»	8	
1868	1444	Heitz Auguste	Riedisheim	1	
1866	687	Heitz Charles	Habsheim	1	6,3
1865	329	Heitz Edouard	Kembs	1	
1865	333	Heitz Hippolyte	Niffer	2	
1868	1471	Heitz Sébastien	Kembs	1	
1866	877	Heitzmann Mart.-Jos. B. A.	Mulhouse	8	
1865	661	Heiny Eugène Fanfare	Richwiller	4	
1867	1373	Helbert Jean	Kœtzingen	3	
1865	390	Helgen Charles	Flachslanden	3	

Classes	Matricules	NOMS ET PRÉNOMS	DOMICILES	Compagnies au début	en campagne
1869	456	Helgen Jean	Obersteinbrunn	3	1
1866	765	Helgen Joseph	Flaxlanden	3	
1867	1392	Helgen Sébast.-Emile S. F.	»	3	
1868	1533	Hell Antoine	Helfrantzkirch	3	
1865	599	Hell François-de-Sales	Mulhouse	5	
1868	1579	Heller Jean-Jacques	Dornach	7	3
1866	981	Helm Jules Télégraphiste à Belfort	Mulhouse	6	
1868	1740	Helmer Jules	»	6	
1869	696	Hemmerlé Théodore	»	8	6
1866	787	Henny Morand	Rantzwiller	3	
1866	730	Herby Albert S. F.	Rixheim	1	
1834	—	d'Hérisson Fr.-J.-H.-Alfred (ancien officier de marine) Capitaine en août 1870	Toulouse	2	
1866	982	Hermann Emile	Mulhouse	6	
1865	314	Hermann Gaspard	Habsheim	1	
1865	653	Hermann Henri	Reiningen	4	
1867	1118	Hérold Jean	Mulhouse	7	
1869	686	Hérold Louis-Adam	»	8	6
1869	430	Hertzog Jean	Sierentz	3	1
1867	1179	Hertzog Léon	Mulhouse	8	2
1869	395	Hett Camille	Riedisheim	1	
1868	1427	Hett Emile	»	1	
1866	721	Hett Martin B. A.	»	1	
1867	1081	Hetzlen Edouard	Eschentzwiller	1	
1865	304	Hetzlen Gabriel	»	1	

Classes	Matricules	NOMS ET PRÉNOMS	DOMICILES	Compagnies au début	Compagnies en campagne
1868	1452	Hetzlen Jacques-Victor Caporal le 6 septembre 1878	Eschentzwiller	1	
1865	305	Hetzlen Louis-Benoît B. A.	»	1	
—	—	Hiffer	—	8	
1867	1234	Higelin Joseph-Pierre	Heimsbrunn	4	
1865	342	Hildibrandt Benoît	Riedisheim	1	
1865	431	Hilfiger Eugène	Dornach	7	
1867	1037	Hilfiger Léon, Caporal	Riedisheim	1	
1866	830	Himmelspach Eugène	Dornach	7	
1870	2418	Hinterer Ignace	Mulhouse	4	6
1870	2508	Hinterer Jean-Chrysostôme	—	6	
1868	1609	Hinterholzer Jules	Didenheim	4	
1866	879	Hirlé Jacques-Edmond Caporal	Mulhouse	8	
1869	377	Hirn Simon B. A.	Rixheim	1	
1865	297	Hiry Jean-Baptiste	Battenheim	2	
1870	2411	Hitschler Henri	Mulhouse	5	7
—	487	Hittenschmidt Jean-Baptiste	—	3	
1867	1369	Hittenschmidt Jacques	Bartenheim	3	
1869	626	Hitter Laurent	Mulhouse	7	
1868	1686	Hodino Jean	»	8	
1869	582	Hœcker Georges-Emile	»	7	2
1867	1059	Hœfferlin Ignace-David Clairon	Petit-Landau	2	
1868	1662	Hoegly Joseph	Mulhouse	8	
1868	1523	Hoffmann Henri Incorporé dans la compagnie du génie de la Mobile, à Belfort	Geispitzen	3	

Classes	Matricules	NOMS ET PRÉNOMS	DOMICILES	Compagnies au début	en campagne
1867	1284	Hoffmann Jean	Pfastatt	4	
1867	1385	Hoffmann Jean	Waltenheim	3	
		Incorporé dans la compagnie du génie de la Mobile, à Belfort			
1870	2375	Hoffmann Jean-Baptiste	Mulhouse	7	
		Incorporé dans la compagnie du génie de la Mobile, à Belfort			
1866	880	Hoffschirr Louis	»	8	2
		Clairon			
1865	552	Hoffschirr Louis-Aimable	Niedermorschwiller	4	
1869	716	Hoffschirr Louis-Auguste	»	4	
		Incorporé dans la Mobile des Bouches-du-Rhône, n'ayant pu rejoindre son département envahi par l'ennemi			
1867	1112	Hog Joseph	Riedisheim	1	
1868	1642	Hohl Alexandre	Didenheim	4	6
1866	983	Holder Joseph-Emile	Mulhouse	6	
1869	211	Hollænder François-Ant.	Reiningen	4	
1868	1556	Holtzacker Fr.-Guill. S. F.	Brunstatt	7	
1866	669	Holtzer Emile B. A.	Baldersheim	2	
1868	1421	Holtzer Eugène	»	2	
1869	259	Holtzschuh Charles B. A.	Mulhouse	6	
1869	289	Holtzschuh Jean-Chrétien	»	6	
1867	1239	Holzer Joseph	Brunstatt	7	
		Caporal le 5 janvier 1871			1
1865	481	Homeyer Guillaume-Emile	Mulhouse	8	
1869	332	Hotz Constantin	Rixheim	1	

Classes	Matricules	NOMS ET PRÉNOMS	DOMICILES	Compagnies au début	en campagne
1867	1240	Huber Sébastien	Dornach	7	
1869	272	Hubschwerlin Franç.-Xav.	Pfastatt	4	
1867	1296	Huck Jean	Mulhouse	6	
1867	1165	Hudler Joseph	»	8	2
1865	315	Hueber Charles de Jean Sergent	Habsheim	1	
1865	370	Hueber Jules B. A.	Sausheim	2	
1869	652	Huffschmidt Gaspard-Léon	Mulhouse	7	
1867	1271	Hugelin Jean-Georges	»	5	
1866	984	Humbert Pierre	»	6	
1865	337	Hurst Xavier Blessé à Beaune	—	2	
1868	1706	Huser Charles	Mulhouse	5	
1869	369	Hüssler Auguste B. A.	Petit-Landau	2	
1865	340	Hüssler Sébastien-Eugène	»	2	
1870	2433	Ilg Emile	Mulhouse	4	6
1869	320	Ilg Marie-Albert	Zimmersheim	1	8,7
—	—	Iret	—	8	
1866	882	Issenbarth Adam	Mulhouse	8	
1868	1761	Jacquet Constant-Prosper	»	6	
1869	193	*Jacquinot Charles-Maxim.-Auguste, baron Sous-lieutenant Lieutenant du 22 juillet 1870 Capitaine-adjudant-major le 4 décembre 1870	»	5	8

Classes	Matricules	NOMS ET PRÉNOMS	DOMICILES	Compagnies au début	en campagne
1865	412	Jæck François-Joseph	Schlierbach	3	
1869	302	Jeanblanc Delphin-Ferdin.	Mulhouse	6	
1865	600	Jean-Perrin Alf.-Ed. B. A.	»	5	
1869	418	Jeckert Joseph-Gabriel	Rixheim	1	
1865	443	Jelger François-Joseph	Galfingen	4	
1868	1561	Jeltsch Marie-Augustin Caporal	Didenheim	4	
1866	933	Jenny Laurent	Zillisheim	4	
1868	1622	Jobard Georges-François	Mulhouse	8	
1867	1054	Johann Antoine	Habsheim	1	
1866	985	Joly Charles-Jacques B. A.	Mulhouse	6	
1868	1553	Jost Philippe	»	7	5
1865	306	Jud Pierre-Paul Incorporé dans la compagnie du génie de la Mobile, à Belfort	Eschentzwiller	1	
1868	1466	Juncker Célestin	»	1	
1867	1306	Juncker Jean-Joseph	Mulhouse	6	
1867	1206	Juncker Joseph	Galfingen	4	
1867	1378	Juncker Joseph	Schlierbach	3	
1868	1517	Jund Henri	Bruebach	3	
1869	455	Jundt Charles	»	3	4
1869	225	Jung Emile	Mulhouse	5	
1867	1168	Kaas Joseph	»	8	
1866	781	Kahn Joseph	Obersteinbrunn	3	

Classes	Matricules	NOMS ET PRÉNOMS	DOMICILES	Compagnies au début	en campagne
1867	1134	*Kaltenbach Frédéric Sergent Sergent-major le 4 déc. 1870	Mulhouse	7	3
1869	694	Kaltenbach Jules	»	8	
—	—	*Kaltenbach Léon Ancien sous-officier de spahis Capitaine du 24 avril 1869 Permute le 1er octobre 1870	Eguisheim	7	3
1868	1811	Kammerer Charles	—	1	
1867	1072	Kammerer Eugène Sergent	Illzach	1	
1868	1540	Kannengieser Antoine	—	3	
1869	470	Kannengieser Emile	Bartenheim	3	8,7
1865	433	Kappler Emile	Dornach	7	
1869	265	Kappler Joseph	Mulhouse	6	
1869	475	Karlen Jean-Georges	Bruebach	3	
1868	1611	Karm Emile	Dornach	7	
1867	1209	Karm Jacques Sergent-fourrier	Mulhouse	8	
1869	365	Karm Joseph B. A.	Rixheim	1	
1869	348	Karm Xavier	Hombourg	2	
1865	322	Kastner Ignace B. A.	Illzach	1	
1867	1199	Katz Emile	Mulhouse	8	
1868	1755	Kaufmann Charles	»	6	
1868	1631	Kauffmann Fortuné	Brunstatt	7	
1868	1664	Kauffmann Jean	Dornach	7	1
1866	883	Kauffmann Jean-Bapt. S. F.	Mulhouse	8	
1868	1723	Kauffmann Louis	»	5	

Classes	Matricules	NOMS ET PRÉNOMS		DOMICILES	Compagnies au début	en campagne
1868	1742	Kaupp Laurent		Mulhouse	6	
1867	1235	Kay Antoine		»	8	4
1868	301	Keck Frédéric *Fanfare*		—	4	
1867	1215	Kehl Emile		Mulhouse	8	4
1869	433	Kehler Sébastien		Kappelen	3	
1865	397	Keiflin Charles	B. A.	Bantzenheim	3	
1866	1029	Keiflin Xavier	B. A.	Wittenheim	4	
1868	1442	Kelbel Antoine		Ottmarsheim	2	
1867	1373	Kelbert Jean		—	3	
1868	1753	Keller Albert		Mulhouse	6	
1868	1423	Keller Auguste		»	1	
1869	322	Keller François-Xavier		Kembs	1	
1866	813	Keller Jean-Baptiste *Sergent*		Brunstatt	7	
1866	884	Keller Joseph *Incorporé dans la compagnie du génie de la Mobile, à Belfort*		Mulhouse	8	
1866	766	Keller Laurent		Flaxlanden	3	
1867	1380	Keller Louis		»	3	
1869	706	Keller Martin		Mulhouse	8	
1866	845	Keller Morand	S. F.	Heimsbrunn	4	
1867	1051	Keller Nicolas	S. F.	Riedisheim	1	
1865	601	Kempf Camil.-Célest.	B. A.	Mulhouse	5	
1867	1343	Kempf Joseph	S. F.	Stetten	3	
1868	1690	Keppi Séraphin		Brunstatt	7	
1866	885	Kerlé Charles		Mulhouse	8	

Classes	Matricules	NOMS ET PRÉNOMS	DOMICILES	Compagnies au début	en campagne
1869	483	Kern Georges	Geispitzen	3	
1869	670	Kern Joseph	Mulhouse	8	6
1865	291	Kessler	—	6	
1866	731	Kessler Frédéric S. F.	Rixheim	1	
1869	336	Kessler Jean-Chrysostôme	»	1	
		Caporal le 1er novembre 1870			6
1866	790	Kessler Victor	Schlierbach	3	
		Caporal le 5 janvier 1871			
1867	1386	Kettenlin Eugène	Walbach	3	
1866	689	Kettler Blaise	Habsheim	1	
1868	1418	Kettler Emile	Rixheim	1	
1869	363	Kettler F.-I.-J. B. A. S. F.	Zimmersheim	1	
1866	986	Kibert Charles-Emile	Mulhouse	6	
1866	1035	Kiedaisch Jacques B. A.	Riedisheim	1	
1868	1613	Kiehl Joseph	Dornach	7	
1870	2517	Kielwasser Auguste	—	6	
1866	1020	Kiener Alphonse B. A. S. F.	Pfastatt	4	
1869	385	Kiener François-Antoine	Riedisheim	1	
1867	1226	Kieny Alphonse	Didenheim	4	
1869	442	Kieny André	Uffheim	3	
1869	695	Killinger Joseph	Mulhouse	8	6
1867	1140	*Kimmerli Albert	Dornach	7	
		Ordonnance du commandant			
1867	1345	Kirchherr Blaise S. F.	Kappelen	3	
1866	772	Kirchherr Jean	»	3	
1870	2424	Kirchhoff Edouard	Niedermorschwiller	4	3

Classes	Matricules	NOMS ET PRÉNOMS		DOMICILES	Compagnies au début	en campagne
1868	1620	Kirchhoff Ed.-Alexandre		Niedermorschwiller	4	
		Caporal				
1870	2388	Kirchhoff Emile-Alphonse		Mulhouse	4	8,7
1869	602	Kirchhoff Joseph-Alexandre		Niedermorschwiller	4	6
1868	1529	Kirchhoffer Georges		Bartenheim	3	
1869	641	Kirscher Antoine		Mulhouse	7	
1868	1497	Kirry Théodore		Bartenheim	2	6
—	—	Kirschner Charles		—	5	
1870	2410	Kirschner Joseph		Mulhouse	5	
1867	1100	Kittler Aloïse		Sausheim	2	1
1869	375	Kittler Camille	B. A.	»	2	
1867	1202	Kittler Emile	B. A.	Dornach	7	
1869	316	Kittler Ferdinand		Sausheim	2	
1869	354	Kittler Xavier	B. A.	Baldersheim	2	
1867	1171	Klein Achille		Didenheim	4	
1867	1154	Klein Frédéric		Mulhouse	8	
		Incorp. dans l'artillerie, à Belfort				
1868	1608	Klein Laurent		Dornach	7	6
1869	690	Klein Laurent	B. A.	Mulhouse	8	
1866	886	Klein Théodore		»	8	
1867	1292	Kleinhans Jacques		»	6	
1867	1395	Kleinhans Joseph	S. F.	Bartenheim	3	
1867	1074	Kleinhans Martin		Eschentzwiller	1	
1865	307	Kleinhans Maurice	S. F.	»	1	
1869	405	Kleinhans Salomon		Zimmersheim	1	
1867	1108	Kleinhans Théodore		Petit-Landau	2	

Classes	Matricules	NOMS ET PRÉNOMS	DOMICILES	Compagnies au début	campagne
1870	2368	Klinzig Georges	Mulhouse	8	6
1869	318	Klippstiehl Jules	Illzach	1	
1866	831	Knauss Jean-Jacques	Dornach	7	
1866	934	Knecht Jacques	Zillisheim	4	
1866	814	Knecht Jean-Nicolas	Brunstatt	7	
1865	654	Knecht Thiébaut	Reiningen	4	
1868	1537	Kniebiel Sébastien	—	3	
1866	815	Kniss François-Joseph	Brunstatt	7	
1868	1419	Knœrr Emile S. F.	Bantzenheim	2	
1865	308	Knopf André	Eschentzwiller	1	
1868	1443	Knopf Auguste	»	1	
1868	1619	Knopf Auguste-Antoine Blessé le 21 janvier 1871 à l'explosion d'une poudrière, au Château de Belfort	Mulhouse	8	
1866	679	Knopf Jean-Baptiste S. F.	Eschentzwiller	1	
1868	1417	Knopf Louis-Alexandre	»	1	
1867	1036	Knopf Sébastien-Alfred Caporal le 1er novembre 1870 Sergent-fourrier le 4 déc. 1870	»	1	
1868	1597	*Koechlin Ed.-Albert	Mulhouse	7	
1868	—	*Kœchlin Emile Sergent-vaguemestre, le 3 août 70	»	6	
1869	607	*Koechlin God.-Oscar Caporal du génie, à Belfort Mort des suites d'une blessure	Dornach	7	
1865	—	*Koechlin Jul.-Cam.-Daniel Sous-lieutenant du 22 juillet 1870 Lieutenant le 4 décembre 1870	Mulhouse	2	5 7

JULES ENGELBACH
Caporal à la 5e compagnie.

GUSTAVE WOGENSCKY
Sergent à la 6e compagnie.

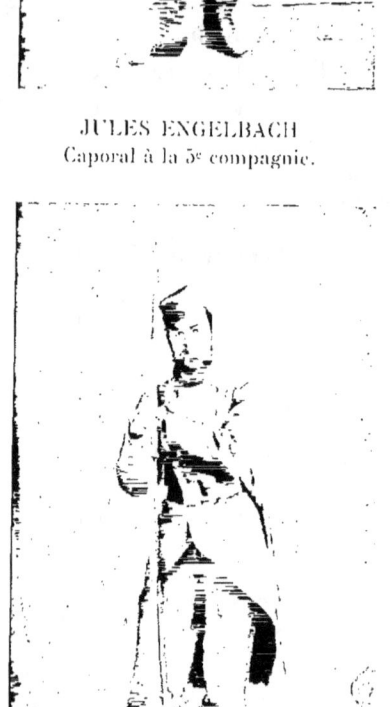

EDOUARD KOECHLIN
Caporal à la 7e compagnie.

ALBERT KOECHLIN
de la 7e compagnie.

Classes	Matricules	NOMS ET PRÉNOMS	DOMICILES	Compagnies au début	en campagne
1867	1153	*Koechlin Oscar-Edouard Caporal le 5 janvier 1871	Dornach	7	7
1867	1144	*Koechlin Rodolphe B. A. Lieutenant du 22 juillet 1870 Capitaine en second du Génie, le 19 août 1870, à Belfort	Mulhouse	7	
1865	602	Koechlin Samuel B. A.	»	5	
1866	930	Kœfferlin Fr.-Joseph B. A. Dispensé provisoirement comme zouave pontifical	Niedermorschwiller	4	
1866	1030	Kœhl Félix S. F.	Wittenheim	4	
1868	1641	Kœlbert Emile S. F.	Brunstatt	7	
1868	1510	Kœlbert Emile Blessé à Beaune	Kœtzingen	3	
1865	483	Koenell Jacques (de)	Mulhouse	8	
1868	1801	Kœnig Frédéric Fanfare	Illzach	1	
1865	380	Koenig Louis-David	Bartenheim	3	
1869	290	Koesler Jean-Baptiste B. A.	Mulhouse	6	
1869	190	Kohler Adolphe	Kingersheim	4	1
1865	415	Kohler Antoine	Sierentz	3	
1868	1635	Kohler Edouard	Heimsbrunn	4	
1866	773	Kohler Mathias S. F.	Kappelen	3	
1866	846	Kohler Pierre	Heimsbrunn	4	3
1867	1231	Kohler Victor	Mulhouse	8	4
1866	887	Konrad Pierre B. A.	»	8	
1868	1764	Kopp Aloïse Caporal	»	6	

— 300 —

Classes	Matricules	NOMS ET PRÉNOMS	DOMICILES	Compagnies au début	en campagne
1865	484	Kopp Joseph Décédé le 12 mars 1871	Mulhouse	8	
1867	1164	Kotting Pierre	»	8	2
1868	1591	Kræmer Antoine Sergent	»	7	
1868	1598	Kræmer Pierre	»	7	
1865	443	Krafft Aloïse S. F.	Heimsbrunn	4	
1866	888	Krafft Joseph B. A.	Mulhouse	8	
1869	673	Krafft Pierre de Pierre	Heimsbrunn	4	1
1870	2406	Krafft Thiébaut	»	4	1
1868	1571	Krafft Vincent	»	4	
1867	1317	Krause Godefroi-Albert Caporal le 1ᵉʳ novembre 1870 Sergent le 5 janvier 1871	Mulhouse	6	1 1
1867	1216	Kreber Charles	»	8	
1869	672	Kreber Gabriel B. A.	»	8	
1868	1702	Krebs Louis-Philippe	Pfastatt	4	6
1869	351	Kremper Jacques	Riedisheim	1	
1865	485	Krenger Louis-Adolphe Incorporé dans la compagnie du génie de la Mobile, à Belfort	Mulhouse	8	
1867	1265	Kress Joseph	»	5	
1870	2369	Krieg Jean-Baptiste	»	8	5
—	—	Kritter Eugène	—	5	
1867	1282	Kuen Eugène B. A.	Mulhouse	5	
1868	1667	Kuenemann Franç.-Joseph	Dornach	7	
1870	2412	Kuenemann Robert	»	7	

Classes	Matricules	NOMS ET PRÉNOMS	DOMICILES	Compagnies au début	en campagne
1868	1574	Kueny Charl.-Xavier B. A.	Mulhouse	7	
1865	407	Kueny Jean-Charles	Rantzwiller	3	5
1865	486	Kuhner Gustave-Adolphe	Mulhouse	8	
1868	1550	Kummerly J.-Bapt.-Dagob.	Didenheim	4	6
1866	987	Kummlé Emile	Mulhouse	6	
1869	330	Kunckler Jacques	Habsheim	1	
1869	413	Kuntz François-Xavier Blessé à Beaune	Baldersheim	2	
1865	487	Kuntz Frédéric B. A. Sergent-instructeur	Mulhouse	8	
1868	1459	Kuntz Jean	Illzach	1	
1865	603	Kupferschmidt Aloïse B. A.	Mulhouse	5	
1868	1689	Kuster Jacques	Niedermorschwiller	4	
1865	488	Ladague Clément-Jean-Bapt. Caporal	Mulhouse	8	3
1866	682	Læssinger Jean-Paul B. A.	Eschentzwiller	1	
1868	1669	Lambelin Jacq.-Alexis-Em.	Mulhouse	8	
1868	1582	Lambelet François-Xavier	»	7	
—	—	Lambert Eugène	—	5	
1866	889	Lamy Charles	Mulhouse	8	
1868	1696	Lamy Josué Sous-chef de la fanfare	»	8	7
1865	416	Lamy Pierre	Sierentz	3	
1865	285	Landwerlin Aloïse	Baldersheim	2	
1866	743	Landwerlin Ambroise	Ruelisheim	2	

— 302 —

Classes	Matricules	NOMS ET PRÉNOMS	DOMICILES	Compagnies au début	en campagne
1866	799	Lang Abraham B. A.	Sierentz	3	
—	—	Lang Antoine Ordonnance	—	1	
1866	988	Lang Bourcart	Mulhouse	6	
1869	382	Lang Charles	Hombourg	2	
1868	1558	Lang Ernest	Mulhouse	7	
1867	1097	Lang Etienne	Ottmarsheim	2	1
1869	472	Lang Henri-Jean-Baptiste	Kœtzingen	3	
1866	672	Lang Ignace	Bantzenheim	2	
1868	1484	Lang Jacques	Hombourg	2	3
1865	336	Lang Jean-Baptiste Caporal le 5 janvier 1871	Ottmarsheim	5	2
1865	416	Lang Pierre	--	3	
1869	720	Lauber Georges-Victor Fanfare	Dornach	7	
1865	343	Lauly Edouard	Riedisheim	1	
1867	1334	Lauter Augustin	Lutterbach	4	
1865	605	Lauthe Charles-Jean Tué à Beaune	Mulhouse	5	
1867	1156	Lavallée Georges-Sylvain	Niedermorschwiller	4	
1869	667	Lavergne Antoine	Mulhouse	8	
1869	403	Laydecker Victor	Habsheim	1	
1865	435	Lazare Samuel	Dornach	7	
1868	1477	Leber Pierre S. F.	Echentzwiller	1	
1869	244	Legros Marie-Joseph-Henri	Mulhouse	5	
1866	832	Leh Georges B. A.	Dornach	7	
1870	2445	Leh Louis	..	4	

Classes	Matricules	NOMS ET PRÉNOMS		DOMICILES	Compagnies au début	en rampagne
1867	1359	Lehmann Hippolyte		—	3	
1869	344	Lehmuller Charles	B. A.	Habsheim	1	
1869	648	Lehr Pierre		Mulhouse	8	6
1866	833	Leichtnam Emile	B. A.	Dornach	7	
1866	989	Leinenweber Emile		Mulhouse	6	
—	—	Lejeune Joseph		—	5	
		Secrétaire du général Vivenot				
1867	1229	Lengfelder Philippe		Mulhouse	8	
		Sergent				
1867	1281	Lentz Henri-Albert		»	5	
1870	2372	Lentz Xavier-Auguste		»	6	
1868	1778	Leonhard Adolphe		»	5	
1867	1176	Letrey Ernest		»	8	
1870	2090	Letterer Auguste		—	4	
1866	990	Lévy Elie	B. A.	Mulhouse	6	
1867	1321	Lévy Emile	B. A.	»	6	
1867	1102	Lévy Emmanuel		Rixheim	1	
1868	1705	Lévy Eugène		Mulhouse	5	
1865	490	Lévy Jacques		»	8	
1865	353	*Lévy Jacques		Rixheim	1	
		Sergent le 6 août 1870				
1866	690	Lévy Léopold		Habsheim	1	
		Caporal le 6 août 1870				
1865	317	Lévy Simon		»	1	
1867	1340	Ley Joseph-Emile		Obersteinbrunn	3	
		Sergent				
1867	1233	Lichtensteiger André		Niedermorschwiller	4	

Classes	Matricules	NOMS ET PRÉNOMS	DOMICILES	Compagnies au début	en campagne
1866	732	Lidy François-Joseph S. F.	Rixheim	1	
1869	353	Lidy Jean-Louis	»	1	
1866	765	Lieby François-Antoine	Dietwiller	3	
		Incorporé dans la compagnie du génie de la Mobile, à Belfort			
1867	1316	*Lienemann M.-Louis-Aug.	Mulhouse	6	
		Chef de musique le 15 nov. 1870			
1865	1412	Lienhardt Jérôme	Uffheim	3	
1868	1526	Lienhart Louis-Benoît	Brinckheim	3	5
1869	448	Lienhart Paul B. A.	»	3	
1868	1626	Lindemann Charles	Mulhouse	8	3
1868	1720	Lisch Joseph	»	5	
1869	247	Lischer Auguste-Théodore	»	6	5
1865	491	Lischy Jean-Georges	»	8	
1865	607	Lissmann Emile B. A.	»	5	
1870	2390	Literer Joseph-Auguste	Niedermorschwiller	4	
1865	561	Litolff Aloïse	Kingersheim	4	
1867	1244	Litolff Edouard	»	4	
1868	1478	Litschgy François-Antoine	Ottmarsheim	2	
1867	1245	Lorach Elias	Mulhouse	4	5
1869	600	Lorach Léopold	»	7	6
1866	927	Lothammer Fr.-Jos.	Niedermorschwiller	4	
		Médecin-major du 4ᵉ bataillon, † Besançon 1871			
1866	926	Lothammer Jacques	»	4	5
1867	1141	Louis Jules	Mulhouse	7	
1868	1779	Loubat Mamet	»	7	

Classes	Matricules	NOMS ET PRÉNOMS	DOMICILES	Compagnies au début	en campagne
1869	294	Ludwig Charles B. A.	Pfastatt	4	
1865	608	Lupfer Charles-Fréd. B. A.	Mulhouse	5	
1870	2443	Lussy Joseph	—	7	3
1866	890	Lutz Eugène	Mulhouse	8	5
1868	1426	Mackerer Joseph	Habsheim	1	3
1865	492	Maendler Joseph B. A.	Mulhouse	8	
—	—	Maillard Emile	—	5	
—	—	Maillard Henri	—	5	
1866	991	Maisch Ed.-Charles-Ad.	Mulhouse	6	
1867	1227	Mandry Joseph	»	8	4
1867	—	Mang Jean-Claude-Jacques	»	5	
1866	992	Mansbendel Charles-Frédér. Fanfare	»	6	
1869	713	Maps Frédéric	»	8	
1869	253	Marbach Alphonse	»	6	4
1865	609	Marchand Arthur B. A.	»	5	
1865	494	Marchand Jean	»	8	1
1868	1703	*Marchal Jules-Fern.-Ern. Sergent-major Sous-lieutenant le 4 déc. 1870	»	5	4 4
1867	1236	Marckert Auguste-Jacques	»	8	
1865	495	Marckert Xavier-Jacques Caporal le 5 janvier 1871	»	8	1
1868	1804	Marckert Jean-Jacques Caporal le 26 octobre 1870	—	8	2

20

Classes	Matricules	NOMS ET PRÉNOMS	DOMICILES	Compagnies au début	en campagne
1865	610	Marder Théophile	Mulhouse	5	
		Caporal le 1er novembre 1870			1
1865	493	Maréchal Georges-Théophile	»	8	1
1866	891	Marsal André	»	8	
1868	1605	Martin Jean-Thiébaut	Zillisheim	4	
1865	404	Martin Joseph	Obersteinbrunn	3	
1867	1091	Mathis Joseph	Battenheim	2	
1866	993	Maurer Jean-Henry B. A.	Mulhouse	6	
—	—	*Maurer Isidore	Dornach	3	
		Sergent-major			
		Sous-lieutenant le 4 déc. 1870			7
1866	290	Maurice Jules B. A.	Mulhouse	6	
1865	496	Mauses Luc	»	8	1
—	—	May Xavier	»	5	
		Fanfare			
1868	1488	Mayer Charles S. F.	Petit-Landau	2	
1865	497	Mayer Emile B. A.	Mulhouse	8	
1869	596	Meckler Martin	»	7	
1865	564	Megel Michel	Lutterbach	4	
		Fanfare			
1869	616	Meininger Jean-Martin S. F.	Mulhouse	8	
1867	1253	Meisterhans Adolphe	»	5	
1869	427	Meisterlin Jean-Baptiste	Geispitzen	3	
1865	498	Mendlin Basile	Mulhouse	8	
1865	337	Mengel Albin-Victor	Ottmarsheim	2	
—	—	Menius Martin	—	5	
1866	744	Mensch Eugène B. A.	Ruelisheim	2	

Classes	Matricules	NOMS ET PRÉNOMS	DOMICILES	Compagnies au début	en campagne
1868	1483	Mensch Léon	Ruelisheim	2	
1867	1087	Mensch Sébastien	»	2	
1869	335	Mentzer Louis	Ottmarsheim	2	
1867	1264	Mercier Louis-Joseph	Mulhouse	5	8
1865	499	Mercklé Jean-Baptiste B. A.	»	8	
1868	1758	Mercklen M.-Jos.-Charles	»	6	
		Télégraphiste à Belfort			
1865	611	Mercklen M.-J.-Eugène B. A.	»	6	
1867	1287	*Mercklen Marie-Gustave	»	5	
		Sergent du génie, à Belfort			
1869	313	Mergy Désiré	Illzach	1	
1865	500	Mertz Ignace-Emile	Mulhouse	8	2
		Caporal			
1865	501	Mesmer Georges B. A.	»	8	
1868	1616	Metz Etienne	Brunstatt	7	
1868	1422	Metzger François-Antoine	Ottmarsheim	2	
1866	734	Metzger Laurent	Rixheim	1	2
1866	733	Metzger Nicolas B. A.	»	1	
1869	257	Meunier Joseph-Emile	Lutterbach	4	
		Fanfare			
1869	408	Meyer Adam S. F.	Zimmersheim	1	
1866	816	Meyer Albert	Brunstatt	7	
1867	1194	Meyer Albert	Mulhouse	8	4
		Sergent			
1866	749	Meyer Alfred	Sausheim	2	
—	—	Meyer Aloïse	—	5	
1866	771	Meyer Ambroise	Helfrantzkirch	3	

Classes	Matricules	NOMS ET PRÉNOMS	DOMICILES	Compagnies au début	en campagne
1865	436	Meyer Antoine	Dornach	7	
1866	892	Meyer Charles-Joseph	Mulhouse	8	
1869	355	Meyer Chrétien	Kembs	1	8,7
1869	480	Meyer Denis B. A.	Helfrantzkirch	3	
1867	1314	Meyer Edouard	Richwiller	4	2
1869	632	Meyer Edouard-Justin	Mulhouse	7	
1868	1714	Meyer Emile	»	5	
1866	711	Meyer Emile Caporal	Petit-Landau	2	
1866	673	Meyer Etienne	Bantzenheim	2	
1868	1490	Meyer Eugène	Sausheim	2	
1866	800	Meyer François-Remi	Sierentz	3	
1869	321	Meyer Georges	Bantzenheim	2	
1869	347	Meyer Hubert	Riedisheim	1	
1868	1646	Meyer Jacques Caporal	Mulhouse	8	3
1869	683	Meyer Jacques	»	8	6
1866	893	Meyer Jacques	»	8	
1865	1406	Meyer Jean-Baptiste Caporal le 5 janvier 1871	Sierentz	3	
1869	701	Meyer Jean-Morand	Didenheim	4	
1868	1458	Meyer Joseph	—	2	
1869	282	Meyer Joseph	Lutterbach	4	
1870	2457	Meyer Joseph	—	7	
1870	2497	Meyer Joseph	—	3	
1869	207	Meyer Joseph-Côme	Kingersheim	4	7
1866	894	Meyer Jules	Mulhouse	8	

Classes	Matricules	NOMS ET PRÉNOMS	DOMICILES	Compagnies au début	en campagne
1869	397	Meyer Louis-Antoine	Rixheim	1	6
1865	344	Meyer Louis-Philippe S. F.	Riedisheim	1	
1865	660	Meyer M.-Constant	Richwiller	4	2
1865	400	Meyer Nicolas	Niedersteinbrunn	3	
1866	994	Meyer Oscar-Emile Sergent	Mulhouse	6	
1865	655	Meyer Romain	Reiningen	4	
—	—	Meyer Romain Sergent Adjudant le 4 déc. 1870	Mulhouse	4	
1869	274	Mieg Mathieu-Charles Employé d'admin°°, à Belfort	»	6	
1865	504	Minder Camille B. A.	»	8	
1865	502	Mitschdoerffer Emile	»	8	
1867	1322	Misner Jean-Baptiste	Wittenheim	4	
1865	649	Misslin Sébastien B. A.	Pfastatt	4	
1869	203	Mistler Jacques	Mulhouse	5	
1865	354	Moeglin Séraphin Incorporé dans la compagnie du génie de la Mobile, à Belfort	Rixheim	1	
1868	1470	Mœssner Victor Blessé à Beaune	Eschentzwiller	1	
1868	1458	Moger Joseph	Petit-Landau	2	
1868	1807	Monod Emile Sergent, blessé à Beaune	Mulhouse	4	
1866	996	Montandon Célestin Clairon, blessé à Beaune	Mulhouse	6	1
1869	201	Montandon Emile-Auguste	»	5	1

Classes	Matricules	NOMS ET PRÉNOMS	DOMICILES	Compagnies au début	en campagne
1865	612	Montandon Jos.-Alfr. B. A.	Mulhouse	6	
—	—	Montès Emile	—	7	
		Lieutenant du 19 juillet 1870			
1866	995	Monnier Emile-Ant. B. A.	Mulhouse	6	
1868	1456	Moos Joseph S. F.	Kembs	1	
1865	331	Moos Joseph	»	1	
1869	419	Moos Nathan	»	1	
1868	1754	Moriceau Henri-Alphonse	Mulhouse	6	
1866	1022	*Moritz Eugène	Reiningen	4	
		Sous-lieutenant du 19 juillet 1870			
		Lieutenant le 23 octobre 1870			
1867	1347	Moser Auguste	Bartenheim	3	
1866	834	Moser Emile	Dornach	7	
1869	466	Moser Georges-Joseph	Bartenheim	3	
		Caporal le 1ᵉʳ novembre 1870			6
1869	606	Moser Jules	Mulhouse	8	
1866	997	Mougin Dècle-Emile	»	6	
1865	338	Mouillet François-Antoine	—	1	
1867	1360	Muk Jean	Niedersteinbrunn	3	
1866	835	Muller Aloïse	Dornach	7	
1869	414	Muller Alphonse	Sausheim	2	
		Caporal			7
1869	724	Muller Auguste	Mulhouse	8	
		Engagé à la compagnie des francs-tireurs de Mirecourt			
1869	381	Muller Charles B. A.	Petit-Landau	2	
1867	1379	Muller Chrétien	Bartenheim	3	
1868	1451	Muller Conrad	Niffer	2	

Classes	Matricules	NOMS ET PRÉNOMS	DOMICILES	Compagnies au début	en campagne
1867	1358	Muller Conrad	Waltenheim	3	
1868	1476	Muller Emile-Auguste	Petit-Landau	2	
1866	750	Muller Eugène B. A.	Sausheim	2	
1865	339	Muller François-Antoine	Petit-Landau	2	
1865	650	Muller Gaspard	Pfastatt	4	
1869	655	Muller Georges	Mulhouse	7	
1865	417	*Muller Georges Sergent-fourrier	Waltenheim	3	
1868	1551	Muller Henri-Frédéric	Mulhouse	7	
1865	503	Muller Jacques	»	8	
1866	704	Muller Jean Incorporé dans la compagnie du génie de la Mobile, à Belfort	Kembs	1	
1865	406	Muller Jean-Baptiste S. F.	Obermagstatt	3	
1866	808	Muller Jean-Baptiste	Waltenheim	3	
1865	398	Muller Louis-David B. A.	Landser	3	
1869	222	Muller Nicolas-Edouard	Mulhouse	5	
1869	252	Munsch Alfred	»	6	
1870	2528	Münch Grégoire	—	2	
1865	613	Münch Joseph-Eug. B. A.	Mulhouse	6	
1869	317	Münch Joseph-Morand	Rixheim	1	2
1870	2430	Munck Charles	—	4	
1866	691	Munier Martin	Habsheim	1	
1868	1474	Musslin Albert-Alphonse	Petit-Landau	2	
1869	384	Musslin Alb.-Etienne B. A.	»	2	
1868	1446	Musslin Franç.-Jos. S. F.	Rixheim	1	
1866	712	Musslin François-Xavier	Petit-Landau	2	

Classes	Matricules	NOMS ET PRÉNOMS	DOMICILES	Compagnies au début	en campagne
1869	343	Mussigmann Michel B. A.	Baldersheim	2	
1865	506	Mütschler François	Mulhouse	1	
—	—	Mutschler Léon	—	4	
1869	364	Naas François-Joseph	Riedisheim	1	
1868	1425	Naas Isidore	»	1	
1865	387	Naas Nicolas	—	3	
—	—	Nægeli Jean	—	5	
1870	2499	Neff Jacques Blessé à Beaune	—	2	
1867	1372	Neff Léonard	Flaxlanden	3	
1867	1188	Nessler Charles S. F.	Mulhouse	8	
1867	1230	Netter Moïse Tué le 21 janv. 1871 à l'explosion d'une poudrière au Château de Belfort	»	8	
1866	745	Neyer Aloïse Ordonnance du capitaine	Ruelisheim	2	
1869	420	Neyer Edouard	»	2	
1867	1069	Neyer Jacques	Illzach	1	
1869	658	Neyer Jean	Mulhouse	8	
1869	628	Neyer Joseph	Dornach	7	
1866	735	Nico Edouard S. F.	Rixheim	1	
1869	417	Nico Marc-Prosper	»	1	
—	—	Nicot Raoul Tué à l'explosion de la poudrière du Château, le 21 janvier 1871.	Mulhouse	8	

Classes	Matricules	NOMS ET PRÉNOMS	DOMICILES	Compagnies au début	en campagne
1868	1473	Niedergang Franç.-Antoine	Habsheim	1	
1867	1115	Niedergang Martin	Bantzenheim	1	
		Caporal le 5 janvier 1871			
1869	368	Niedergang Martin B. A.	Habsheim	1	
1866	705	Nigg Mathias-Bernard	Kembs	1	6
1868	1431	Nithart Eugène-Pierre	Eschentzwiller	1	
1865	345	Nithart Louis	Riedisheim	1	
1869	621	Nitz François-Joseph	Mulhouse	7	
1868	1719	Noninger Guillaume	»	5	
1868	1725	Notter Alfred	Kingersheim	4	
		Caporal			
		Sergent du 5 janvier 1871			
1869	373	Notter Emile	Rixheim	1	5
1868	370	Notter Jean B. A. S. F.	»	1	
1867	1315	Noullet Jacques	Mulhouse	6	
1865	614	Noullet Jean	»	6	4
1866	998	Nowack Jacques	»	6	
1869	205	Obrecht Jean-Mart., dit Ivan	Mulhouse	5	2
		Attaché au service du médecin-major			
1867	1070	Odinot Jean S. F.	Zimmersheim	1	
1866	896	Oeuvrard Auguste B. A.	Mulhouse	8	
1865	292	Onimus Antoine	Bantzenheim	2	
1869	371	Onimus Joseph B. A.	»	2	
1867	1053	Oser Sébastien	Rixheim	1	

— 314 —

Classes	Matricules	NOMS ET PRÉNOMS	DOMICILES	Compagnies au début	en campagne
1869	589	Ostertag Dominique-Gustave	Mulhouse	7	4
1865	557	Oswalt François-Antoine	Zillisheim	4	
1868	1522	Ott Jean-Baptiste	Sierentz	3	
1868	1701	Ottenat Henri-Frédéric	Mulhouse	5	7
—	—	*Ottmann Franç.-Jos.-Louis Ancien officier de place de Strasbourg Capitaine du 24 avril 1869 Passe pour son grade, le 1er octobre 1870, à la	Strasbourg	5	8
1867	1375	Ouzelet J.-J.-Louis B. A.	Sierentz	3	
—	—	Pagnard Joseph Lieutenant du 19 juillet 1870 Lieutenant du génie le 10 août 70	—	3	
1866	1023	Papirer François-Joseph	Reiningen	4	
1865	656	Papirer Jean-Chrysostôme	»	4	
1866	1024	Papirer Jean-Chrysostôme	»	4	3
1869	256	Papirer Pierre-Paul	»	4	
1869	594	Pathé Louis-Jules-Armand	Mulhouse	7	
1868	1698	Pauly Charles-Eugène	»	5	1
1864	—	*Penot Denis-Henri Sous-lieutenant du 19 juillet 1870 Lieutenant le 19 août 1870 Officier d'ordonnance du général Vivenot, le 3 octobre 1870	»	5	5
1867	1210	Périchon Louis-Jos.-Eug.	»	8	
1868	1721	Pernot Ferjeux S. F.	»	5	

— 315 —

Classes	Matricules	NOMS ET PRÉNOMS	DOMICILES	Compagnies au début	en campagne
1869	349	Perret Charles	Illzach	1	2
1866	702	Perret Eugène	»	1	8,7
1868	1460	Perret Jean-Jacques	»	1	
1870	2444	Perret Oscar	—	1	
1867	1161	Perrin Augustin	Zillisheim	4	
1865	323	Persohn Jean B. A.	Illzach	1	
1869	644	Peter Emile	Niedermorschwiller	4	2
1869	264	Peter Louis-Jacques	Mulhouse	6	
1865	355	Peter Séraphin S. F.	Rixheim	1	
—	—	Petermann Sergent	—	3	
—	—	Petit Sergent-major le 1er oct. 1870	—	8	
1866	897	Petit Pierre-Joseph-Martin Réformé le 30 septembre 1870	Mulhouse	8	
1867	1330	Petitjean Alb.-J.-Luc B. A.	»	6	
1869	238	Pfeiffer Charles	»	5	
1868	1612	Pfitzinger Ch.-Ernest B. A.	»	8	
1866	898	Pfleger Philippe	»	8	
1866	817	Pflieger Jean-Baptiste Caporal	Brunstatt	7	1
1866	706	Pflieger Jean-Baptiste	Kembs	1	
1865	424	Pflieger Jean-Georges Caporal Sergent le 1er novembre 1870	Brunstatt	7	1
1869	473	Pflimlin Emile	Niedersteinbrunn	3	
1865	615	Pflimlin Jean-Baptiste Sergent-fourrier Sergent-major en novembre 1870	Mulhouse	6	6

Classes	Matricules	NOMS ET PRÉNOMS	DOMICILES	Compagnies au début	en campagne
1865	401	Pflimlin Joseph	Niedersteinbrunn	3	
1865	396	Pflimlin Grég.-Jos. S. F.	Kœtzingen	3	
1868	1549	Picard Lazare	Mulhouse	7	
1868	1472	Picquet Alfred-Franç.-Xav. Caporal le 5 janvier 1871	Baldersheim	2	
1865	616	Poirier Alexandre B. A.	Mulhouse	6	
1867	1180	Portmann Joseph	»	8	2
1866	736	Preyssler Théodore	Rixheim	1	4
1869	254	Racine Eugène Caporal Sergent-fourrier le 4 déc. 1870	Mulhouse	6	4 4
1865	507	Racine Eugène	»	8	
1866	1000	Rack Jacques-Michel B. A.	»	6	
1865	617	Rack Joseph-Georges B. A.	»	6	
1866	899	Rack Victor	»	8	2
1868	1747	Rantz Alphonse-Joseph	Lutterbach	4	1
1867	1376	Rapp André	Waltenheim	3	
1866	783	Rapp Jean S. F.	Obermagstatt	3	
1869	481	Rapp Pierre	Waltenheim	3	
1865	565	Rappolt Joseph	Lutterbach	4	
1867	1269	Rauch Aloïse-Joseph	Kingersheim	4	
1868	1489	Rauch Joseph S. F.	Chalampé	2	
1868	1628	Rauch Joseph	Mulhouse	8	
1869	366	Redelin Anselme B. A.	Ruelisheim	2	
1865	362	Redelin Léon Caporal	»	2	

Classes	Matricules	NOMS ET PRÉNOMS	DOMICILES	Compagnies au début	en campagne
1868	1614	Reeber Isidore	Mulhouse	8	
1867	1101	Regisser Herm.	Ottmarsheim	2	1
1867	1138	*Rehm Eugène Sergent	Dornach	7	
1865	618	Rehm Louis-Guillaume	Mulhouse	6	
1868	1759	Rein Salomon Caporal	»	6	
1869	324	Reingbach Alphonse S. F.	Riedisheim	1	
1869	620	Reingspach Charles-Eman.	Mulhouse	7	
1869	415	Reinhard Ferdinand S. F.	Illzach	1	
1869	611	Reiser Alfred	Mulhouse	8	6
1869	276	Remy Alfr.-Edouard-Scip.	»	6	
1868	1482	Renck Bonaventure	Rixheim	1	
1868	1561	Renck Charles	Mulhouse	7	
1868	1590	Renck Jules	»	7	
1868	1584	Renner Charles Caporal-clairon	»	7	
1867	1290	Renner Emile	»	6	
1865	619	Renner Jean-Georges B. A.	»	6	
1869	267	Renner Jules	»	6	
1866	1001	Rey Charles	»	6	8
1865	665	Reyl François-Antoine	Wittenheim	4	
1866	692	Reymann Charles	Habsheim	1	
1868	1486	*Reymann Charles-Eugène Caporal le 6 août 1870 Sergent-fourrier le 1er sept. 1870 Sergent-major le 4 déc. 1870	Riedisheim	1	

Classes	Matricules	NOMS ET PRÉNOMS	DOMICILES	Compagnies au début	en campagne
1865	346	Reymann François-Jules *Dispensé comme employé de chemin de fer*	Riedisheim	1	
1869	310	Reymann Jean-Baptiste	»	1	2
1869	357	Reymann Michel B. A.	»	1	
1865	347	Reymann Théodule *Caporal le 5 janvier 1871*	»	1	
1868	1564	Rhein Auguste	Mulhouse	7	
1868	1407	Rhein Marc	—	3	
1866	713	Ribstein Franç.-Ant.	Petit-Landau	2	8
1866	900	Ricard François	Mulhouse	8	
1866	931	Richard Bernard B. A.	Niedermorschwiller	4	
1869	476	Richart Joseph	Bruebach	3	
1867	1068	Richard Joseph	Battenheim	2	
1865	620	Richert Camille	Mulhouse	6	
1866	837	Richert Charles-Alb. S. F.	Dornach	7	
1868	1467	Richert Georges	Ottmarsheim	2	
1865	408	Riedlinger Georges	Rantzwiller	3	
1865	310	Riedlinger Henry-Jacques	Eschentzwiller	1	
1869	421	Riedlinger Joseph	Rixheim	1	
1868	1447	Riedweg Auguste	Bantzenheim	2	
1866	737	Riedweg Martin	Rixheim	1	
1865	324	Rieffel Georges	Illzach	1	
1865	509	Rieffel Léon	—	1	
1865	319	Riegert François-Pierre	Hombourg	1	2
1866	697	Riegert Louis	»	2	
1869	241	Rieter Jean-Bapt.-Xav.-Jos.	Mulhouse	5	

Classes	Matricules	NOMS ET PRÉNOMS	DOMICILES	Compagnies au début	en campagne
1865	621	Rieter Louis-Eugène	Mulhouse	6	
		Caporal le 1er novembre 1870			1
1870	2455	Rietsch Sébastien	—	7	
1868	1627	Rimelin François-Joseph	Mulhouse	8	
1866	901	Rinck Auguste	»	8	
1869	633	Rippas Eugène-Oscar	»	7	
1865	508	Rippas Jean-Jacques	»	8	
1866	738	Risch Sébastien	Rixheim	1	
1865	622	Risler Auguste	Mulhouse	6	
1868	1760	Risler Camille	»	6	1
		Blessé à Beaune			
1865	509	Rittel Léon	»	8	1,7
1869	647	Rittel Xavier B. A.	»	7	
1868	1695	Ritter Joseph-Léon	»	8	6
1868	1687	Roch Jean	»	8	
1868	1944	Roechlin Emile-Isid. B. A.	»	6	
1868	1491	Rœllinger Charl.-Hip. B. A.	Eschentzwiller	1	
1866	680	Rœllinger Emile-Léger	»	1	
1865	444	Rœsch Ignace	Galfingen	4	
1867	1145	Rœssler Louis	Dornach	7	
1865	555	Rœsslin Emile	Niedermorschwiller	4	
1867	1155	Roggenmoser Emile	Dornach	7	
1869	331	Rohrer Pierre	Hombourg	2	
1869	424	Roll François-Joseph	Landser	3	
1868	1728	Ronfort Camille	Mulhouse	5	2
1863		Ronfort Célestin-Adolphe	»	4	
		Lieutenant du 19 juillet 1870			

Classes	Matricules	NOMS ET PRÉNOMS	DOMICILES	Compagnies au début	en campagne
1868	1780	Rongier E. *Adjudant du 4ᵉ bataillon Blessé à Beaune, † ensuite à Pithiviers*	—	—	
1866	902	Roost Eugène B. A.	Mulhouse	8	
1868	1730	Rosier Alexis	»	5	
1869	333	Rost François-Gustave	Rixheim	1	
1866	903	Rost Jean	Mulhouse	8	
1866	1002	Roth Alfred-Martin-Joseph	»	6	
1865	437	Roth Sébastien	Dornach	7	
1866	904	Rothan Charles-Em. S. F.	Mulhouse	8	
1867	1175	Rotzinger Joseph	—	3	
1870	2442	Rotzinger Joseph	—	7	
1865	623	Rouché Eugène	Mulhouse	6	
1866	905	Rouillot Eugène	»	8	3
1865	511	Rubritzius Jean	»	8	1
1867	1077	Rückert Fréd.-Jules S. F.	Illzach	1	
—	—	Rudelle *Capitaine Chef de bataillon du 1ᵉʳ bataillon le 4 décembre 1870*	—	1	
1867	1057	Rudolf Henri-Joseph	Battenheim	2	
1866	698	Rueb Alphonse	Hombourg	2	
1865	559	Ruedolf Jacques	Zillisheim	4	
1867	1120	Ruef Jacques	Mulhouse	7	
1868	1743	Ruef Léopold de Jacques	»	6	
—	—	Rueff	—	8	

Classes	Matricules	NOMS ET PRÉNOMS	DOMICILES	Compagnies au début	en campagne
1866	1004	Rueff Georges-Michel B. A.	Mulhouse	6	
1867	1185	Rueff Lehmann Caporal	Zillisheim	4	
1867	1191	Ruesch Emile	Dornach	7	
1867	1201	Ruesch Jean-Baptiste	»	7	
—	434	Ruest Georges	—	7	
1868	1625	Ruest Joseph	Dornach	7	
1867	1362	Ruetsch Marc	Obersteinbrunn	3	5
1869	643	Rupert Benjamin	Mulhouse	7	
1869	617	Rust Emile	Heimsbrunn	7	4
1869	210	Rusterholtz Nicolas	Mulhouse	5	
1866	1005	Saga Jean	Mulhouse	6	
—	—	Salomon Télégraphiste à Belfort	»	—	
1865	512	*Sandherr Nicolas-Mathias-Henry-Auguste Capitaine du 24 avril 1869 Passe pour son grade, le 1er oct. 1870, à la	»	8	5
1869	637	Sauer Théodore	»	7	
1866	906	Sauvageot Albert Ordonnance du commandant	»	8	2
1866	791	Sax Michel	Schlierbach	3	
—	1814	Schaab Jacques	—	1	8,7
1869	202	Schaaf Louis-Emile	Mulhouse	5	
1865	513	Schæck Jean-Baptiste	»	8	1

21

Classes	Matricules	NOMS ET PRÉNOMS	DOMICILES	Compagnies au début	en campagne
1865	514	Schaeffer François-Xavier	Mulhouse	8	
1867	1126	Schæffer Jacques	»	7	5
1868	1677	Schæffer Paul-Gust^{ve}-Emile	Dornach	7	
1866	907	Schaentzler Jean-Jacques	Mulhouse	8	
1869	227	Schaffner Nicolas	Lutterbach	4	
1866	806	Schaller Michel	Uffheim	3	
1866	739	Schaller Michel-Albert	Rixheim	1	
—	—	Schaoff Jean-Nicolas	Saar-Union	1	
1865	356	Schaub Jean-Mathias B. A.	Rixheim	1	
1869	326	Schaub Jules S. F.	Illzach	1	
1869	325	Schedelin Joseph	Chalampé	2	
1865	626	Scheidecker Gust.-Jos. B A.	Mulhouse	6	
1866	908	Schenck Edouard	»	8	
1865	624	Schenck Ferdinand B. A.	»	6	
1865	515	Schenck Jacques	»	8	1
1865	625	Scherrer Charles	»	6	
1866	792	Scherrer Emile	Schlierbach	3	
1869	469	Scherrer Jules-Victor A servi dans les mobilisés des chemins de fer de l'Est, à Belfort	»	3	
1865	516	Scheuermann Joseph B. A.	Mulhouse	8	
1868	1671	Schild Henri	Dornach	7	
1868	1691	Schild Nicolas Réformé le 2 octobre 1870	»	7	
1866	722	Schildknecht Emile	Riedisheim	1	
1866	1006	Schillinger Victor	Mulhouse	6	
1865	447	Schirch Appolinaire	Heimsbrunn	4	

Classes	Matricules	NOMS ET PRÉNOMS	DOMICILES	Compagnies au début	en campagne
1869	346	Schirmer Jean-Georges	Riedisheim	1	
		Dispensé provisoirement comme employé des chemins de fer			
1867	1338	Schivre Georg.-Gust.-Henri	Mulhouse	6	
1869	194	Schlachter Charles	»	5	
1868	1638	Schlæflin Louis-Emile	»	8	3
1869	213	Schlick Emile	»	5	
		Caporal du génie, à Belfort			
1865	666	Schlienger Charles-Eustache	Wittenheim	4	7
		Caporal le 1er novembre 1870			
1869	287	Schlienger Hubert	Mulhouse	6	
		Caporal le 5 janvier 1871			
1868	1581	Schlienger Jules	»	7	
1866	1034	Schlienger Laurent	Wittenheim	4	
1866	1031	Schlienger Louis-Philippe	»	4	3
1869	675	Schlosser Joseph	Mulhouse	8	6
1868	1661	Schlotterbeck Guill.-Frédér.	»	8	
1870	—	*Schlumberger Gs-Emile	»	8	
		Télégraphiste à Belfort			
1865	517	Schlumberger Eugène B. A.	»	8	
1865	—	Schlumberger Jean	»	7	
		Caporal			
1869	663	Schmaltz Chrétien	»	8	
1869	704	Schmaltz Emile	»	8	
1865	518	Schmaltz Jacques B. A.	»	8	
1865	519	Schmaltz Joseph B. A.	»	8	
1868	1435	Schmalzer Jules-Willibald	Illzach	1	
1867	1254	Schmeiser Emile	Kingersheim	4	

Classes	Matricules	NOMS ET PRÉNOMS	DOMICILES	Compagnies au début	en campagne
1868	1659	Schmerber Albert	Mulhouse	8	3
1865	627	Schmerber Emile	»	4	
		Sergent			6
1865	520	Schmerber Jean-Jacques	»	8	2
1869	441	Schmidlin Alphonse	Bartenheim	3	
1865	522	Schmidlin Emile	Mulhouse	8	
1867	1413	Schmidlin Jérôme	—	3	
1865	521	Schmitt Adolphe	Mulhouse	8	1
1866	824	Schmitt Albert B. A.	Didenheim	4	
1869	627	Schmitt Aloïse	»	4	
1868	1586	Schmitt Antoine	Mulhouse	7	
1867	1325	Schmitt Charles-Jos. B. A.	»	6	
1869	677	Schmitt Edouard	Dornach	7	
1866	909	Schmitt Edouard S. F.	Mulhouse	8	
1867	1121	Schmitt Georges-Simon	»	7	
1869	702	Schmitt Gustave-Henri	»	8	3,6
1869	435	Schmitt Jacques	Dietwiller	3	
1865	402	Schmitt Jacques	Niedersteinbrunn	3	
1866	928	Schmitt Léonard B. A.	Niedermorschwiller	4	
1865	523	Schmitt Philippe-Eugène	Mulhouse	8	1,2
1866	676	Schmitt Xavier	Battenheim	2	
1868	1621	Schmitz Georges	Mulhouse	8	
—	—	Schmoll	»	—	
		Télégraphiste à Belfort			
1869	260	Schmutz Frédéric B. A.	»	6	
1866	910	Schnebelé Charles B. A.	»	8	

Classes	Matricules	NOMS ET PRÉNOMS	DOMICILES	Compagnies au début	en campagne
1865	628	Schneckenburger L. B. A.	Mulhouse	6	
1867	1267	Schneider Emile-Ernest	»	5	
1865	381	Schneider Joseph B. A.	Bartenheim	3	
1867	1323	Schneider Joseph	Mulhouse	6	8,7
1866	752	Schneider Joseph	Zimmersheim	1	
1865	629	Schneider Jules-Alfr. B. A.	Mulhouse	6	
1867	1243	Schœninger Henri	»	8	
1868	1717	Schœpflin Guillaume S. F.	»	5	
1869	635	Schœttli Jean	»	7	
1865	438	Scholly David-Léon B. A.	Dornach	7	
1866	803	Schrameck Jacques B. A.	Sierentz	3	
1865	524	Schrameck Léon B. A.	Mulhouse	8	
1869	457	Schrameck Léopold Réformé le 28 octobre 1870	Sierentz	3	
1867	1060	Schratz François-Ant. Caporal	Petit-Landau	2	1
1869	233	Schreiber Ernest	Mulhouse	5	
1869	378	Schrembacher Grég.	Chalampé	2	1
1866	819	Schrepf François-Antoine	Brunstatt	7	
1867	1136	Schultz Aloïse-Eugène	»	7	
1867	1135	Schultz Charles	»	7	
1868	1576	Schultz François-Joseph	»	7	
1869	218	Schultz Frédéric-Nicolas	Mulhouse	5	
1867	1211	Schultz Humbert-Joseph Fanfare	Brunstatt	7	
1870	2392	Schultz Jean	Niedermorschwiller	4	8,7
1865	425	Schultz Joseph-Albert	Brunstatt	7	

Classes	Matricules	NOMS ET PRÉNOMS	DOMICILES	Compagnies au début	en campagne
1867	1183	Schumacher Charles-Alfred	Mulhouse	8	
1865	357	Schuhmacher Jean B. A.	Rixheim	1	
1869	404	Schumacher Joseph Dispensé provisoirement comme employé des chemins de fer	Habsheim	1	
1869	638	Schuppert Henri-Auguste	Mulhouse	7	4
1865	667	Schwager François-Antoine	Wittenheim	4	
1869	242	Schwander Jean-Bapt. S. F.	Lutterbach	4	
—	—	*Schwartz Charles Sergent-major Sous-lieutenant officier-payeur le 4 décembre 1870	Saint-Amarin	7	
1867	1137	Schwartz Jean Fanfare	Mulhouse	7	
1869	614	*Schwartz Jules Détaché à Belfort	»	8	
1868	1580	Schwartz Jules B. A.	»	7	
1867	1259	*Schwartz Oscar-Mathieu Télégraphiste à Belfort	»	5	8
1869	196	Schweblen Franç.-Joseph	Lutterbach	4	3
1868	1543	Schwechler Gervais Sergent	Niedersteinbrunn	3	
1866	821	Schweitzer Clément Réformé n° 2, le 30 sept. 1870	Brunstatt	7	
1868	1660	Schweitzer Joseph Incorporé dans la compagnie du génie de la Mobile, à Belfort	Mulhouse	8	
1865	393	Schweitzer Guillaume	Helfrantzkirch	3	8
1867	1367	Schweitzer Jean-Baptiste	»	3	

Bataillon de Mobiles du Haut-Rhin (Siège de Belfort) Pl. 25

ED. DOLLFUS-FLACH, télégraphiste.

THEOD. DREYSPRING, télégraphiste.

JULES ZIEGLER, télégraphiste.

JULES SCHWARTZ, garde mobile
(détaché à la place)

Classes	Matricules	NOMS ET PRÉNOMS	DOMICILES	Compagnies au début	campagne
1868	1520	Schweitzer Martin	Obermagstatt	3	
1865	373	Schwertz Eugène	Sausheim	2	
1865	372	Schwertz François	»	2	
1865	525	Schwob Maurice Clairon	Mulhouse	8	2
1869	209	Schwob Paul	»	5	
1866	1007	Schwob Samuel B. A.	»	6	
1866	694	Schwœblé François	Habsheim	1	
1867	1398	Seckinger Antoine	Sierentz	3	
1868	1675	Seel Jacques-Frédéric	Mulhouse	8	
1865	631	Seidelmann Camille B. A.	»	6	
1867	1169	Seiler Georges-Martin-Ed. Caporal Sergent le 5 janvier 1871	»	8	3 3
1865	526	Seiler Jacques	»	8	
1868	1650	Seiler Jean-Michel S. F.	»	8	
1865	632	Selther Edouard	»	6	
1866	740	Seitz Louis B. A.	Rixheim	1	
1868	1692	Sellet Edouard Caporal	Mulhouse	8	
1869	245	Sellet Emile	»	5	
1865	527	Sellet Jean Sergent	»	8	
1869	319	Sembach Camille	Illzach	1	
1867	1086	Seng Antoine-André	Ruelisheim	1	3
1866	767	Seng Dagobert	Flachslanden	3	
1867	1387	Seng Napoléon B. A.	»	3	

Classes	Matricules	NOMS ET PRÉNOMS	DOMICILES	Compagnies au début	en campagne
1865	528	Senglé Jean	Mulhouse	8	
1867	1163	Senglé Martin	»	8	
1866	709	Senn François-Louis B. A.	Ottmarsheim	2	
1868	1485	Senn Sébastien	»	2	
1867	1174	Serrès Ernest-Alfred-Jean	Dornach	7	
		Sous-lieutenant du 19 juillet 1870		8	6
		Lieutenant à la 1re compagnie du 1e bataillon, le 4 déc. 1870			
1868	1711	Settelen Aloïse	Wittenheim	4	
1869	649	Sieben Antoine-Jules	Mulhouse	8	6
1867	1224	Sieben Robert	»	8	
		Caporal du génie, à Belfort			
1866	695	Siedler Jacques	Habsheim	1	
1869	361	Simon Charles-Claude	Echentzwiller	1	4
1866	741	Simon Eugène	Rixheim	1	
1865	418	Six Louis-Vincent	Zæssingen	3	
1867	1361	Six Joseph	»	3	
1867	1192	Sonderegger Jean-Joseph	Mulhouse	8	
		Caporal du génie, à Belfort			
1868	1519	Soret Alphonse S. F.	Uffheim	3	
1865	1414	Soret Joseph S. F.	»	3	
1868	1536	Specker Jean-Baptiste	Walbach	3	
1866	774	Specker Jean-Georges-Marie	Kappelen	3	
1865	440	Spelty Charles-Napol. B.A.	Dornach	7	
1867	1143	Spengler Frédéric	Mulhouse	7	
—	—	Spiegel	»	—	
		Télégraphiste à Belfort			

Classes	Matricules	NOMS ET PRÉNOMS	DOMICILES	Compagnies au début	En campagne
1865	556	Spiess Jean B. A.	Niedermorschwiller	4	
1868	1700	Spitz Charles	Mulhouse	5	
1869	659	Spitz Emile	»	8	
1869	188	Spony Ernest S. F.	Lutterbach	4	
1868	1468	Stackler Franç.-Jos. S. F.	Baldersheim	2	
1868	1469	Stædelin Emile	Kembs	1	
1870	2474	Stædelin Jean	—	1	
1866	809	Stampfler Xavier Incorporé dans la compagnie du génie de la Mobile, à Belfort	Waltenheim	3	8
1866	708	Staub Léon-Maurice blessé à Beaune	Niffer	2	
1868	1741	Staub Léonard-Hubert	Mulhouse	6	8,7
1866	1009	Staub Robert S. F.	»	6	
1865	529	Steffan Antoine	»	8	
1869	237	Steffan Emile	»	5	
1866	912	Steffan Emile Fanfare	»	8	7
1867	1320	Steffen Albert	Pfastatt	4	
1867	1307	Steffner Alfred-Philippe Infirmier	Mulhouse	6	
—	—	Stehelin Célestin	—	6	
1865	633	Steiger Elias Caporal	Mulhouse	6	
—	—	*Steimer Joseph Capitaine du 24 avril 1870 Officier de place à Lyon le 4 décembre 1870	—	6	

Classes	Matricules	NOMS ET PRÉNOMS	DOMICILES	Compagnies au début	en campagne
1868	1569	Steinbach Auguste	Mulhouse	7	
1866	913	*Steinbach Charles-Albert	»	8	
		Caporal du génie, à Belfort			
1865	—	Steinbach Emile	»	8	
1867	1075	Steinbach Frédéric	Illzach	1	
1865	530	Steinbach Frédéric-Jules	Mulhouse	8	
1869	200	Stellwag Fr.-J. B. A. S. F.	»	—	
1865	657	Stephan Joseph	Reiningen	4	1
1865	531	Stephani Jean B. A.	Mulhouse	8	
1868	1441	Stern Jacques S. F.	Illzach	1	
1870	2463	Stieffel Emile-Eug.	—	7	
		Caporal le 1er novembre 1870			1
1865	428	Stier Edouard-Laurent	Didenheim	4	
1866	1010	Stierlin Jean B. A.	Mulhouse	6	
1866	838	Stierling Emile	Dornach	7	
		Caporal le 1er novembre 1870			4
1867	1402	Stirmlinger François-Ant.	Niedersteinbrunn	3	
		Incorporé dans la compagnie du génie de la Mobile, à Belfort			
1865	384	Stœcklin Jacques-Auguste	Brinckheim	3	1
1867	1058	Stœssel Edouard	Riedisheim	1	
1869	477	Stœssel Grégoire	Obersteinbrunn	3	
1869	304	Stoll Sébastien	Wittenheim	4	
1865	533	Stoltz Xavier	Mulhouse	8	1
1865	534	Stoss Jean B. A.	»	8	
1869	429	Strittmacher François-Ant.	Zæssingen	3	
1869	187	Strub Louis B. A.	Mulhouse	5	

Classes	Matricules	NOMS ET PRÉNOMS	DOMICILES	Compagnies au début	en campagne
1867	1228	Studer Ferdinand	Mulhouse	8	
1866	820	Stutz François-Joseph	Brunstatt	7	
1867	1203	Sussenthaler Jacques-Arm.	Mulhouse	8	2
—	—	Sutter Ignace	—	7	
1866	938	Sutter Jean-Baptiste	Kingersheim	4	
1865	634	Sutter Jules B. A.	Mulhouse	6	
1866	839	Sutter Simon	Dornach	7	
1868	1595	Szerlecki André-Alphonse	Mulhouse	7	
1869	281	Taglang Emile	Pfastatt	4	
1865	635	Thaler Georges-Louis B. A.	Mulhouse	6	
1869	232	Theiler Augustin	Wittenheim	4	2
1865	636	Thesmar Théod.-Luc. B. A.	Mulhouse	6	
1867	1111	Thiebold Jacques	Habsheim	1	
1864	—	*Thierry Henri Lieutenant du 22 juillet 1870 Capitaine le 4 décembre 1870	Mulhouse	1	1
1866	677	Thirion Emile B. A.	Battenheim	2	
1866	710	Thomann Georges Incorporé dans la compagnie du génie de la Mobile, à Belfort	Ottmarsheim	2	
1867	1099	Thomann Joseph-Antoine	Riedisheim	1	
1866	1011	Thomas Emile	Mulhouse	6	
1868	1693	Thomas Sébastien	Dornach	7	
1865	299	Thuet François-Xavier	Battenheim	2	7
1869	358	Thuet Séraphin B. A.	Bantzenheim	2	

— 332 —

Classes	Matricules	NOMS ET PRÉNOMS	DOMICILES	Compagnies au début	en campagne
1867	1333	Thyss Charles S. F.	Mulhouse	6	
1869	223	Tischmacher François-Antoine de Jean	Wittenheim	4	
1869	261	Tischmacher François-Ant.	»	4	1
1866	1033	Tischmacher Jean-Baptiste Caporal	»	4	8
1870	2428	Tourtallier Louis	—	6	
1866	1639	Toussaint Jean-Joseph	Mulhouse	8	
1868	1668	Traencklin Joseph-Alphonse	»	8	
1869	231	Trautwein Jacques-Frédéric Engagé à la compagnie des francs-tireurs de Mirecourt	»	5	
1868	1481	Tritsch Alphonse-Aloïse Caporal	Sausheim	2	
1865	286	Tritsch Arbogast B. A.	Baldersheim	2	
1868	1420	Tritsch Edouard	Sausheim	2	
1866	751	Tritsch Jules S. F.	»	2	
1868	1731	Trunckenboltz Joseph-Lég.	Mulhouse	5	8
1868	1524	Tschamber Grégoire	Helfrantzkirch	3	
1869	453	Tschamber Ignace	»	3	
1868	1521	Tschill Etienne-Laurent	Obermagstatt	3	
1866	784	Tschill Jean	»	3	
1865	1408	Tschupp Michel Incorporé dans la compagnie du génie de la Mobile, à Belfort	Sierentz	3	
1867	1200	Tuillier Vincent	Mulhouse	8	2

Classes	Matricules	NOMS ET PRÉNOMS	DOMICILES	Compagnies au début	en cam- pagne
1866	1032	Ueberschlag Charles S. F.	Wittenheim	4	
1868	1516	Uettwiller Edgard S. F.	Bruebach	3	
1867	1063	Uhlmann Gustave	Zimmersheim	1	
1869	478	Ullmann Gaspard	Uffheim	3	2
1865	535	Ulm Jean Caporal	Mulhouse	8	
1869	198	Umbdenstock Jean-Jacques	»	5	
1868	1450	Umhauer Gustave	Illzach	1	
1868	1448	Unbekannt Albert S. F.	Sausheim	2	
1866	916	Untersée Jean	Mulhouse	8	2
—	—	Unterwald	—	8	
1866	681	Uricher Antoine-Jacq. S. F.	Eschentzwiller	1	
1869	396	Uricher Charles	»	1	2
1866	696	Uricher Philippe	Habsheim	1	
1870	2371	Vallon Joseph-Emile	Mulhouse	8	4
—	—	Vaurs Sous-lieutenant le 21 août 1870	Belfort	5	8
1866	917	Venuleth Jacques	Mulhouse	8	
1865	288	Vest Aloïse	Baldersheim	2	
1865	287	Vest Joseph S. F.	»	2	
1869	350	Vetter Jean S. F.	Rixheim	1	
1869	598	Vézinet Philippe	Mulhouse	7	
1868	1712	Vincent Jean-F.-Am.-Paul	»	5	4

Classes	Matricules	NOMS ET PRÉNOMS	DOMICILES	Compagnies au début	en campagne
1822	—	Vivenot Jean-Baptiste Ancien capitaine d'infanterie Lieutenant-colonel du 68ᵉ régiment du Haut-Rhin Général de brigade, 2ᵉ brigade, 2ᵉ division, du 20ᵉ Corps d'armée, au titre auxiliaire, le 15 nov. 70	Abainville (Meuse)	—	
1869	342	Vœgtlin Alexandre	Zimmersheim	1	2
1867	1110	Vœgtlin Jean S. F.	»	1	
1868	1434	Vœgtlin Louis	»	1	
1866	755	Vœgtlin Raymond S. F.	»	1	
1868	1495	Vœgtlin Sigismond	»	1	
1865	289	Vogel Adolphe B. A. S. F.	Baldersheim	2	
1865	658	Vogel Edouard B. A. S. F.	Richwiller	4	
1869	406	Vogel Joseph	Ruelisheim	2	1
1867	1044	Vogel Norbert Caporal	»	2	
1866	747	Vogel Patrice	»	2	
1869	642	Voisin Thierry	Zillisheim	4	
1865	637	Vogt Eugène-Hippolyte Caporal Sergent le 5 janvier 1871	Mulhouse	6	6
1865	638	Vuillemin Emile-Alex. B.A.	»	6	
1869	591	Vuilleumier Lucien-Louis Télégraphiste à Belfort	»	7	8
1869	688	Wadel Prosper Clairon	Dornach	7	5

Classes	Matricules	NOMS ET PRÉNOMS	DOMICILES	Compagnies au début	en campagne
1868	1666	Waelterlé Jules-Vincent	Heimsbrunn	4	
1869	700	Wagner Charles	Mulhouse	8	
1869	674	Wagner Emile	»	8	6
1865	536	Wagner Joseph Incorporé dans l'artillerie de la Mobile, à Belfort	»	8	
1866	918	Wagner Joseph	»	8	2
1868	1733	Wahl Emmanuel	»	6	
1865	639	Wahl Félix B. B.	»	6	
1867	1197	Wahl Georges B. A.	»	8	
1866	801	Wahl Salomon	Sierentz	3	
1869	197	Wahl Théophile de Baruch	Mulhouse	5	
1869	240	Wahl Théoph. de Franç-Jos.	»	5	
1866	1012	Wald Michel	»	6	8,7
1868	1737	Wallach Edmond B. A.	»	6	
1865	—	Wallach Henri Télégraphiste à Belfort	»	—	
1866	840	Wallach Simon	Dornach	7	
1867	1291	Waller Eugène	Mulhouse	6	
1870	2373	Walter Albert	»	7	
1865	537	Walter Alphonse B. A.	»	8	
1865	538	Walter Emile-Louis B. A.	»	8	
1867	1125	Walter Jean-Abel	»	7	
1868	1568	*Walther Oscar-Charl.-Aug. Caporal-clairon Caporal-fourrier le 11 oct. 1870 Sergent le 21 octobre 1870 Sergent-major le 1ᵉʳ nov. 1870	»	7	

Classes	Matricules	NOMS ET PRÉNOMS	DOMICILES	Compagnies au début	en campagne
1865	539	Waltz Georges	Mulhouse	8	
1869	622	Waltz Marie-Charles-Louis	»	7	8
1870	2370	Wasner Jules	»	8	
1869	379	Wasser Albert B. A.	Eschentzwiller	1	
1867	1045	Wasser Jacques	»	1	
1866	1013	Weber Aloïse B. A.	Mulhouse	6	
1865	540	Weber Alphonse B. A.	»	8	
1869	425	Weber François-Antoine	Kappelen	3	
1869	438	Weber Georges	Niedermagstatt	3	
1867	1159	Weber Georges	—	2	
1865	1410	Weber Jean-Baptiste Incorporé dans la compagnie du génie de la Mobile, à Belfort	Stetten	3	
1866	789	Weber Joseph	Rantzwiller	3	5
1866	943	Weber Joseph	Lutterbach	4	
1867	1079	Weber Michel S. F.	Battenheim	2	
1870	2364	Weber Philippe-Ferdinand	Mulhouse	7	
1870	2491	Weber Richard	—	2	
1865	542	Wechinger Emile-Jos. B.A.	Mulhouse	8	
1867	1274	*Wehekind Edmond Sergent-greffier au Conseil de guerre, à Belfort	»	5	
1869	613	Weibler Emile	»	8	
1867	1241	Weill Borach	Dornach	7	
1867	1117	Weill David S. F.	Kembs	1	
1867	1266	Weill Gustave	Mulhouse	5	
1868	1726	Weill Justin	»	5	

..aillon de Mobiles du Haut-Rhin (Groupe de télégraphistes, à Belfort)   Pl. 26

GUST. BOERINGER   CHARLES ZURCHER   EMILE SCHLUMBERGER
ED. DOLLFUS-FLACH   EUG. AUDRAN   OSCAR SCHWARTZ   JULES ZIEGLER

— 337 —

Classes	Matricules	NOMS ET PRÉNOMS	DOMICILES	Compagnies au début	en campagne
1868	1606	Weill Louis	Mulhouse	8	
1868	1735	Weingand Emile	»	6	3
		Clairon			
1865	640	Weiss Albert	»	6	
1866	841	Weiss Charles	Dornach	7	4
1863	—	Weiss Charles	Mulhouse	8	5
		Sergent-major			
		Sous-lieutenant le 4 déc. 1870			5
1867	—	*Weiss Emile	»	—	
		Sergent du génie, à Belfort			
1867	1262	Weiss Gustave	Mulhouse	5	
1866	807	Weiss Héliodore	Uffheim	3	
1868	1699	Weiss Jean	Lutterbach	5	6
		Clairon			
1865	641	Weitz Jules-Camille B. A.	Mulhouse	6	
1867	1204	Wendling Antoine	»	8	
—	—	*Weninger Gustave	»	6	
		Lieutenant du 19 juillet 1870			
		Capitaine le 4 décembre 1870			
1866	715	Wentzinger Georges-Ant.	Petit-Landau	2	
1865	541	Werber Ott-Pierre B. A.	Mulhouse	8	
1869	587	Werner Albert	Dornach	7	
		Caporal			
1866	919	Werner Emile	Mulhouse	8	
1865	543	Wernher Frédéric	»	8	
1865	348	Wersinger Pierre	Riedisheim	1	3
1868	1544	Wespiser Jean-Bapt. S. F.	Sierentz	3	

22

Classes	Matricules	NOMS ET PRÉNOMS	DOMICILES	Compagnies au début	en campagne
1867	1383	*Wespiser Jos.-Martin	Sierentz	3	
		Sous-lieutenant du 19 juillet 1870			
1866	802	Wespiser Jean	»	3	
1870	2088	West Aloïse	—	3	
1865	544	Wettel Louis	Mulhouse	8	4
		Caporal-armurier			2
		Blessé à Beaune			
1867	1123	Wettel Louis-Alexandre	»	7	
1869	662	Wetter Louis B. A.	»	8	
1865	642	Wexler Michel	»	6	
1866	935	Weyer Aloïse	Zillisheim	4	
		Caporal le 5 janvier 1871			
1867	1076	Widemann Aloïse	Bantzenheim	2	
1869	334	Widemann Ambroise	»	2	
1867	1113	Widemann Antoine	»	2	
1869	412	Widemann Joseph	»	2	
1865	311	Widemann Jos.-Jean-Bapt.	Eschentzwiller	1	
1865	294	Widemann Sébastien	Bantzenheim	2	
1868	1771	Widmaier Eugène	Mulhouse	4	
1868	1685	Wiedenkeller Jacques	»	8	4
1869	359	Wiedmann Camille	Illzach	2	3
1865	545	Wild Jean B. A.	Mulhouse	8	
1869	656	Wild Jean-Jacq.-Eugène	»	8	5
		Caporal-fourrier le 1er nov. 1870			6
		Sergent-fourrier le 4 déc. 1870			6
1867	1377	Wild Nicolas S. F.	Bartenheim	3	
1865	643	Wilhelm Emile B. A.	Mulhouse	6	

Classes	Matricules	NOMS ET PRÉNOMS	DOMICILES	Compagnies au début	en campagne
1868	1546	Wilhelm Etienne	Zæssingen	3	
1868	1504	Wilhelm Jean-Georges S. F.	Walbach	3	
1866	810	Wilhelm Jules	Waltenheim	3	
1865	1415	Willauer Nicolas S. F.	Uffheim	3	
1867	1294	Willig Michel-Eugène	Mulhouse	6	
1867	1170	Winter Gaspard	»	8	2
1867	1263	Winter Louis	Richwiller	4	
		Caporal le 5 août 1870			
1865	445	Wirth Jean-Baptiste	Galfingen	4	
1869	679	Wissler Antoine	Niedermorschwiller	4	
		Caporal le 1er novembre 1870			5
		Blessé à Beaune			
1869	668	Wittmann Aloïse	Mulhouse	8	6
1865	644	Wittmann Bernard	»	6	
1867	1277	Witté Jean-Edouard	»	5	
1869	468	Wittmer Léger	Kœtzingen	3	
1869	685	Witz Henri B. A.	Mulhouse	8	
1867	1329	*Wogenscky Gustave	»	6	
		Caporal			
1868	1655	Wohlschlegel Charles	»	8	
		Intendance, a suivi l'armée du général Douai, échappé à Sedan; plus tard adjudant à la Légion d'Alsace-Lorraine, à Villefranche.			
1867	1256	Woehrlin Jean-Jacques	»	5	
1867	1078	Wolff Antoine-M.-Alphonse	Bantzenheim	2	
1865	645	Wolff Charles	Mulhouse	6	

Classes	Matricules	NOMS ET PRÉNOMS	DOMICILES	Compagnies au début	en campagne
1867	1350	Wolff Lehmann S. F.	Obersteinbrunn	3	
1868	1601	Wolff Sylvain	Mulhouse	8	
		A suivi le général Douai, échappé à Sedan. Enrôlé ensuite à la Légion d'Alsace-Lorraine, à Villefranche			
1865	547	Wunderly Louis-Auguste	»	8	
		Incorporé dans la compagnie du génie de la Mobile, à Belfort			
1869	367	Wunenburger August. B.A.	Zimmersheim	1	
1866	756	Wunenburger Eugène S. F.	»	1	
1866	757	Wunenburger Frédéric	»	1	
		Fanfare			
1866	758	Wunenburger Jean-Marc	»	1	
1867	1247	Wurth Alexandre-Gustave	Mulhouse	4	
—	—	Wurm Louis	»	5	
		Sergent			
1866	794	Wurthlin Xavier	Schlierbach	3	4
		Caporal			
1866	778	Wurtzel Thiébaut	Niedersteinbrunn	3	
		Incorporé dans la compagnie du génie de la Mobile, à Belfort			
1868	1727	Wyss Albert	Mulhouse	5	
1869	717	Zæpfel Charles	»	8	6
1865	646	Zahm Jacques	»	6	
		Fanfare			

Classes	Matricules	NOMS ET PRÉNOMS	DOMICILES	Compagnies au début	en campagne
1866	1014	Zetter Alphonse Télégraphiste à Belfort	Mulhouse	6	
1868	1715	Zeyssolff Jacques-David	»	5	7
1865	548	*Ziegler Emile Sous-lieutenant du 22 juillet 1870	»	8	2
1869	604	*Ziegler Jules-Henri Télégraphiste à Belfort	»	8	
1868	1682	Zierer Jean Engagé à la compagnie des francs-tireurs d'Alsace	»	8	
1866	1015	Zill Emile	»	6	
1865	651	Zimmermann Chrétien	Pfastatt	4	
1866	921	Zimmermann Raym. Caporal	Mulhouse	8	
1865	647	Zinck Eugène B. A.	»	6	
1866	1016	Zindel Camille-J.-O. B. A.	»	6	
1869	479	Zinninger Jean B. A.	Obersteinbrunn	3	
1867	1391	Zinninger Joseph S. F.	Zæssingen	3	
1868	1732	Zislin Charles-Henri	Mulhouse	5	
1868	922	Zisler Jean-Baptiste B. A.	»	8	
1868	1577	Zix Joseph	»	7	
1866	923	Zobenbühler Charl.-Frédér.	»	8	
1868	1583	Zobrist Joseph Caporal	»	7	
1869	705	Zolg Georges B. A.	Brunstatt	7	
1866	1017	Zollinger Jules B. A.	Mulhouse	6	
1868	1679	Zuber Edouard Caporal	»	8	

Classes	Matricules	NOMS ET PRÉNOMS	DOMICILES	Compagnies au debut	en campagne
1865	359	Zumbiehl Alphonse-Xavier	Rixheim	1	
1868	1624	Zurbach Eugène	Didenheim	4	
1869	680	Zurcher Albert-Augustin	Dornach	7	
1868	1656	*Zurcher Charles Télégraphiste à Belfort	Mulhouse	8	
1867	1258	Zweigard Frédéric	»	5	
1866	924	Zwinger Gustave-Adolphe	»	8	
1854	1768	Zwinger Jean-Jacques Sergent	»	7	

Soldats français !

C'est le 12 février 1871 que vous êtes arrivés chez nous par suite de malheurs inouïs de la France.

La Suisse, qui depuis des siècles est un pays neutre et en même-temps un asyle pour toutes les infortunes politiques, vous a reçus avec les sentiments d'humanité et de compassion dus au malheur.

La commune de STÆFA, qui compte à peine 4000 âmes, vous a vus arriver à l'improviste au nombre de 308 hommes et vous a donné pour logement la belle maison d'école, elle vous a ouvert les cœurs de toute la population, pleine de zèle pour vous fournir le nécessaire et si vous étiez restés encore plus long temps au milieu de nous, nous compléterions de bon cœur ce qui vous manquerait encore.

Pour que vous puissiez expliquer à vos familles et à vos compatriotes dans quelle contrée vous avez séjourné en Suisse, nous vous vouons ce souvenir au nom de toute la population.

Bientôt vous serez rendus à votre patrie, les uns pour être occupés aux travaux de la paix, les autres pour continuer la carrière militaire, *tous* pour être de bons citoyens français.

Une tâche très pénible et très difficile vous attend, remplissez cette tâche avec courage et dévouement et n'oubliez pas que les nations et les individus ne peuvent atteindre le bienêtre national ni le bienêtre individuel sans les principes éternels du Christianisme, qui renferment: l'amour du prochain, la liberté, la justice, la vérité, l'amour du travail et de l'ordre.

Appelés à élire vos représentants et vos magistrats, vous ne donnerez jamais vos votes qu'à des hommes probes, intelligents et dévoués à la patrie.

Faites votre possible pour que chaque commune de la France ait une maison d'école, que vos enfans reçoivent une instruction telle que nous la faisons donner à nos enfans.

Anéantissez les partis ultras de l'etrême gauche et de l'etrême droite, car ce sont les ennemis de la France, ne formez qu'un seul parti. le parti qui inscrit sur sa bannière comme devise: de vouloir faire de la nation française une nation, qui brille, comme par le passé, par ses vrais principes de liberté, par son intelligence, par sa générosité, par les arts et les métiers, par son industrie, son commerce et son agriculture. C'est là qu'il faut chercher la gloire durable et la plus profitable à la France.

Dans l'espérance que vous retrouverez vos chères familles en bonne santé, nous vous prions de leur porter nos salutations amicales.

Soldats français !

Nous vous souhaitons un heureux retour auprès de vos foyers et à toute la France de meilleurs jours.

Que Dieu soit avec vous et avec la France.

    Au nom des autorités et des habitants de STÆFA.

Le comité de secours.

STÆFA, 18 Mars 1871.
(jour de votre départ).

CINQUIÈME PARTIE

NOTES SOMMAIRES

SUR LES AUTRES BATAILLONS DE MOBILES DU HAUT-RHIN

ET

DIVERS RENSEIGNEMENTS COMPLÉMENTAIRES

NOTES SOMMAIRES

sur les

autres bataillons de mobiles du Haut-Rhin.

Arrivé au bout de la tâche que nous nous sommes tracée, il nous a semblé équitable de ne pas terminer notre travail sans consacrer encore quelques lignes aux quatre autres bataillons de mobiles de l'ancien département du Haut-Rhin, qui tous ont fait honorablement leur devoir en 1870. Nos recherches dans les archives du ministère de la guerre et nos investigations auprès d'anciens camarades, nous ont permis de reconstituer un tableau régional de recrutement des cinq bataillons du Haut-Rhin, qui sera suivi de la liste des officiers classés par compagnies et complétée, quant aux mutations survenues au cours de la campagne, par les renseignements fournis par quelques survivants.

Nous donnons ensuite quelques détails sur les corps de francs-tireurs, ayant formé le 6ᵉ bataillon de la Mobile du Haut-Rhin.

GEORGES MÉNY
Capitaine adjudant-major.

LOUIS-CH.-JOS. GEBEL
Capitaine à la 1re compagnie.

PAUL FOUPARDIN
Lieutenant à la 1re compagnie.

XAVIER LEBLEU
Sous-lieutenant à la 1re compagnie.

TABLEAU RÉGIONAL DE RECRUTEMENT

Le département du Haut-Rhin a fourni, en 1870, cinq bataillons de gardes mobiles (v. p. 46 et suivantes), recrutés comme suit :

1er bataillon, dit de Belfort, dans les cantons de Thann, Saint-Amarin, Dannemarie, Fontaine, Giromagny, Masevaux, Belfort ;

2e bataillon, dit de Colmar, dans les cantons de Colmar, Sainte-Marie-aux-Mines, Kaysersberg, Wintzenheim, Neuf-Brisach, Andolsheim, Lapoutroie, Ribeauvillé ;

3e bataillon, dit de Colmar, dans les cantons d'Ensisheim, Soultz, Munster, Guebwiller, Cernay, Rouffach ;

4e bataillon, dit de Mulhouse, dans les cantons de Mulhouse-Nord, Mulhouse-Sud, Habsheim, Landser ;

5e bataillon, dit d'Altkirch, dans les cantons de Huningue, Altkirch, Ferrette, Hirsingue, Delle.

Le 1er bataillon (Belfort) et le 4e (Mulhouse) formèrent en octobre 1870, le 68e régiment de mobiles, dit du Haut-Rhin, et participèrent à la campagne de la Loire et de l'Est. Ayant partagé le même sort, leur historique est le même : c'est celui qui fait l'objet des trois premiers chapitres du présent ouvrage.

Le 2e et le 3e bataillon, fournis par l'arrondissement de Colmar, furent appelés à prendre part à la défense de Neuf-

Brisach et furent emmenés en captivité après la capitulation de cette place forte, le 10 novembre 1870. On trouvera dans les ouvrages ci-dessous [1] le récit du siège et de la prise de Neuf-Brisach.

Quant au 5e bataillon (Altkirch), il a eu une odyssée spéciale. Nous en devons le récit, que nous publions plus loin, à M. Chavanne, d'Altkirch, qui a bien voulu l'écrire à notre intention.

---

[1] *La Guerre en Alsace. Neuf-Brisach. Souvenirs de siège et de captivité*, par Charles Risler et Gaston Laurent-Atthalin. Paris, 1873.
Siège et bombardement du Fort-Mortier, près Neuf-Brisach, par Chrétien Fleck. Paris 1873.

1er Bataillon de la Mobile du Haut-Rhin   Pl. 29

AUG.-FÉLIX-RICHARD THOUVENIN
Capitaine à la 3e compagnie.

PIERRE-EDMOND MONNIER
Lieutenant à la 3e compagnie.

M.-J.-PIERRE CHARBONNIER
Sous-lieutenant à la 3e compagnie.

1er BATAILLON DE LA MOBILE DU HAUT-RHIN

CONTROLE DES OFFICIERS PAR COMPAGNIES [1]

Commandant

*Dumas Charles, de Jaure (Dordogne), capitaine au 55e de ligne, nomination du 25 octobre 1868, promu lieutenant-colonel du 68e régiment du Haut-Rhin,
  remplacé, le 20 novembre 1870, par
Rudelle, auparavant capitaine à la 2e compagnie du bataillon, et capitaine à la 1re compagnie du 4e bataillon.

Capitaine adjudant-major

*Mény Georges, le 4 décembre 1870, auparavant lieutenant à la 1re compagnie.

Médecin-Major

N..... N.....

Officier-Payeur

N..... N.....

Adjudant

Laullier Joseph, promu sous-lieutenant à la 6e compagnie,
  remplacé, le 4 décembre 1870, par
N..... N.....

---

[1] Les noms précédés d'un astérisque, dans tout ce chapitre, sont ceux dont les portraits figurent dans le volume.

1re Compagnie (Belfort)

Capitaines..... Noel Alexandre-Auguste, du 24 avril 1869, remplacé le 4 décembre 1870 par

*Gebel Louis-Charles-Joseph, auparavant lieutenant à la 5e compagnie.

Lieutenants.... *Mény Georges, du 22 juillet 1870, remplacé le 4 décembre 1870 par

*Poupardin Paul-Louis, auparavant sous-lieutenant à la 4e compagnie.

Sous-lieutenants *Lebleu Xavier, de Belfort, du 19 juillet 1870, remplacé le 4 décembre 1870 par

Rhein, ancien sergent-major au bataillon.

2e Compagnie (Dannemarie)

Capitaines..... Rudelle, ancien capitaine au 91e de ligne, du 20 juillet 1870, passe pour son grade à la 1re compagnie du 4e bataillon, remplacé, le 2 octobre 1870, par

*Baehr Ant.-Edmond, de Husseren-Wesserling, auparavant lieutenant à la 6e compagnie. Tué, le 28 novembre 1870, à Beaune et remplacé le 4 décembre 1870 par

Fritz, dit Lang Xavier-François, auparavant lieutenant à la compagnie.

Lieutenants.... Fritz, dit Lang Xavier-François, de Belfort, du 22 juillet 1870, remplacé le 4 décembre 1870 par

*de Juvigny Louis-Guillaume, auparavant sous-lieutenant à la compagnie.

1er Bataillon de la Mobile du Haut-Rhin — Pl. 30

FRANÇOIS-XAVIER MULLER
Lieutenant à la 7e compagnie.

EUG.-J.-J. TSCHIERET
Sous-lieutenant à la 7e compagnie.

GUSTAVE RASCHIG
Lieutenant à la 8e compagnie.

LOUIS WEINBRENNER
Sous-lieutenant à la 8e compagnie.

Sous-lieutenants Grunfelder Jean-Thiébaut, du 19 juillet 1870, démissionnaire, remplacé par

de Juvigny Louis-Guillaume, de Belfort, du 24 août 1870, remplacé le 4 décembre 1870 par

*Scheurer Albert, de Thann, auparavant sergent au bataillon.

3e Compagnie (Fontaine)

Capitaine ..... *Thouvenin Auguste - Félix - Richard, du 14 août 1869.
Lieutenant..... *Monnier Pierre-Edm., du 19 juillet 1870.
Sous-lieutenants *Charbonnier Marie-Jean-Pierre, de Montreux-Vieux, du 19 juillet 1870, remplacé le 4 décembre 1870 par

Jacquemin, auparavant sergent-major au bataillon.

4e Compagnie (Giromagny)

Capitaines..... Dornier, du 19 juillet 1870, démissionnaire, remplacé par

Barret François-Xavier, de Bavilliers, du 23 août 1870.
Lieutenant .... Bornèque Paul-Joseph-Edmond, de Bavilliers, du 22 juillet 1870.
Sous-lieutenants *Poupardin Paul-Louis, de Mulhouse, du 22 juillet 1870, remplacé le 4 décembre 1870 par

Simon, auparavant sergent-major au bataillon.

5e Compagnie (Masevaux)

Capitaine ..... HARCAUT, ancien capitaine au 17e bataillon de chasseurs à pied, du 2 octobre 1869.

Lieutenants.... *GEBEL Louis-Charles-Joseph, de Masevaux, du 19 juillet 1870, promu capitaine à la 1re compagnie, remplacé le 4 décembre 1870 par

FAIVRE, auparavant sous-lieutenant à la 6e compagnie.

Sous-lieutenant PÉQUIGNOT Octave, du 22 juillet 1870.

6e Compagnie (Thann)

Capitaine ..... *GROS Louis-Robert, de Husseren-Wesserling, du 24 avril 1869.

Lieutenants.... *BAEHR Antoine-Edmond, de Husseren-Wesserling, du 19 juillet 1870, promu capitaine à la 2e compagnie, remplacé le 4 décembre 1870 par

SÉRRÈS Ernest, ancien sous-lieutenant à la 6e compagnie du 4e bataillon.

Sous-lieutenants *DREYER François-Joseph, de St-Amarin, du 19 juillet 1870.

FAIVRE, promu lieutenant à la 5e compagnie et remplacé le 4 décembre 1870 par

LAULLIER Joseph, auparavant adjudant au bataillon.

1er Bataillon de la Mobile du Haut-Rhin   Pl. 31

ANT.-EDMOND BAEHR
Capitaine à la 2e compagnie, † à Beaune.

A. DE JUVIGNY
Lieutenant à la 2e compagnie.

ROBERT GROS
Capitaine à la 6e compagnie.

FRANÇ.-JOSEPH DREYER
Sous-lieutenant à la 6e compagnie.

7e Compagnie (Wesserling)

Capitaine...... MULLER Jules-Philippe, de Thann, du 14 août 1869.
Lieutenant .... *MULLER François-Xavier, de Thann, du 19 juillet 1870.
Sous-lieutenants *TSCHIERET Eugène-Jean-Jacques, de Thann, du 19 juillet 1870, amputé, remplacé le 4 décembre 1870 par
ECK Daniel, auparavant sergent-fourrier au bataillon.

8e Compagnie (Dépôt à Belfort)

Capitaine ..... KŒCHLIN Isaac, de Willer, du 24 avril 1869.
Lieutenant .... *RASCHIG Gustave, de Thann, du 19 juillet 1870.
Sous-lieutenant *WEINBRENNER Louis, de Thann, du 19 juillet 1870.

2ᵉ BATAILLON DE LA MOBILE DU HAUT-RHIN

CONTROLE DES OFFICIERS PAR COMPAGNIES

Commandant

*Messager François-Auguste-Prosper, ancien capitaine adjudant-major au 97ᵉ de ligne, nomination du 25 octobre 1868.

Capitaine adjudant-major

N..... N.....

Médecin-Major

N..... N.....

Officier-payeur et d'habillement

*Scheurer André, de Colmar, lieutenant à la 6ᵉ compagnie
  remplacé par
*Ortlieb, sous-lieutenant.

Adjudant-sous-officier

*Thomas Julien-Nicolas, de Sainte-Marie-aux-Mines, sous-lieutenant à la 6ᵉ compagnie, le 11 octobre 1870,
  remplacé par
*Woelfflin Charles, de Colmar.

Debout : J.-N. WEIBEL, sous-lieut. 4e compagnie ; Fréd. TRÆXSTODT, sous-lieut. 2e ; ORTLIEB, sous-lieut. officier-payeur ; P. WEISGERBER, lieut. 2e ; J.-N. THOMAS, sous-lieut. 6 ; CH. WOELFLIN, adjudant ; F.-A. HOFFMANN, lieut. 1er ; ETG. FLORENCE, sous-lieut. 5e ; DE GOLBÉRY, lieut. 4e ; G. ATTHALIN, lieut. 5e ; A. SCHERTZER, lieut. 6e ; FERNAND BLŒCH, sous-lieut. 7e ; M. BITZENTHALER, sous-lieut. 1er ; FRÉD. SCHŒNLAUB, lieut. 7e ; J.-V. WESSANG, lieut. 8e.

Assis : J.-A. STOECKLIN, capitaine 2e ; F.-G. HASSER, capitaine 3e ; J. WIDER, capitaine 4e ; F.-A.-P. MESSAGER, commandant ; J.-B. MASSON, capitaine 5e ; G.-F. SALTZMANN, capitaine 6e ; A. STANNAGEL, capitaine 8e ; HENRI GANIER, sous-lieut. 8e.

1re Compagnie

Capitaine	GOETSCHY Gustave, de Wissembourg, ancien capitaine de grenadiers au 88e de ligne, du 24 avril 1869.
Lieutenant	*HOFFMANN François-Alexis, de Neuf-Brisach, du 19 juillet 1870.
Sous-lieutenant	*RITZENTHALER Mathias, d'Andolsheim, du 22 juillet 1870.

2e Compagnie

Capitaine	*STOECKLIN Jules-Armand, de Colmar, du 24 avril 1869.
Lieutenants....	*HANSER Frédéric-Guillaume, de Colmar, ancien sous-officier au 3e zouaves, du 19 juillet 1870, promu capitaine à la 3e compagnie, remplacé par
	*WEISGERBER Paul, de Sainte-Marie-aux-Mines.
Sous-lieutenant	*GEISTODT Frédéric, de Colmar, du 19 juillet 1870.

3e Compagnie

Capitaines.....	HEYMANN Louis-Nicolas-Maurice, de Château-Rouge (Moselle), ancien capitaine d'infanterie de ligne, du 24 avril 1869, remplacé par
	*HANSER Frédéric-Guillaume, du......, ancien lieutenant à la 2e compagnie.

Lieutenants.... Moyse Charles-Camille, du 19 juillet 1870, démissionnaire pour cause de maladie le 15 août 1870, remplacé, en septembre 1870, par

Ancel Prosper, venu pour son grade de la 7ᵉ compagnie.

Sous-lieutenant Sée Paul, de Colmar, du 22 juillet 1870.

4ᵉ Compagnie

Capitaine ..... *Wipff Jérôme, de Kaysersberg, du 14 août 1869.
Lieutenant..... *de Golbéry Othin-Marie-Dieudonné-Camille, de Kientzheim, du 19 juillet 1870.
Sous-lieutenant *Weibel Jean-Victor, de Kaysersberg, du 19 juillet 1870.

5ᵉ Compagnie

Capitaine ..... *Masson Jean-Baptiste, du 14 août 1869.
Lieutenant .... *Atthalin Laurent-Gaston-Marie, de Colmar, du 22 juillet 1870.
Sous-lieutenant *Florence Eugène, de Munster, du 19 juillet 1870.

6ᵉ Compagnie

Capitaine ..... *Saltzmann Chrétien-Frédéric, de Ribeauvillé, du 24 août 1869.
Lieutenant .... *Scheurer André, de Colmar, du 21 août 1870.

Sous-lieutenants GUISSE Auguste, de Colmar, du 22 juillet 1870, blessé à la main à Chalampé, remplacé le 11 novembre 1870 par

*THOMAS Nicolas-Julien, auparavant adjudant au bataillon.

7e Compagnie

Capitaine ..... SEITZ François-Joseph-Charles-Théodore, ancien sous-lieutenant au 62e de ligne, du 24 avril 1869.

Lieutenants.... ANCEL Prosper, de Sainte-Croix-aux-Mines, du 31 juillet 1870, passe, fin septembre, pour son grade à la 3e compagnie, remplacé par

*SCHOENLAUB Frédéric, auparavant sous-lieutenant à la compagnie.

Sous-lieutenants *SCHOENLAUB Frédéric, de Sainte-Marie-aux-Mines, du 19 juillet 1870, promu, fin septembre 1870, lieutenant à la compagnie, remplacé par

*BLECH Fernand, de Sainte-Marie-aux-Mines.

8e Compagnie

Capitaine ..... *SPANNAGEL Antoine, de Katzenthal, du 10 août 1869.

Lieutenant .... *WESSANG Joseph-Victor, de Katzenthal, du 21 août 1870.

Sous-lieutenant *GANIER Henri, de Lunéville, du 22 juillet 1870.

3ᵉ BATAILLON DE LA MOBILE DU HAUT-RHIN

CONTROLE DES OFFICIERS PAR COMPAGNIES

Commandant

*Blin Jean, de La Lande d'Airon (Manche), ancien major au 56ᵉ de ligne, nomination du 25 octobre 1868.

Capitaine adjudant-major

Par intérim : Ferry Charles, capitaine à la 2ᵉ compagnie.

Médecin-Major

Par intérim : Haro, du 74ᵉ de ligne.

Sous-lieutenant officier-payeur

*Ohnenberger Jules-Dominique, sous-lieutenant à la 4ᵉ compagnie.

Adjudant sous-officier

Taillandier Jules (?), de Colmar.

Chef de musique

*Latscha Ed., de Jungholtz.

Debout: Ed. Layscha, chef de musique; H. Jordan, sous-lieut. 6e compagnie; Jos. Quiane, lieut. 4e; Henri Latscha, lieut. 7e; Eug. Klein, lieut. 8e; Louis Saas, lieut. 3e; Hub. Gersbach, lieut. 5e.

Assis: A.-Henri Larger, capitaine 6e; Jos. Bühler, lieut. 2e; Michel Diemer, capitaine 8e; Jean Blas, commandant; J.-E. Dequet, capitaine 4e; E.-P.-A. Delaville, capitaine 5e; Alph. Tricet, sous-lieut. 5e; J.-D. Ohnenberger, sous-lieut. 4e.

1re Compagnie

Capitaines..... Schwartz Henri-Eugène-Alfred, de Cernay, du 24 janvier 1869, démissionnaire, remplacé par
Meyer Jean-Charles, ancien lieutenant aux guides de la garde, du 19 août 1870.
Lieutenant .... Heuchel Robert, de Cernay, du 18 juillet 1870.
Sous-lieutenant Rabischon Henri, de Cernay, du 11 juillet 1870.

2e Compagnie

Capitaine ..... Ferry Charles, de Lunéville, ancien capitaine au 15e de ligne, du 29 juillet 1870.
Lieutenant .... *Bühler Joseph, de Mulhouse, du 18 juillet 1870.
Sous-lieutenant Baumgarten Emile, de Colmar, du 29 juillet 1870.

3e Compagnie

Capitaine ..... *Hartmann André-Alfred, de Munster, du 16 août 1870.
Lieutenant .... *Saas Louis, de Munster, du 28 juillet 1870.
Sous-lieutenant *Kuneyl Jules-Léon-Théodore, de Colmar, du 22 juillet 1870.

4e Compagnie

Capitaine ..... *Ducret Jacques-Emile, de Xermaménil (Meurthe), du 24 avril 1869.

Lieutenant .... *Quimfe Marie-Joseph, de Rouffach, du 18 juillet 1870.

Sous-lieutenant *Ohnenberger Jules-Dominique, de Rouffach, du 18 juillet 1870.

5e Compagnie

Capitaines.... Mann Xavier, d'Ensisheim, du 24 avril 1869, remplacé par
*Delaville Emile - Paul - Auguste, de Meyenheim, du 23 août 1870.

Lieutenant .... *Gersbach Hubert, d'Ensisheim, du 18 juillet 1870.

Sous-lieutenant *Thuet Alphonse, de Fessenheim, du 18 juillet 1870.

6e Compagnie

Capitaine ..... *Larger Augustin-Henri, de Soultz, du 24 avril 1869.

Lieutenant .... Knoll Edouard-Jules, d'Ensisheim, du 18 juillet 1870. Mort à Leipzig, en captivité.

Sous-lieutenant *Jordan Henri, d'Isenheim, du 18 juil. 1870.

7e Compagnie

Capitaine ..... de Bary Alfred, de Guebwiller, du 30 juillet 1870.

Lieutenant .... *Latscha Henri, de Jungholtz, du 18 juillet 1870.

Sous-lieutenant Weber Emile-Henri, de Guebwiller, du 18 juillet 1870.

8ᵉ Compagnie

Capitaines..... Schlumberger Jules, de Guebwiller, du 24 avril 1869, démissionnaire, remplacé par
*Diemer Michel, auparavant lieutenant à la compagnie.

Lieutenants.... Diemer Michel, de Guebwiller, du 18 juillet 1870, promu capitaine à la compagnie, le 18 août 1870, remplacé par
*Klein Eugène, auparavant sous-lieutenant à la compagnie.

Sous-lieutenants *Klein Eugène, de Lautenbach, du 18 juillet 1870, promu lieutenant à la compagnie, le 18 août 1870, remplacé par
Schlumberger Paul, de Guebwiller, du 18 août 1870.

5ᵉ BATAILLON DE LA MOBILE DU HAUT-RHIN

CONTROLE DES OFFICIERS PAR COMPAGNIES [1]

Commandants

KNAUSS, ancien capitaine de zouaves, démissionnaire,
remplacé, en octobre 1870, par
*SAUVETON, ancien capitaine au 22ᵉ de ligne.

Capitaine adjudant-major

Par intérim : *BOEHLER, lieutenant à la 4ᵉ compagnie.

Médecin-Major

*Docteur KELLER, de Mulhouse.

Sous-lieutenants officiers-payeurs

RASSINIER J., sous-lieutenant à la 3ᵉ compagnie, tombé malade,
remplacé par
*FRÉDÉRIC, de Guebwiller, sous-lieutenant à la 3ᵉ compagnie, auparavant sergent-major au bataillon.

Adjudants sous-officiers

*ROUQUILLE, de Porrentruy, promu sous-lieutenant à la 4ᵉ compagnie,
remplacé par
*TRIPONEL, employé des Forges de Lucelle.

---

[1] Liste dressée d'après les archives du Ministère de la guerre et complétée par les renseignements obligeants de MM. Jules Gilardoni, J.-J. Jermann, Félix Passerat, Xavier Fleury, anciens officiers du bataillon.

Debout: Truponel, adjudant; Keller, médecin-major; Rouquille, sous-lieut. 1re compagnie; J.-J. Jermann, sous-lieut. 5e; Frédéric, sous-lieut. 3e; Boehler, lieut. 4e; L. Marion, sous-lieut. 2e.

Assis: Ph.-E. Lamy, sous-lieut. 7e; Edgard Kolb, capitaine 5e; Sauveton, commandant; Pellegen, capitaine 3e; Félix Passerat, capitaine 2e.

1ʳᵉ Compagnie

Capitaines..... FOGEL, ancien garde général des eaux et forêts, de Delle, du 24 avril 1869, démissionnaire en septembre 1870, remplacé par

D'HÉRISSON, ancien conseiller de préfecture à Colmar.

Lieutenant .... FLEURY Henri-Joseph-Antoine, de Faverois, du 19 juillet 1870.

Sous-lieutenants CATTEZ Joseph-Xavier, du 19 juillet 1870, démissionnaire, remplacé par

BORNÈQUE Eugène, de Beaucourt, du 19 août 1870, nommé capitaine du génie à Belfort, remplacé par

POISAT LOUIS, étudiant à Belfort, du 21 août 1870.

2ᵉ Compagnie

Capitaine ..... *PASSERAT Félix, ancien notaire, de Delle, du 24 avril 1869.

Lieutenants.... BULLET Louis-Joseph-Jules, de Delle, du 19 juillet 1870, envoyé à Neuf-Brisach, remplacé par

BELIN Léon, docteur en droit, de Delle, du 28 juillet 1870, détaché, le 3 septembre 1870, comme secrétaire du colonel Denfert, remplacé par

*KOLB Edgard, de Schlestadt, juge suppléant au tribunal de Mulhouse, venant pour son grade de la 8ᵉ compagnie.

Sous-lieutenant   *Marion Louis, propriétaire, de Courtelevant, du 19 juillet 1870.

3ᵉ Compagnie

Capitaine . . . . .   *Pflieger, percepteur surnuméraire des finances, d'Altkirch, du 24 avril 1870.
Lieutenant . . . .   Gilardoni Jules, manufacturier, d'Altkirch, du 28 juillet 1870.
Sous-lieutenants   Rassinier, J., négociant, de Bourogne, du 28 juillet 1870, faisant fonctions d'officier-payeur, tombé malade, remplacé par
        *Frédéric, de Guebwiller, auparavant sergent-major au bataillon.

4ᵉ Compagnie

Capitaine . . . . .   Reyer, négociant, de Ferrette, du 14 août 1869.
Lieutenant . . . .   *Boehler, étudiant en droit, de Ferrette, du 2 août 1870.
Sous-lieutenants   Cassal, propriétaire, de Ferrette, du 2 août 1870, remplacé par
        *Rouquille, de Porrentruy, auparavant adjudant au bataillon.

5ᵉ Compagnie

Capitaines . . . . .   Loiseau, lieutenant des Douanes, de Jonchéry, du 24 avril 1869, démissionnaire, remplacé par
        *Kolb Edgard, auparavant lieutenant à la 8ᵉ et à la 2ᵉ compagnie.

Lieutenants....	Clavé Charles, du 19 juillet 1870, promu officier de place à Belfort, remplacé par N..... N.....
Sous-lieutenant	*Jermann Jean-Jacques, commis percepteur à Oderen, près Wesserling, du 19 juillet 1870.

6e Compagnie

Capitaine	Benoit, ancien capitaine au 53e de ligne, du 20 juillet 1870.
Lieutenant	Fleury Xavier, du 13 septembre 1870, auparavant sous-lieutenant à la compagnie.
Sous-lieutenants	Fleury Xavier, propriétaire, de Delle, du 28 juillet 1870, promu lieutenant à la compagnie, remplacé par
	Wahl-Sée, banquier, de Mulhouse, du 13 septembre 1870.

7e Compagnie

Capitaine	Saint-Loubert, ancien capitaine au 17e de ligne, du 20 juillet 1870.
Lieutenants....	Martin Henri-Emmanuel, du 19 juillet 1870, passe pour son grade à la 8e compagnie, remplacé par N..... N.....
Sous-lieutenant	*Lamy Philippe-Ernest, négociant, de Huningue, du 19 juillet 1870.

8ᵉ **Compagnie** (Dépôt de Belfort)

Capitaine	MAYER, du 24 avril 1869. Fut décoré pour sa belle conduite pendant le siège de Belfort.
Lieutenants....	*KOLB Edgard, du 5 août 1870, passe pour son grade à la 2ᵉ compagnie, puis promu capitaine à la 5ᵉ compagnie, remplacé par
	MARTIN Henri-Emmanuel, auparavant lieutenant à la 7ᵉ compagnie.
Sous-lieutenant	HAFFNER, étudiant en droit, de Colmar, du 25 août 1870.

Debout : Victor de Lacroix, capitaine 1ʳᵉ batterie; Gust. Canet, lieut. 2ᵉ batt.; Charles Risler, lieut. 1ʳᵉ batt.; Bandot, sous-lieut. demi-batt. active.

Assis : Volbert, capitaine adjoint au commandant de l'artillerie de la Place; Boulaguet, commandant la demi-batterie active.

ARTILLERIE DE LA MOBILE DU HAUT-RHIN [1]

CONTROLE DES OFFICIERS PAR BATTERIES

BATTERIES DÉTACHÉES A NEUF-BRISACH

sous les ordres
du chef d'escadron Marsal, commandant l'artillerie de cette place

1re Batterie

Capitaines : Géraudel, du 19 juillet 1870, remplacé par
*de Lacroix Victor, de Mulhouse, du 17 août 1870.
Lieutenant en 1er : Maechtlin François-Joseph, de Schoppen-wihr, du 19 juillet 1870.
Lieutenant en 2^d : *Risler Charles, de Thann, du 28 juillet 1870.

2e Batterie

Capitaine : Villemey François, de Belfort, ancien maréchal-des-logis au 6e cuirassiers, du 24 avril 1869.
Lieutenants en 1er : Houbre Amédée, du 19 juillet 1870, démissionnaire le 28 juillet 1870, remplacé par
*Canet, de Belfort, du 28 juillet 1870.
Lieutenant en 2^d : Ratte Aristide, du 28 juillet 1870.

---

[1] Ces cinq batteries, ainsi que la compagnie du génie qui en faisait partie, ont été recrutées parmi les différents bataillons de mobiles du Haut-Rhin.

BATTERIES RESTÉES A BELFORT

Commandant

Rohr Jean-Daniel-Adolphe, de Colmar, ancien chef d'escadron d'artillerie, nomination du 25 août 1868.

3ᵉ Batterie

Capitaine : Palangié Jean-Antoine-Adolphe, du 24 avril 1869.
Lieutenant en 1ᵉʳ : Rohr Albert-Adolphe, de Colmar, du 28 juillet 1870.
Lieutenant en 2ᵈ : Jeannerot Hector-Achille, de Belfort, du 19 juillet 1870.

4ᵉ Batterie

Capitaine : Vallet François-Joseph, de Belfort, ancien maréchal-des-logis au 9ᵉ d'artillerie, du 24 avril 1869.
Lieutenant en 1ᵉʳ : Japy Charles-Henri-Octave, de Beaucourt, du 28 juillet 1870.
Lieutenants en 2ᵈ : Gérard Alphonse-Marie, de Belfort, du 28 juillet 1870, démissionnaire le 30 décembre 1870, pour entrer, le lendemain, comme engagé volontaire au 7ᵉ régiment d'artillerie, remplacé par
    Simottel Antoine-Xavier-François-René, de Colmar, du 5 janvier 1871, tué le 21 janvier 1871 (explosion de la poudrière du Château) et remplacé par
    Wicker Morand-Joseph, de Mulhouse.

5ᵉ Batterie

Capitaine : Deffayet Victor-Joseph, de Belfort, ancien maréchal-des-logis au 4ᵉ régiment de chasseurs d'Afrique, du 14 août 1869.

Lieutenant en 1ᵉʳ : Triponé Emile, de Montbéliard, du 28 juillet 1870.

Lieutenant en 2ᵈ : Ehrhard François-Joseph, d'Oberhergheim, du 19 juillet 1870.

COMPAGNIE DU GÉNIE

de la

Garde Nationale Mobile du Haut-Rhin [1]

EFFECTIF DES PRÉSENTS AU 18 DÉCEMBRE 1870

Capitaines

En premier : *Bornèque Eugène, de Bellefontaine, du 19 août 1870, auparavant sous-lieutenant au 5ᵉ bataillon des mobiles du Haut-Rhin,

En second : *Koechlin Rodolphe, de Mulhouse, du 19 août 1870, auparavant lieutenant au 4ᵉ bataillon des mobiles du Haut-Rhin.

Lieutenants

En premier : Pagnard Joseph, du 19 août 1870, auparavant lieutenant au 4ᵉ bataillon des mobiles du Haut-Rhin,

En second : Belin Auguste, du 19 août 1870.

Sergent-major

Geoffroy Félix

Sergent-fourrier

*Haensler Auguste

---

[1] Nous devons à l'obligeance de M. Auguste Haensler, ancien sergent-fourrier, la liste complète des sous-officiers, caporaux et sapeurs de sa compagnie.

...mpagnie du génie de la Mobile du Haut-Rhin (Siège de Belfort)   Pl. 36

EUG. BORNEQUE, capitaine en 1er.

ROD. KOECHLIN, capitaine en second.

JULES BURGERT, sergent.

OSCAR KOECHLIN, caporal,
† à Belfort.

Sergents

*Burgert Jules
Geoffroy A.
Laurent
Linder
*Merklen Gustave
Monnin
Plain Abel
*Weiss Emile

Caporaux

Hach Charles
*Koechlin Oscar, mort à la suite de blessures, le 17 décembre 1870
Merger
Schlick
Sieben Robert
Sonderegger
*Steinbach Charles

Sapeurs

Baduel Hippolyte
Bannwarth Antoine
Baumann Em.
Bègue Charles
Beltzung Joseph
Bernard Georges
Birlinger Jean
Bissel Augustin
Bitsch Emile
Blind Joseph
Bonâme Paul
Brumgard François
Chevillot Joseph
Colombé François
Demark Sébastien
Diebold Jean
Dingler Auguste
Dittmann Auguste
Dupont Hippolyte
Farine Henri
Fischer Joseph
Freudenreich Louis
Frey Georges, tué aux Perches
Fritsch Joseph
Fuchs André
Fuchs Joseph
Gottenkiény Charles

Gredel César, mort des suites de blessures reçues aux Perches
Greder Célestin
Gruther Joseph
Haas François
Hartmann Emile
Hasquenophe Ferdinand
Hiller Simon
Hoffmann Henri
Hoffmann Jean
Hoffmann Jean-Baptiste
Horny Charles
Jobin Emile
Jud Pierre
Keller Joseph
Krenger Louis-Adolphe
Larcat François
Larcat Pierre
Lieby François
Marquet Jean-Bap^{te}-Georges
Marthe Henri
Masson Léger
Meyer Louis
Misslin Albert
Moeglin Séraphin
Motsch Jean
Mouilleseaux Alphonse
Muller Jean
Muller Morand
Naas Jules
Peugeot Louis
Richard Léonard
Rigoulot
Sarieux Edouard
Schmitt Joseph
Schuffenecker Appolinaire
Schweitzer Joseph
Sitter Sébastien
Soenzer Michel
Stampfler Xavier
Stirmlinger François
Thomann Georges
Tschupp Michel
Unger Joseph
Vermelin Louis
Vernier Albert
Weber Jean-Baptiste
Witty Louis
Wunderly Louis
Wurtzel Thiébaut

Compagnie du génie de la Mobile du Haut-Rhin (Siège de Belfort)   Pl. 37

CHARLES STEINBACH
Caporal.

GUST. MERKLEN
Sergent.

EMILE WEISS
Sergent.

AUG. HAENSLER
Sergent-fourrier.

FRANCS-TIREURS DU HAUT-RHIN

Au commencement du mois de septembre 1870, un comité provisoire s'occupa, à Mulhouse, de la création d'une compagnie de francs-tireurs mulhousiens. Ce comité, composé de MM. Léon Schein, Aug. Laurent, Lehr fils, De Smet, Charles Hofer et Georges Bodemer, siégeait à la brasserie Danner (aujourd'hui Iffrig), à la Porte Jeune, où se faisaient également les enrôlements. [1]

Cette compagnie, ainsi que d'autres corps francs recrutés dans le Haut-Rhin, fusionna avec celles qu'avait levées de son côté M. Keller-Haas, député, à Belfort. Elles tinrent les Vosges jusque dans les premiers jours de novembre, puis rejoignirent l'armée de la Loire où, pour éviter les exécutions sans jugement si nombreuses par l'ennemi, elles furent fondues avec l'armée régulière et formèrent le 6e bataillon de la Garde Mobile du Haut-Rhin. Attaché à la 1re division du 20e corps d'armée, dont il faisait le service d'éclaireurs, ce bataillon se distingua sur tous les champs de bataille de la Loire et de l'Est, ainsi qu'en témoigne l'ordre du jour suivant du général Clinchant.

ORDRE DU JOUR

Le général commandant en chef la 1re armée, est heureux de témoigner des bons services du bataillon des francs-tireurs du Haut-Rhin.

---

[1] V. *Mulhouse pendant la guerre de 1870-71*, par *** (Ernest Meininger), page 37. — Mulhouse, 1895.

Cette troupe a été attachée à la 1re division du 20e corps. Elle a, sous les ordres du commandant de Lupé, combattu avec une bravoure digne des plus grands éloges à Boiscommun, Beaune-la-Rolande, Villersexel et Héricourt, où elle a été cruellement éprouvée par le feu.

En toute circonstance, elle s'est en outre fait remarquer par sa bonne tenue et sa discipline.

En un mot, elle s'est toujours comportée comme un bataillon d'élite.

Les officiers et les hommes qui la composent sont dignes de toute la bienveillance du gouvernement.

Berne, le 12 février 1871.

Le général commandant en chef la 1re armée
Signé : Clinchant.

Pour copie conforme

Le commandant
Signé : H. de Lupé.

Le bataillon des francs-tireurs du Haut-Rhin se composait de six compagnies. Nous n'avons malheureusement pas pu retrouver le contrôle de ses officiers aussi complet et méthodique que pour les autres bataillons de mobiles du Haut-Rhin, mais la liste suivante, que nous devons à l'obligeance d'un des officiers survivants, y suppléera jusqu'à un certain point.

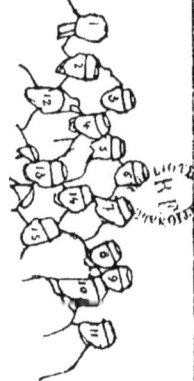

1. Abbé G. de Dartein; 2. Mauer, lieutenant; 3. Gérard, lieutenant; 4. Cam. Saglio, capitaine; 5. Gassier, médecin major; 6. Ch. Hofer, lieut.; 7. Jules Heus, sous-lieut.; 8. Colomrani, capit.; 9. Robert Saglio, lieut.; 10. Léon Schein, capitaine; 11. Fritz Ziegler, capitaine; 12. Guillemin, capitaine; 13. Em. Keller-Haas, colonel; 14. Couchot, capitaine; 15. H. Mayol de Lupé, commandant.

N. B. — La chienne, Cayenne, du capitaine Schein, le suivit pendant toute la campagne sur tous les champs de bataille.

6ᵉ BATAILLON DE LA MOBILE DU HAUT-RHIN

CORPS DES FRANCS-TIREURS DU HAUT-RHIN

attaché à la 1ʳᵉ division du 20ᵉ corps, pour le service d'éclaireurs
et comprenant six compagnies.

CONTROLE DES OFFICIERS [1]

Colonel
*Keller-Haas Emile, de Belfort.

Commandant
*Mayol de Lupé H., de Beaune.

Capitaine adjudant-major
Renault Gustave, de Paris.

Médecin-Major
*Docteur Gasser, de Masevaux.

Aumônier
*Abbé G. de Dartein, de Molsheim.

Adjudant sous-officier
Colin.

---

[1] Faute d'indications suffisantes, quant aux compagnies auxquelles ils étaient attachés, nous donnons les noms des officiers dans l'ordre alphabétique, à partir des lieutenants.

Capitaines

*Couchot, de Belfort (1re compagnie ?).

Lauth Auguste, de Thann (2e compagnie), remplacé par
  *Saglio Camille, de Fourchambault.

*Guillemin, de Belfort (3e compagnie) ancien capitaine d'infanterie.

*Schein Léon, de Mulhouse (4e compagnie).

Schultz Emile, de Mulhouse.

*Zierer Fritz, de Mulhouse.

Lieutenants

*Colombani, de la Corse.

*Gérard, de Belfort.

Haffner Chrétien, de Thann.

*Hofer Charles, de Mulhouse (4e compagnie).

Lagrelette, de Châlons-sur-Marne.

*Maurer Joseph, de Thann.

Ruesz Edouard, de Mulhouse.

*Saglio Robert, de Paris.

Sous-lieutenants

Bardot Jules, de Sermamagny.

Hallauer Oscar, de Metz (4e compagnie).

*Huin Jules, de Mulhouse.

*Scheurer Jules, de Thann, du 4 février 1871, médaillé militaire.

Schmidt, professeur, de Mulhouse (4e compagnie [1]).

---

[1] Nous pouvons compléter, grâce aux renseignements obligeants de notre concitoyen, M. Gust.-A. Schœn, les cadres de la 4e compagnie (Mulhouse) : *Sergent-major :* Witz, chimiste ; *sergent-fourrier :* Aug. Laurent, ingénieur ; *sergents :* Riemer, Bachmann ; *caporaux :* Charles Keller, Gustave Keller, G.-A. Schœn.

Mobile du Haut-Rhin (Officiers divers) Pl. 39

JULES SCHEURER
Sous-lieutenant aux Francs-Tireurs
du Haut-Rhin.
Décoré de la Médaille militaire.

ALBERT SCHEURER
Sous-lieutenant à la 2ᵉ compagnie
du 1ᵉʳ bataillon
de la Mobile du Haut-Rhin.

ODYSSÉE

du 5e bataillon de la Mobile du Haut-Rhin

« Le *5e bataillon* de la Mobile du Haut-Rhin, recruté dans l'arrondissement d'Altkirch, fit partie, au début de la guerre de 1870, du 68e régiment de marche, ainsi que le 1er bataillon (Belfort) et le 4e bataillon (Mulhouse), de mobiles du Haut-Rhin. Il en fut détaché au mois de septembre, et ses destinées ne furent plus celles des deux autres bataillons. Dans les pièces officielles, le 5e bataillon est dénommé comme ayant fait partie de la 1re et de la 2e armée de l'Est et de l'armée des Vosges (Cambriels).

« Le bataillon d'Altkirch fut constitué à huit compagnies, comme les autres bataillons du Haut-Rhin. La 8e compagnie, capitaine Meyer, est restée à Belfort en dépôt et a partagé le sort de la garnison assiégée. Les sept autres compagnies ont fait campagne dans les conditions que voici.

« Disons d'abord que le 5e bataillon appelé à l'activité le 1er août 1870, avait pour premier commandant le capitaine en retraite Knauss, des zouaves. Déjà pourvu de ce grade avant la guerre, c'est-à-dire au moment où il y eut des velléités d'organisation dans la garde nationale mobile, cet officier, récemment marié, quitta le corps et fut remplacé par un capitaine d'infanterie, nommé Sauveton, qui venait du bataillon de Belfort (1er), où il était adjudant-major.

« Les quatre compagnies *de droite* du 5e bataillon partirent de Belfort le 16 septembre, pour aller camper à Dannemarie, à côté de la ferme Kauffmann, et passèrent leur temps à faire l'exercice et à consoler les nombreux compatriotes fuyant l'invasion, qu'on redoutait très proche de notre côté. Trois de ces compagnies furent rappelées à Belfort au bout de peu de temps et celle qui resta, la 3e compagnie, transporta ses tentes sous le viaduc de Mansbach, jusqu'au jour où on le fit sauter. Entretemps le bataillon avait été envoyé à la Schlucht, près Munster, pour faire des retranchements; pendant que la 3e compagnie recevait l'ordre de le rejoindre et qu'il était en route, survint un nouvel ordre lui disant de revenir à Belfort, ce qui fit que les colonnes se rencontrèrent à Wildenstein.

« Les sept compagnies ainsi réunies se dirigèrent sur Héricourt et Montbéliard, où elles restent jusqu'aux premiers jours de novembre, époque où elles se rendent à Chaux et à Clerval, en séjournant en route.

« Ce dernier endroit était à ce moment la tête de ligne du chemin de fer de Besançon et le bataillon avait pour mission de garder cette ligne et de surveiller le passage des bâteaux sur le Doubs, dont les ponts étaient coupés. Le corps ennemi assiégeant Belfort envoyait de fréquentes reconnaissances de ce côté, ce qui mettait le bataillon très souvent en alerte, surtout la nuit; les Prussiens descendaient à l'Isle-sur-le-Doubs, ce qui forçait le bataillon à marcher sur cet endroit en laissant une grand'garde à Ranc, village situé à mi-chemin de Clerval et de l'Isle-sur-le-Doubs. L'ennemi vint notamment le 31 décembre, avec deux canons, pour détruire la gare de Clerval, mais dut se replier devant une compagnie de nos mobiles commandée par le capitaine Kolb (au civil magistrat) et devant l'attitude énergique du bataillon.

Mobile du Haut-Rhin (Groupe d'officiers)

ALFRED HARTMANN
Capitaine à la 3e compagnie du 3e bat.

JULES KUNEYL
Sous-lieutenant à la 3e comp. du 3e bat.

EDGARD KOLB
Capitaine à la 2e compagnie du 5e bataillon.

CHARLES RISLER
Lieutenant à la 1re batterie d'artillerie
de la Mobile, à Neuf-Brisach.

« Dans les premiers jours de janvier 1871, le 5ᵉ bataillon fut attaché au 24ᵉ corps (incomplètement constitué) de l'armée de Bourbaki. Il figura ainsi, comme réserve, aux combats de Villersexel et d'Arcey, et fut appelé plusieurs fois à se battre, mais sans pouvoir joindre l'ennemi battant alors en retraite. Pendant les trois journées d'Héricourt, le 5ᵉ bataillon fut placé à l'extrême aile gauche de la ligne de bataille et chargé de surveiller, de ce côté, la route et la ligne du chemin de fer. Il ne fut pas autrement inquiété, si ce n'est par les obus ennemis passant dans le haut des arbres de la forêt où il s'abritait et par le feu des mitrailleuses empêchant les hommes de corvée d'aller aux vivres.

« Lorsque sonna l'heure de la retraite, le bataillon fut laissé sans ordre et partit dans la nuit, de sa propre initiative, se dirigeant sur Sainte-Marie, Arcey et Pombierre. Il ne rencontra sur sa route qu'un détachement de chasseurs à pied, commandé par Burdeau, un sergent de dix-huit ans, qui fut plus tard ministre en France. Ce détachement fut, peu après notre passage, attaqué par un bataillon de landwehr pourvu de canons et détruit presque entièrement.

« La première nuit de la retraite se passa à Pombierre, où le bataillon posta sa grand'garde et ses avants-postes, mais à minuit arriva une dépêche du général, ainsi conçue : « Prévenez tous les avants-postes, l'ennemi avance à marches forcées. » Nous dûmes donc partir avant le jour dans la direction de Clerval, pour arriver, en franchissant la montagne, à Pontarlier, où nous passâmes à côté de notre artillerie, enfouie dans la neige. Nous traversâmes Pontarlier, sans y trouver une bouchée de pain, et arrivâmes à Morey, où une bonne âme nous donna une tablette de chocolat pour deux hommes ; ce sera le repas de trois jours !

« Le bataillon, marchant en débandade, passa ensuite à côté du fort de Joux et monta au village des Rousses, où je passe la nuit dans une grange, exposé à tous les vents.

« Départ le lendemain matin. Nous longeons la frontière suisse par un chemin non frayé, au milieu de la neige tombée en grande quantité. Le drapeau suisse flotte à nos côtés, entouré de miliciens gros et gras formant un singulier contraste avec nos moblots à la mine souffreteuse et n'ayant plus que les os et la peau.

« Nous continuons notre chemin clopin-clopant pour arriver enfin à Gex, où nous prenons quand même plaisir à contempler un splendide coucher du soleil, avec le Mont-Blanc en face de nous. Départ pour Collonges, où nous passons la nuit. Le lendemain, arrivée à Bellegarde (Ain), où nous trouvons en gare deux wagons de pain complètement moisi ; on a de la peine à empêcher les hommes d'en manger, car il y avait bien des semaines qu'ils n'en avaient plus vu. Embarquement dans un train, soi-disant à destination de Valence, mais nous descendons à Chambéry, où l'on nous reçoit sous la dénomination de « débris de l'armée de Bourbaki ».

« Ces débris comprenaient de 1000 à 2000 hommes, que le général Cremer éprouva le besoin de passer en revue... Il voulait même de la musique, mais il n'y avait plus qu'un trombone, qu'un brave Gascon portait depuis Héricourt !

« Le 5e bataillon de la Mobile du Haut-Rhin, très réduit par le fait des hommes faits prisonniers et ceux qui avaient passé en Suisse, fut promené à Annecy, Aix-les-Bains et

Mobiles du Haut-Rhin (Siège de Belfort) Pl. 41

JOSEPH VOGT
Sergent au 5ᵉ bataillon,
décoré de la Médaille militaire
pour sa belle conduite pendant le siège.

EDMOND WEHEKIND
Sergent-greffier au Conseil de guerre
de Belfort,
détaché du 4ᵉ bataillon.

Chamonix, où nous fûmes désarmés. On craignait, nous disait-on alors, un mouvement séparatiste en Savoie, française depuis quelques années seulement, mais nous n'avons rien remarqué de semblable. Les Savoisiens, au contraire, furent très bons pour nous et on n'eut nullement besoin de leur faire voir des baïonnettes.

« A remarquer qu'on voulut nous faire rentrer à pied de Chambéry, mais nous nous sommes offerts, avec la solde qui nous revenait, un train avec wagons à houille et à bestiaux. Arrivés à Besançon, nous fûmes licenciés et la plus grande partie d'entre nous rentra à pied en Alsace : nous avions, il est vrai, l'habitude de la marche !

« Ces notes sont fournies de mémoire et au courant de la plume, par l'ex-sergent-major de la 3ᵉ compagnie, qui estime qu'il est de toute justice d'ajouter que le 5ᵉ du Haut-Rhin, formé avec les jeunes gens de la forte race du Sundgau, était un beau bataillon, animé d'un grand esprit patriotique, mais fatalement soumis aux imperfections de tout corps de troupe improvisé. »

CHAVANNE
ancien sergent-major à la 3ᵉ compagnie.

NOTICES BIOGRAPHIQUES

sur les principaux généraux; sous les ordres desquels le 68ᵉ Régiment de mobiles du Haut-Rhin a fait campagne.

---

*AUBE, Hyacinthe-Laurent-Théophile

né à Toulon, le 22 novembre 1826, entra dans la marine en 1840, devint aspirant en 1842, enseigne de vaisseau en 1846, lieutenant de vaisseau en 1853, capitaine de frégate en 1862 et capitaine de vaisseau en 1870.

Dans ce dernier grade, il prit part à tous les combats de la Loire.

En 1879, il fut nommé gouverneur de la Martinique, et; en 1880, contre-amiral. De 1886 à 1887, il fut ministre de la marine et, en cette dernière année, promu au grade de vice-amiral.

Ecrivain militaire distingué, l'amiral Aube mourut à Toulon, le 31 décembre 1890.

*BOURBAKI, Charles-Denis Sauter

né à Pau (Basses-Pyrénées), le 22 avril 1816, d'une famille d'origine grecque, il fut nommé sous-lieutenant aux zouaves en 1836, et passa la première partie de sa carrière militaire en Algérie. Il fut nommé général de brigade en 1854 et fit la campagne de Crimée, où il se distingua aux combats de l'Alma, d'Inkermann et à l'assaut de Sébastopol. Attaché à la personne du gouverneur d'Algérie, il fut général de division en 1857 et combattit à Solférino en 1859.

Généraux de la Guerre de 1870–1871.   Pl. 42

H.-L.-L. AUBE
Vice-amiral.

JEAN-CONSTANT CROUZAT
Général de brigade.

LÉON THORNTON
Général de brigade.

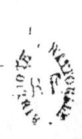

Commandant DE VERDIÈRE
Chef d'état-major de la 20e division
du 20e Corps d'armée.

En juillet 1870, il fut placé à la tête la Garde impériale et prit part aux combats de l'armée du Rhin sous Metz, les 14, 16 et 18 août. Enfermé ensuite dans cette dernière ville, il obtint en octobre l'autorisation des Allemands d'aller négocier de la paix avec l'impératrice Eugénie à Chislehurst. Placé d'abord en sous-ordre du général d'Aurelle, il obtint ensuite, du gouvernement de la Défense nationale, le commandement de la première armée de la Loire, en formation à Bourges, puis, en décembre, il fut chargé de débloquer Belfort à la tête de l'armée de l'Est. Après de premiers succès, il dut battre en retraite après les combats sur la Lisaine. Découragé, il fit une tentative de suicide le 27 janvier 1871 ; il ne s'en rétablit que lentement à Lyon.

En 1877, le général Bourbaki commandait le 14e corps d'armée et fut gouverneur militaire de Lyon. Mis à la retraite en 1879, il mourut à Bayonne le 22 septembre 1897.

CAMBRIELS, Albert

né à Lagrasse (Aude), le 11 août 1816, sortit de Saint-Cyr comme sous-lieutenant en 1836, fut lieutenant de chasseurs à pied en 1840 et successivement capitaine et chef de bataillon au même corps. Lieutenant-colonel en 1855, colonel en 1859 et général de brigade en 1863, il fut nommé général de division en 1870. Blessé à la tête à Sedan, il se rétablit et obtint le commandement de l'armée des Vosges, dans les premiers jours d'octobre 1870. Sa blessure s'étant rouverte, il fut remplacé par le général Michel, le 3 novembre.

Le 2 décembre 1870, il fut appelé au commandement du camp de Bordeaux et, un mois plus tard, à celui du 19e corps, mais sa blessure le força à quitter momentanément le service actif, en janvier 1871.

En 1877, il commandait le 10e corps d'armée, comme général de division. Admis à la retraite, sur sa demande, le 31 novembre 1881, il était, depuis 1872, grand-officier de la Légion d'honneur. Il mourut en 1891, à Alénya (Pyrénées-Orientales).

*CLINCHANT, Justin

né à Thiancourt (Meurthe), le 24 décembre 1820, sortit de Saint-Cyr vers 1841 et fit les campagnes de Crimée et d'Italie.

Promu général de brigade en 1866, il fit partie, au début de la guerre de 1870, du corps d'armée sous les ordres de Bazaine et commandait alors la 2e brigade de la 1re division du 3e corps d'armée. Il protesta, avec d'autres officiers généraux, contre la honteuse capitulation de Metz, put s'échapper et se mit à la disposition du gouvernement de la Défense nationale, au moment où s'organisait l'armée de l'Est, sous le commandement du général Bourbaki. Il fut nommé général de division par le ministre de la guerre Gambetta et chargé du commandement du 20e corps.

Le 25 janvier 1871, après la tentative de suicide de Bourbaki, il prit le commandement de l'armée de l'Est. C'est lui qui signa avec le général Herzog la convention relative à l'entrée en Suisse.

Appelé successivement aux commandements de Lille, Bourges et du camp de Châlons, le général Clinchant fut nommé en dernier lieu, en 1880, gouverneur de Paris et mourut dans cette ville le 19 mars 1881.

Généraux de la Guerre de 1870—1871. Pl. 43

CHARLES-DENIS BOURBAKI
Général commandant l'Armée de l'Est.

JUSTIN CLINCHANT
Général de division.

Hans Herzog.

*CROUZAT, Jean-Constant

né à Montpellier, en 1811, s'engagea dans l'artillerie et prit part en Algérie à toutes les expéditions du début de la conquête. Il fut nommé capitaine et décoré en 1847, participa à la campagne de Crimée en 1854 et figure au premier plan du tableau de Versailles, *La Prise de Malakoff*.

Promu chef d'escadrons en 1859, il fit la campagne de Chine en 1860 et fut blessé grièvement au siège de Mytho, en Cochinchine.

Lieutenant-colonel en 1860, commandeur de la Légion d'honneur et colonel en 1866, il fut nommé général de brigade le 3 octobre 1870. Général de division à titre provisoire, il commandait le 20e corps à Beaune-la-Rolande.

En 1872, le général Crouzat était gouverneur militaire de Lyon. Remis général de brigade par la commission de révision des grades, il fut chargé ensuite de l'école d'artillerie de Besançon et prit sa retraite en 1873. Il mourut dans sa ville natale en 1879.

MICHEL, Alexandre-Ernest

né à Mens (Isère), le 8 juillet 1817, entra à l'Ecole spéciale militaire en 1836, fut nommé sous-lieutenant de cavalerie en 1838 et capitaine aux spahis en 1845.

Chef d'escadrons en 1854, il était colonel des chasseurs à cheval de la garde lorsqu'il fut promu général de brigade en 1868.

Général de division le 20 octobre 1870, il reçut le commandement supérieur de la région de l'Est le 27 du même mois, puis successivement celui des divisions de cavalerie des 17e et 16e corps, du 10 novembre 1870 au 7 mars 1871.

Retraité en 1883, le général Michel, qui était grand-officier de la Légion d'honneur, mourut à Saumur le 23 octobre 1898.

*THORNTON, Léon

né à Nantes, le 25 février 1821, fut promu sous-lieutenant au 4ᵉ cuirassiers en 1845, lieutenant en 1848 et capitaine en 1851. Il se distingua en Crimée et fut nommé chef d'escadrons au 1ᵉʳ cuirassiers de la garde en 1856.

Il fit la campagne d'Italie et fut décoré à Solférino. Promu lieutenant-colonel en 1864, colonel au 7ᵉ chasseurs en 1866, il était à la tête de ce régiment à Sedan, en 1870, et put atteindre la frontière belge et soustraire ainsi sa troupe aux Allemands victorieux.

Envoyé ensuite à Belfort avec son régiment, il fut promu général de brigade le 3 octobre et, quelques jours après, il eut le commandement de la 2ᵉ division du 20ᵉ corps, à la tête de laquelle il fit la campagne sur la Loire et dans l'Est.

Promu divisionnaire le 30 septembre 1875, le général Thornton fit partie ensuite de différents comités de cavalerie, etc. On lui doit tous les progrès accomplis dans le service des remontes. Nommé grand-officier de la Légion d'honneur en 1884, il fut placé dans le cadre de la réserve le 25 février 1886 et admis à la retraite le 16 avril suivant.

VIVENOT, Jean-Baptiste

né à Abainville (Meuse), le 11 mars 1822, s'engagea au 17ᵉ léger en 1840, et fut nommé sous-lieutenant au 72ᵉ de ligne en 1848.

Capitaine de tirailleurs depuis 1859, il fut détaché chef de bataillon de la garde nationale mobile de la Haute-Saône en 1868, et promu lieutenant-colonel du régiment de la garde nationale mobile du Haut-Rhin le 25 septembre 1870.

Colonel au titre de l'armée auxiliaire, il fut chargé, le 15 novembre 1870, de commander la 2e brigade de la 2e divion du 20e corps d'armée.

Après la guerre, il rentra dans son grade de chef de bataillon et fut retraité en 1877. Lieutenant-colonel de l'armée territoriale en 1878, officier de la Légion d'honneur et juge de paix de canton, il décéda à Gondrecourt (Meuse) le 20 août 1894.

*HERZOG, Hans

né à Aarau, le 28 octobre 1819, se voua d'abord au commerce et séjourna, après ses études à l'Académie de Genève, à Trieste, Milan et au Havre.

En 1839 il s'engagea dans l'artillerie suisse et servit, en 1846, dans l'artillerie wurtembergeoise en qualité de volontaire. En 1860 il fut nommé inspecteur de l'artillerie confédérée et, au début de la guerre franco-allemande, le gouvernement lui confia le commandement suprême de l'armée suisse, forte de 37,000 hommes, chargée de défendre la frontière.

C'est lui qui signa, le 1er février 1871, avec le général Clinchant, la convention relative à l'internement de l'armée de l'Est. Plus tard, il reprit le commandement en chef de l'artillerie et mourut, à Aarau, le 2 février 1894.

MONUMENTS DE BEAUNE-LA-ROLANDE

Nous devons la photographie des cinq monuments que nous reproduisons dans ce recueil, et le texte exact des inscriptions qui y figurent, à l'obligeance de M. le maire de la ville de Beaune-la-Rolande, qui termine sa lettre d'envoi du 28 décembre 1908 par cette phrase élogieuse à l'adresse de la Mobile du Haut-Rhin :

Je profite de cette circonstance pour vous rappeler que les habitants de Beaune-la-Rolande conservent le souvenir du 4ᵉ Bataillon des Mobiles du Haut-Rhin, qui, sous le commandement du chef de bataillon Dollfus-Galline, avec le concours du 3ᵉ zouaves de marche, et surtout avec un élan irrésistible, a occupé à 4 heures du soir une position prussienne ; mais, malgré les efforts de toutes les troupes engagées à délivrer notre ville, l'ordre étant donné à 5 heures et demie du soir de battre en retraite.....

Monuments de Beaune-la-Rolande. Pl. 44

1. MONUMENT ÉLEVÉ AUX MORTS DE 1870
au cimetière de la ville.

2. EMPLACEMENT DE LA BARRICADE
PRUSSIENNE.
Le lieutenant-colonel Dumas la franchit
le premier.

3. MONUMENT
sur la route de Montargis,
érigé par les soins du
capitaine J. de Tournemine.

RELEVÉ DES INSCRIPTIONS
sur le monument de la route de Boiscommun

(Figure 4)

FACE

Bataille du 28 novembre 1870

Armée de la Loire
20° corps

A la mémoire des soldats français glorieusement tombés à l'attaque de Beaune-la-Rolande

DOS

402 soldats Français enterrés autour de Beaune ont été exhumés et leurs restes déposés au cimetière de cette ville.

GAUCHE

22° de ligne
85° de ligne
99° de ligne
3° zouaves de marche
1er bataillon d'Afrique.

DROITE

Garde mobile :
Jura
Loire
Savoie
Haut-Rhin
Deux-Sèvres
Haute-Loire
Haute-Garonne
Saône-et-Loire
Francs-tireurs de l'Alsace

A cet endroit existait une colonne commémorative élevée en 1871 par les habitants reconnaissants.
En 1895, le Conseil municipal, les anciens combattants, et le Souvenir Français ont érigé ce nouveau monument.

INSCRIPTION SUR LA PLAQUE DE LA MAISON LEMAITRE

(Figure 2)

*A la bataille du 28 9bre 70
le 3e zouaves de marche
enleva héroïquement une
formidable barricade prussienne
établie à cet endroit.*

*Vive la France !
Souvenir Français*

INSCRIPTION SUR LE MONUMENT ALLEMAND

(Figure 5)

*Dem Gedächtniss der
1870
bei Ladon-Maizières
u. Beaune-la-Rolande
gefallenen deutschen
Soldaten
12 Offiziere, 222 Mann
gewidmet
von ihren Kameraden.*

Traduction : *Dédié à la mémoire des soldats allemands, 12 officiers, 222 hommes, tombés en 1870 à Ladon, Maizières et Beaune-la-Rolande, par leurs camarades.*

Monuments de Beaune-la-Rolande. Pl. 45

4. MONUMENT COMMÉMORATIF DE LA BATAILLE DU 28 NOVEMBRE 1870
érigé sur la route de Boiscommun.

5. MONUMENT AUX SOLDATS ALLEMANDS
érigé au cimetière de la ville,
inauguré, le 20 octobre 1905, par les vétérans d'Oldenbourg.

TABLE DES OFFICIERS, SOUS-OFFICIERS ET MOBILES

mentionnés dans la 5e partie de ce livre.

	Pages
Ancel Prosper, lieutenant	354
Atthalin Laurent-Gast.-Mar., lieutenant	354
Bachmann, sergent	374
Baduel Hippolyte	369
Baehr Ant.-Edm., capitaine	348
Bannwarth Antoine	369
Bardot Jules, sous-lieutenant	374
Barret Fr.-Xavier, capitaine	349
Bary Alfred (de), capitaine	358
Baumann Em.	369
Baumgarten Emile, sous-lieutenant	357
Bègue Charles	369
Belin Auguste, lieutenant	368
Belin Léon, lieutenant	361
Beltzung Joseph	369
Benoît, capitaine	363
Bernard Georges	369
Birlinger Jean	369
Bissel Augustin	369
Bitsch Emile	369
Blech Fern., sous-lieutenant	355
Blin Jean, commandant	356
Blind Joseph	369
Boehler, lieutenant	362
Bonâme Paul	369
Bornèque Eugène, capitaine	368
Bornèque P.-Jos.-Edmond, lieutenant	349
Brumgard François	369

	Pages
Bühler Joseph	357
Bullet Louis-J.-J., lieutenant	361
Burgert Jules, sergent	369
Canet, lieutenant	365
Cassal, sous-lieutenant	362
Cattez J.-X., sous-lieutenant	361
Charbonnier M.-Jean-Pierre sous-lieutenant	349
Chevillot Joseph	369
Clavé Charles, lieutenant	363
Colin, adjudant	373
Colombani, lieutenant	374
Colombé François	369
Couchot, capitaine	374
Dartein G. (abbé de), aumônier	373
Deffayet Victor-J., capitaine	367
Delaville Emile-Paul-Aug., capitaine	358
Demark Sébastien	369
Diebold Jean	369
Diemer Michel, capitaine	359
Dingler Auguste	369
Dittmann Auguste	369
Dornier, capitaine	349
Dreyer F.-J., sous-lieutenant	350
Ducret Jacques-E., capitaine	357
Dupont Hippolyte	369
Eck Daniel, sous-lieutenant	351
Ehrhard Fr.-Jos., lieutenant	367
Faivre, lieutenant	350

	Pages		Pages
Farine Henri	369	Hach Charles, caporal	369
Ferry Charles, capitaine	357	Haensler A., sergent-fourrier	368
Fischer Joseph	369	Haffner, sous-lieutenant	364
Fleury Henri-Jos.-Antoine, lieutenant	361	Haffner Chrétien, lieutenant	374
		Hallauer Oct., sous-lieutenant	374
Fleury Xavier, lieutenant	363	Hanser Fréd.-Guil., capitaine	353
Florence Eug., sous-lieutenant	354	Harcaut, capitaine	350
Fogel, capitaine	361	Haro, médecin-major	356
Frédéric, sous-lieutenant	362	Hartmann, A.-Alf., capitaine	357
Freudenreich Louis	369	Hartmann Emile	370
Frey Georges	369	Hasquenophe Ferdinand	370
Fritsch Joseph	369	Hérisson (d'), capitaine	361
Fritz v. Lang		Heuchel Robert, lieutenant	357
Fuchs André	369	Heymann Louis-N.-Maurice, capitaine	353
Fuchs Joseph	369		
Ganier Henri, sous-lieutenant	355	Hiller Simon	370
Gasser, doct., médecin-major	373	Hofer Charles	374
Gebel Louis-Ch.-J., capitaine	348	Hoffmann François-Alexis, lieutenant	353
Geistodt Fr., sous-lieutenant	353		
Geoffroy A., sergent	369	Hoffmann Henri	370
Geoffroy Félix, sergent-major	368	Hoffmann Jean	370
Gérard, lieutenant	374	Hoffmann Jean-Baptiste	370
Gérard Alph.-M., lieutenant	366	Horny Charles	370
Géraudel, capitaine	365	Houbre Amédée, lieutenant	365
Gersbach Hubert, lieutenant	358	Huin Jules, sous-lieutenant	374
Gilardoni Jules, lieutenant	362	Jacquemin, sous-lieutenant	349
Goetschy Gustave	353	Japy Charles-Henri-Octave, lieutenant	366
Golbéry Othin-Marie-Dieudonné-C. (de), lieutenant	354		
		Jeannerot H.-A., lieutenant	366
Gottenkiény Charles	369	Jermann J.-J., sous-lieutenant	363
Gredel César	370	Jobin Emile	370
Greder Célestin	370	Jordan Henri, sous-lieutenant	358
Gros Louis-Robert, capitaine	350	Jud Pierre	370
Grunfelder Jean-Thiébaut, sous-lieutenant	349	Juvigny Louis-Guill. (de), lieutenant	348
Gruther Joseph	370	Keller, doct., médecin-major	360
Guillemin, capitaine	374	Keller Charles, caporal	374
Guisse Aug., sous-lieutenant	355	Keller Gustave, caporal	374
Haas François	370	Keller-Haas Emile, colonel	373

	Pages		Pages
Keller Joseph	370	Mayer, capitaine	364
Klein Eugène, lieutenant	359	Mayol de Lupé H., command^{dt}	373
Knauss, commandant	360	Mény Georges, capitaine adjudant-major	347
Knoll Ed.-Jules, lieutenant	358		
Koechlin Isaac, capitaine	351	Merger, caporal	369
Koechlin Oscar, caporal	369	Merklen Gustave, sergent	369
Koechlin Rodolphe, capitaine	368	Messager Fr.-Aug.-Prosper, commandant	352
Kolb Edgard, capitaine	362		
Krenger Louis-Adolphe	370	Meyer Jean-Ch., capitaine	357
Kuneyl Jules-Léon-Théodore, sous-lieutenant	357	Meyer Louis	370
		Misslin Albert	370
Lacroix Victor (de), capitaine	365	Moeglin Séraphin	370
Lagrelette, lieutenant	374	Monnier P.-Edm., lieutenant	349
Lamy Ph.-E., sous-lieutenant	363	Monnin, sergent	369
Lang Xavier-Fr. (Fritz, dit)	348	Motsch Jean	370
Larcat François	370	Mouilleseaux Alphonse	370
Larcat Pierre	370	Moyse Ch.-Cam., lieutenant	354
Larger Aug.-Henri, capitaine	358	Muller Jean	370
Latscha Ed., chef de musique	356	Muller Jules-Phil., capitaine	351
Latscha Henri, lieutenant	358	Muller Franç.-X., lieutenant	351
Laullier Jos., sous-lieutenant	350	Muller Morand	370
Laurent, sergent	369	Naas Jules	370
Laurent A., sergent-fourrier	374	Noël Alex-Aug., capitaine	348
Lauth Auguste, capitaine	374	Ohnenberger Jules-Domin., sous-lieutenant	358
Lebleu Xav., sous-lieutenant	348		
Lieby François	370	Pagnard Joseph, lieutenant	368
Linder, sergent	369	Palangié Jean-Ant.-Adolphe, capitaine	366
Loiseau, capitaine	362		
Lupé v. Mayol		Passerat Félix, capitaine	361
Maechtlin F.-J., lieutenant	365	Péquignot Octave, sous-lieutenant	350
Mann Xavier, capitaine	358		
Marion Louis, sous-lieutenant	362	Peugeot Louis	370
Marquet Jean-Baptiste	370	Pflieger, capitaine	362
Marsal, commandant	365	Plain Abel, sergent	369
Marthe Henri	370	Poisat Louis, sous-lieutenant	361
Martin Henri-Em., lieutenant	364	Poupardin Paul, lieutenant	348
Masson Jean-Bapt., capitaine	354	Quimfe M.-Joseph, lieutenant	358
Masson Léger	370	Rabischon H., sous-lieutenant	357
Maurer Joseph, lieutenant	374	Raschig Gustave, lieutenant	351

	Pages		Pages
Rassinier J., sous-lieutenant.	362	Schultz Emile, capitaine	374
Ratte Aristide, lieutenant	365	Schwartz Henri-Eug.-Alfred,	
Renault Gustave, capitaine		capitaine	357
adjudant-major	373	Schweitzer Joseph	370
Reyer, capitaine	362	Sée Paul, sous-lieutenant	354
Rhein, sous-lieutenant	348	Seitz Franç.-Joseph-Charles-	
Richard Léonard	370	Théodore, capitaine	355
Riemer, sergent	374	Sérrès, Ernest, lieutenant	350
Rigoulot	370	Sieben Robert, caporal	369
Risler Charles, lieutenant	365	Simon, sous-lieutenant	349
Ritzenthaler Mathias, sous-		Simottel Ant.-Xav.-François-	
lieutenant	353	René, lieutenant	366
Rohr Alb.-Ad., lieutenant	366	Sitter Sébastien	370
Rohr Jean-Daniel-Rodolphe,		Soenzer Michel	370
commandant	366	Sonderegger, caporal	369
Rouquille, sous-lieutenant.	360	Spannagel Antoine, capitaine	355
Rudelle, commandant	347	Stampfler Xavier	370
Ruesz Edouard, lieutenant	374	Steinbach Charles, caporal	369
Saas Louis, lieutenant	357	Stirmlinger François	370
Saglio Camille, capitaine	374	Stoecklin J.-Arm., capitaine	353
Saglio Robert, lieutenant	374	Taillandier Jules, adjudant	356
Saint-Loubert, capitaine	363	Thomann Georges	370
Saltzmann Chrétien-Frédéric		Thomas Julien-Nicolas, sous-	
capitaine	354	lieutenant	355
Sarieux Edouard,	370	Thouvenin Aug. Félix-Rich.,	
Sauveton, commandant	360	capitaine	349
Schein Léon, capitaine	374	Thuet Alph., sous-lieutenant.	358
Scheurer Alb., sous-lieutenant	349	Triponé Emile, lieutenant	367
Scheurer André, lieutenant	354	Triponel, adjudant	360
Scheurer Jules., sous-lieut.	374	Tschieret Eugène-Jean-Jacq.,	
Schlick, caporal	369	sous-lieutenant	351
Schlumberger Jules, capitaine	359	Tschupp Michel	370
Schlumberger Paul, sous-		Unger Joseph	370
lieutenant	359	Vallet Franç.-Jos., capitaine.	366
Schmidt, sous-lieutenant	374	Vermelin Louis	370
Schmitt Joseph	370	Vernier Albert	370
Schoen, Gust.-Ad., caporal	374	Villemey François, capitaine	365
Schoenlaub Fréd., lieutenant	355	Wahl-Sée, sous-lieutenant	363
Schuffenecker Appolinaire	370	Weber Jean-Baptiste	370

	Pages		Pages
Weber Emile-Henri, sous-lieutenant	358	Wicker Morand-Joseph, lieut.	366
Weibel J.-V., sous-lieutenant	354	Wipff Jérôme, capitaine	354
Weinbrenner L., sous-lieutenant	351	Witty Louis	370
Weisgerber Paul, lieutenant	353	Witz, sergent-major	374
Weiss Emile, sergent	369	Woelfflin Charles, adjudant	352
Wessang Jos.-V., lieutenant	355	Wunderly Louis	370
		Wurtzel Thiébaut	370
		Zierer Fritz, capitaine	374

Table des généraux

	Pages		Pages
Aube Hyac.-Laur.-Théoph.	380	Herzog Hans	385
Bourbaki Ch.-Denis Sauter	380	Michel Alexandre-Ernest	383
Cambriels Albert	381	Thornton Léon	384
Clinchant Justin	382	Vivenot Jean-Baptiste	384
Crouzat Jean-Constant	383		

TABLE DES MATIÈRES

	Pages
Avant-propos	v
1re PARTIE : Lois sur le recrutement et l'organisation de la garde nationale mobile en France, 1er février 1868 et 28 mars 1868	1
2e PARTIE : Articles du journal *L'Industriel Alsacien*, publié à Mulhouse	45
3e PARTIE : Documents officiels : rapports, ordres, circulaires ministérielles, etc. Avec un itinéraire général de la campagne	63
4e PARTIE : Effectif du 4e bataillon, par compagnies	191
Récapitulation générale par ordre alphabétique (Liste officielle du recrutement du 4e bataillon de mobiles du Haut-Rhin)	257
5e PARTIE : Notes sommaires sur les autres bataillons de mobiles du Haut-Rhin et divers renseignements complémentaires, soit :	
Tableau régional de recrutement	347
1er bataillon : Contrôle des officiers par compagnies	349
2e » » »	354
3e » » »	358
5e » » »	362
Artillerie mobile à Neuf-Brisach : Contrôle des officiers par batteries	367
Artillerie mobile, à Belfort : Contrôle des officiers par batteries	368
Génie de la mobile du Haut-Rhin : Contrôle des officiers, sous-officiers et sapeurs	370

	Pages
6ᵉ bataillon : Francs-tireurs du Haut-Rhin ; contrôle des officiers	375
Odyssée du 5ᵉ bataillon, par le sergent-major Chavanne	377
Biographies des généraux, sous les ordres desquels le 4ᵉ bataillon a fait campagne	382
Monuments de Beaune-la-Rolande et leurs inscriptions	388
Table des officiers, sous-officiers et mobiles du 5ᵉ chapitre	391
Table des portraits contenus dans le volume	399
Table des autres illustrations et planches	405
Rectifications	407

TABLE DES PORTRAITS DU LIVRE

N.-B. — Les portraits marqués d'un **G** figurent sur un groupe.

	Planches
Atthalin Gaston-Marie-Laurent, lieutenant	**G** 32
Aube Hyacinthe-Laurent-Théophile, vice-amiral	42
Audran Frédéric-Albert, capitaine	16
Audran Paul, lieutenant	18
Audran Eugène, télégraphiste	**G** 26
Baehr Antoine-Edmond, capitaine	31
Bardou, sous-lieutenant	**G** 35
Beinert Adolphe, sergent-major	17
Bertsch Auguste, sous-lieutenant	18
Blech Fernand, sous-lieutenant	**G** 32
Blech René, lieutenant	21
Blin Jean, commandant	**G** 33
Boehler, lieutenant	**G** 34
Boeringer Gustave, télégraphiste	**G** 26
Bornèque Eugène, capitaine	36
Boulzaguet, commandant	**G** 35
Bourbaki Charles-Denis, général en chef	43
Bourcart Rodolphe, sergent-major	14
Bourry Jean, lieutenant	21
Brigué Augustin, sous-lieutenant	14
Bühler Joseph, lieutenant	**G** 33
Burgert Jules, caporal	36
Canet Gustave, lieutenant	**G** 35
Chalet Jacques-François, lieutenant	15
Charbonnier Marie-Jean-Pierre, sous-lieutenant	29
Clinchant Justin, général de division	43
Colombani, lieutenant	**G** 38
Couchot, capitaine	**G** 38
Cruozat Jean-Constant, général de brigade	42

Planches

Dartein, abbé, G. de, aumônier	**G** 38
Delaville Emile-Paul-Auguste, capitaine.	**G** 33
Denfert-Rochereau, colonel commandant Belfort	8
Diemer Michel, capitaine.	**G** 33
Dietsch Jean, clairon.	22
Doll Edouard, chef ambulancier	22
Dollfus-Flach Edouard, télégraphiste.	25
Le même	**G** 26
Dollfus-Galline Charles, commandant	12
Dreyer François-Joseph, sous-lieutenant	31
Dreyspring Théodore, télégraphiste	25
Ducret Jacques-Emile, capitaine	**G** 33
Dumas Charles, lieutenant	6
Engel Alfred, commandant (auteur du livre)	1
Engel Alfred, capitaine	19
Engel Gustave, sergent	23
Engelbach Jules, caporal	24
Florence Eugène, sous-lieutenant	**G** 32
Frédéric, sous-lieutenant officier-payeur	**G** 34
Freycinet Charles, de, ministre de la guerre	7
Gambetta Léon, ministre de la guerre	7
Ganier Henri, sous-lieutenant	**G** 32
Gasser, médecin-major	**G** 38
Gebel Louis-Charles-Joseph, capitaine	28
Geistodt Frédéric, sous-lieutenant	**G** 32
Gérard, lieutenant	**G** 38
Gersbach Hubert, lieutenant	**G** 33
Gluck Emile, sergent-major	16
Golbéry Camille, de, lieutenant	**G** 32
Gros Robert, capitaine	31
Grzybowski Georges-Joseph, capitaine d'état-major . . .	20
Guillemin, capitaine	**G** 38
Haensler Auguste, sergent-fourrier	**G** 37
Hanser Frédéric-Guillaume, capitaine.	**G** 32
Hartmann André-Alfred, capitaine	40
Hausen Charles, de, sergent-major	18

	Planches
Hauviller Emile, sous-lieutenant	13
Herzog Hans, général en chef suisse	43
Hofer Charles, lieutenant	G 38
Hoffmann François-Alexis, lieutenant	G 32
Huin Jules, sous-lieutenant	G 38
Jacquinot, baron Charles, capitaine adjudant-major	12
Jermann Jean-Jacques, sous-lieutenant	G 34
Jordan Henri, sous-lieutenant	G 33
Kaltenbach Frédéric, sergent-major	15
Kaltenbach Léon, capitaine	15
Keller, médecin-major	G 34
Keller-Haas Emile, colonel	G 38
Kimmerli Albert, ordonnance	22
Klein Eugène, lieutenant	G 33
Koechlin Albert, garde mobile	24
Koechlin Daniel, lieutenant	19
Koechlin Edouard, caporal	24
Koechlin Emile, sergent-vaguemestre	23
Koechlin Oscar, caporal	36
Koechlin Rodolphe, capitaine	36
Kolb Edgard, capitaine	40
Le même	G 34
Kuneyl Jules, sous-lieutenant	40
Lacroix Victor, de, capitaine	G 35
Lamy Philippe-Ernest, sous-lieutenant	G 34
Larger Augustin-Henri, capitaine	G 33
Latscha Edouard, chef de musique	G 33
Latscha Henri, lieutenant	G 33
Lebleu Xavier, lieutenant	28
Lévy-Zivy Jacques, sergent	22
Lienemann Auguste, chef de musique	21
Marchal Jules, sous-lieutenant	16
Marion Louis, sous-lieutenant	G 34
Masson Jean-Baptiste, capitaine	G 32
Maurer Isidore, sous-lieutenant	19
Maurer Joseph, lieutenant	G 38

		Planches
Mayol de Lupé H., commandant	**G**	38
Mény G., capitaine adjudant-major		28
Merklen Gustave, sergent	**G**	37
Messager François-Auguste-Prosper, commandant .	**G**	32
Monnier, Pierre-Edouard, lieutenant		29
Moritz Eugène, lieutenant		16
Muller François-Xavier, lieutenant		30
Muller Georges, sergent-fourrier		23
Ohnenmeyer Jules-Dominique, sous-lieutenant . . .	**G**	33
Ortlieb, sous-lieutenant.	**G**	32
Ottmann François-Joseph-Louis, capitaine		20
Passerat Félix, capitaine	**G**	34
Penot Henri-Denis, lieutenant		17
Pflieger, capitaine	**G**	34
Poupardin Paul, lieutenant		28
Quimfe Marie-Joseph, lieutenant	**G**	33
Raschig Gustave, lieutenant		30
Rehm Eugène, sergent		23
Reymann Charles, sergent-major		13
Risler Charles, lieutenant		40
Le même.	**G**	35
Ritzenthaler Mathias, sous-lieutenant	**G**	32
Rouquille, sous-lieutenant	**G**	34
Saas Louis, lieutenant	**G**	33
Saglio Camille, capitaine	**G**	38
Saglio Robert, lieutenant	**G**	38
Saltzmann Chrétien-Frédéric, capitaine	**G**	32
Sandherr Henri, capitaine		17
Sauveton, commandant	**G**	34
Schein Léon, capitaine	**G**	38
Scheurer Albert, sous-lieutenant	**G**	39
Scheurer André, lieutenant	**G**	32
Scheurer Jules, sous-lieutenant	**G**	39
Schlumberger Emile, télégraphiste	**G**	26
Schoenlaub Frédéric, lieutenant	**G**	32
Schwartz Charles, sous-lieutenant officier-payeur		12

		Planches
Schwartz Jules, garde mobile		25
Schwartz Oscar, télégraphiste	G	26
Spannagel Antoine, capitaine	G	32
Steimer Joseph, capitaine		20
Steinbach Charles, caporal	G	37
Stoecklin Jules-Armand, capitaine	G	32
Thierry Henri, capitaine		13
Thomas Nicolas-Julien, sous-lieutenant	G	32
Thornton Léon, général de brigade		42
Thouvenin Auguste-Félix-Richard, capitaine		29
Thuet Alphonse, lieutenant	G	33
Triponel, adjudant	G	34
Tschieret Eugène-Jean-Jacques, sous-lieutenant		30
Verdière, de, commandant		42
Vogt Joseph, sergent		41
Volbert, capitaine	G	35
Walther Oscar, sergent-major		19
Wehekind Edmond, sergent		41
Weibel Jean-Victor, sous-lieutenant	G	32
Weisgerber Paul, lieutenant	G	32
Weiss Emile, sergent	G	37
Weninger Gustave, capitaine		18
Wessang Joseph-Victor, lieutenant	G	32
Wespiser Joseph-Martin, sous-lieutenant		15
Wipff Jérôme, capitaine	G	32
Woelfflin Charles, adjudant	G	32
Wogenscky Gustave, caporal		24
Ziegler Emile, lieutenant		14
Ziegler Jules, télégraphiste		25
Le même	G	26
Zierer Fritz, capitaine	G	38
Zurcher Charles, télégraphiste	G	26

TABLE DES AUTRES ILLUSTRATIONS ET PLANCHES

Planches

88 portraits isolés (v. table p. 399).
8 groupes de portraits (84 personnages):
    23 officiers du 2ᵉ bataillon 32
    15 officiers du 3ᵉ bataillon 33
    12 officiers du 5ᵉ bataillon 34
    15 officiers de francs-tireurs du Haut-Rhin 38
    6 officiers d'artillerie de la Mobile du Haut-Rhin,
        à Neuf-Brisach 35
    2 officiers (mobile et franc-tireur) 39
    4 sous-officiers de la compagnie du génie, à Belfort 37
    7 télégraphistes, à Belfort 26
8 vues: bataille, monuments, etc.:
    Bataille de Beaune-la-Rolande 9
    Entrée de l'armée de l'Est en Suisse, aux Verrières 11
    Monuments commémoratifs, à Beaune-la-Rolande 44—45
    Monument de Chagey 10
5 fac-similé et divers:
    Brevet du lieutenant Alfred Engel 3
    Brevet du capitaine Alfred Engel 5
    Feuille d'appel d'un mobile à l'activité 2
    Adresse des habitants de Staefa aux soldats français
        internés, lors de leur départ 27
    Bulletin de réquisition à Mulhouse 4

    Marche du 4ᵉ bataillon, N° 18 (Musique) . . . . à la fin
    Carte de la campagne de 1870-1871, en 4 couleurs,
        avec itinéraire . . . . à la fin

RECTIFICATIONS

N. B. Un certain nombre des erreurs ci-dessous proviennent des rapports de sergents-major rédigés hâtivement en cours de campagne. Nous avons pu les rectifier au moyen de documents officiels ultérieurement découverts. Elles sont marquées d'un *.

Pages

47, ligne 13 : lire *Raschig*, au lieu de Graschig (erreur du journal).
49,   »   dernière : lire *1870*, au lieu de 1871.
60,   »   1 : lire *1870*, au lieu de 1970.
69,   »   10 :   »   *Grasser*, au lieu de Grossot.*
109, »   17 :   »   *Dietmann*, au lieu de Diethmann.*
118, »   14 :   »   *7e compagnie*, au lieu de 1re compagnie.*
120, »   4 :   »   *5e compagnie*, au lieu de 3e compagnie.*
120, »   22 :   »   *Pflieger Jean-Georges*, au lieu de Pflieger Joseph.*
134, »   15 :   »   *Gebel*, au lieu de Gibel.*
134, »   16 :   »   *Noël*, au lieu de Noll.*
134, »   19 :   »   *Baehr*, au lieu de Battier.*
124, »   27 :   »   *Gebel*, au lieu de Gibelt.*
135, »   14 :   »   *7e compagnie*, au lieu de 1re compagnie.*
135, »   16 :   »   *6e compagnie*, au lieu de 1re compagnie.*
136, »   1 :   »   *Marchal*, au lieu de Marschal.*
137, »   10 :   »   *Marchal*, au lieu de Marschal.*
156, »   6 :   »   *de Lupé*, au lieu de Luppé.*
169, »   23 :   »   *Marchal*, au lieu de Marschal.*
206, 1re colonne, ligne 20 : lire *1870*, au lieu de 1878.
211, ligne 14 : lire *nomination*, au lieu de nomimation.
224, 1re colonne, ligne 12 : lire *1871*, au lieu de 1870.
264, lignes 19 et 20 : lire *caporal-fourrier le 4 décembre 1870, sergent-fourrier le 5 janvier 1871*.
281, ligne 7 : ajouter à Führer Henri : *Blessé à Beaune*.
290, »   2 : lire *1870*, au lieu de 1878.

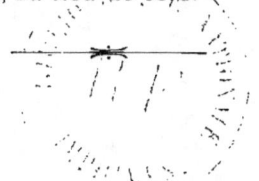

Carte-Itinéraire de la Campagne de 1870-1871 du 4e Bataillon de la Mobile du Haut-Rhin

GUERRE DE 1870-1871

N° 18

AUG. LIENEMANN
Chef de musique du 4ᵉ Bataillon

MARCHE

du 4ᵉ Bataillon

de la Mobile du Haut-Rhin

Avec le refrain du Bataillon

Arrangée pour Piano

par

LOUIS VOGT

En vente chez
ERNEST MEININGER, Imprimeur-Editeur
MULHOUSE
9-11, rue du Ballon, 9-11

Prix: 50 Pfennig

Marche du 4ème Bataillon de la Mobile du Haut-Rhin

Arrangée pour piano par Louis Vogt

N° 18

Refrain du Bataillon

GUERRE DE 1870-71

Prix de chaque volume : M. 4.— (fr. 5.—) broché ; M. 6.— (fr. 7.50)
Edition sur papier de Hollande : M. 12.— (fr. 15.—) broché
(Port non compris.)

Le 4ᵉ Bataillon de la Mobile du Haut-Rhin. Journal d'un officier (Émile Gluck). Un volume in-8°, avec 2 portraits et 1 carte en 4 couleurs.

Chasseurs d'Alsace à l'armée de l'Est, par Henri Jung, ancien volontaire. Un vol. in-8°, avec 2 portraits hors texte et 17 illustrations dans le texte.

Journal du Siège de Belfort, par Édouard Doll, garde mobile du 4ᵉ bataillon du Haut-Rhin, d'abord détaché au bureau de recrutement, puis infirmier en chef à l'ambulance du campement, à Belfort. Un vol. in-8° avec 13 portraits, 2 groupes de portraits, 11 vues de Belfort, 1 plan de Belfort en 1870 et 1 fac-similé.

Souvenirs d'un volontaire du 4ᵉ bataillon de la Mobile du Haut-Rhin, suivis de notices sommaires sur les autres bataillons du département, recueillis par Alfred Engel, ancien volontaire au régiment de mobiles, dit du Haut-Rhin. Un fort vol. in-8° avec 172 portraits isolés et en groupes, 30 planches de vues et de fac-similé, 1 morceau de musique et 1 carte itinéraire en 4 couleurs.

Réception des commandes à

ERNEST MEININGER MULHOUSE
Rue du Ballon, 9-11

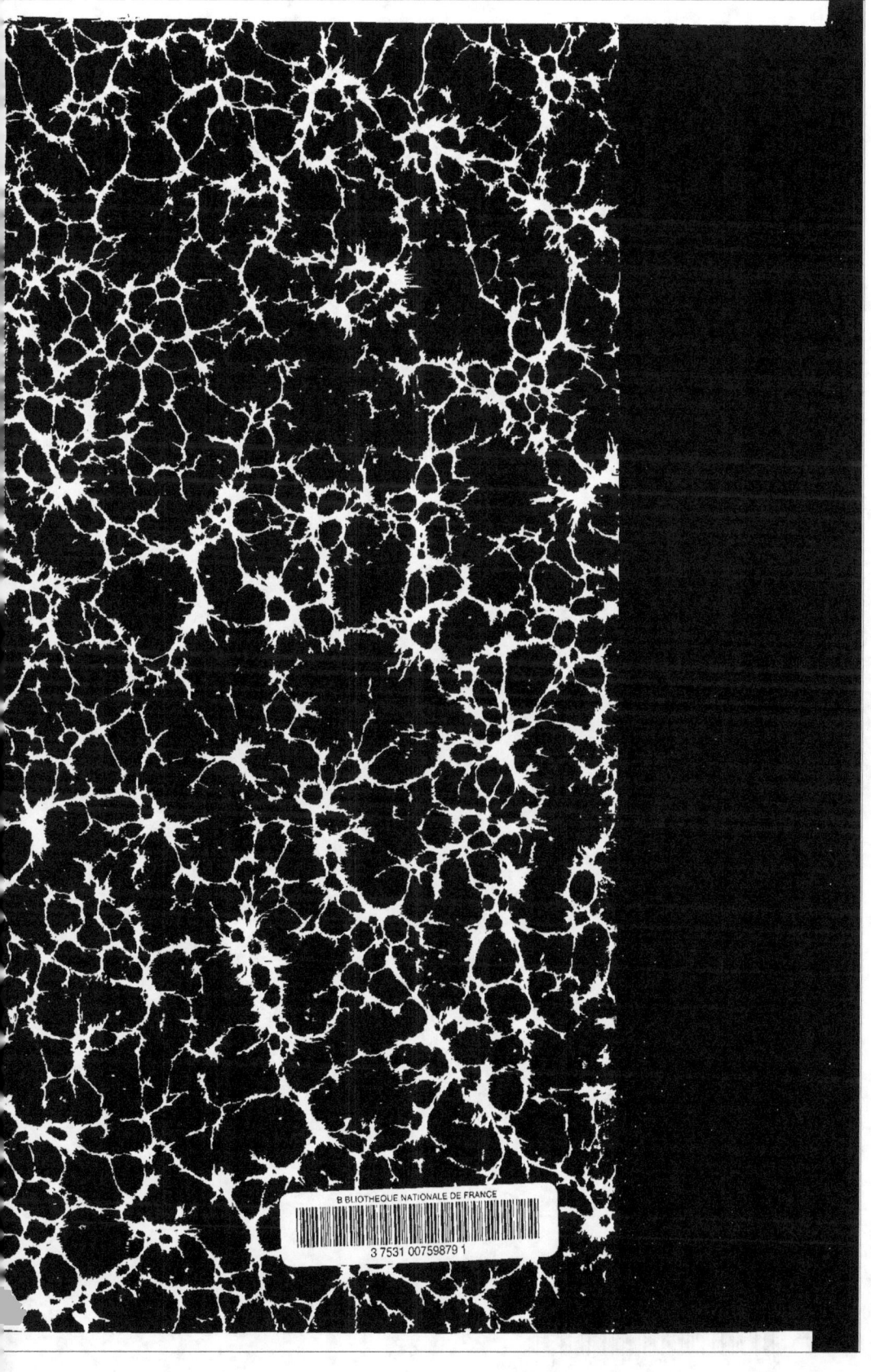

www.ingramcontent.com/pod-product-compliance
Lightning Source LLC
Chambersburg PA
CBHW071201240426
43669CB00038B/1464